Brian Fagan

[美] 布莱恩·费根 著

王佃玉 译

埃及的盗墓贼和考古学家

The Rape of the Nile

Tomb Robbers, Tourists, and Archaeologists in Egypt

格致出版社　上海人民出版社

推荐序

　　布莱恩·费根出生于英国。在剑桥大学获得考古学博士学位后，费根先后在赞比亚利文斯通博物馆负责史前史分部，在肯尼亚首都内罗毕的英国东非历史和考古研究所负责班图研究项目。自 1967 年开始，他成为美国加利福尼亚大学圣塔芭芭拉分校的人类学教授。1972 年，费根出版的第一本书是《考古指南》。此后，费根笔耕不辍，著述繁富，成就斐然。费根已发表的论文、已出版的著作近两百篇(部)，其中既有考古学教科书，阐释考古学理论、评介考古学家的专著，也有许多涉及考古学、天文学、地理学和人类学的面向大众的图书。他撰写的不少面对非专业人士的图书成为畅销书，不断重印和再版，其中考古入门类的图书已经印制发行了 12 版，讨论世界史前史类的书则印制发行了 13 版，可见这些图书受读者喜欢的程度。有评论者称，费根是当今世界拥有读者最多的考古学家。

　　费根在考古学研究和教学领域取得了丰硕的成果，深得同行首肯心折；不仅如此，他还致力于向公众传播考古学。他长期担任《考古杂志》等期刊的专栏作家，介绍最新的考古理论和研究动态，针砭考古学界有违学术原则和规范的事情，极大地提升了考古学的社会意义。他坚持原则，为了维护他认为正确的原则不惜得罪一些人。费根认为，一位考古学家在开始第二次发掘项目的时候，应该及时并且按照学术规范整理并出版前一次的发掘结果，这是考古学家神圣的职责。他曾在一篇专栏文章中抨击一位堪称考古学界巨擘的学者，称其主持了许多考古项目，但是只完整地发表了其中一次的发掘结果；他退休后，仍然忙于发掘活动，却不肯抽出时间整理所发掘材料；他逝世后，只留下粗略的笔记和博物馆仓库里标识不全的出土文物。费根把那些只顾发掘，然后把出土文物束之高阁的考古者称为"盗墓贼"。费根指出，考古绝非简单的发掘活动，而是发现和复原人类文化行迹的重要工具。他在许多论著中提出并阐述了"文化史方法"。他认为，为了达到这个目的，考古学家不仅要借助多学科联合和跨学科研究方法，而且首先要对考古现场、考古过程和发掘现场语境以及发掘结果进行翔实的记录，包括文字方面的、图像方面的。这些记录不仅构成考古人员对发掘地进行描述和解释的基础，而且是同行及后人确认和证明他的研究结果的凭证。最为重要的是，考古学家的发掘报告是已经发生了变化的发掘现场不可或缺的原始档案。没有这些详尽记录，一旦文物离开了其原始语境，它们便成了无源之水，遑论文物因自然和人为因素烟消云散。有关这一方面，古埃及文物遭遇的厄运就是最有说服力的例子。

在《掠夺尼罗河》这本书里，费根以法老时期就相当猖獗的盗墓贼作为楔子，讲述了古埃及文物在四千多年的漫漫长河中遭受盗窃、掠夺和破坏的令人痛心的命运。早在古典时期，胡夫金字塔和亚历山大灯塔就被列入世界七大奇迹当中。埃及沦为罗马帝国行省以后，一方面，到埃及观光和朝圣的人数增多；另一方面，包括方尖碑在内的无数纪念碑被运到罗马等地，古埃及文物的劫难由此开始。中世纪之后，欧洲人曾视古埃及木乃伊为包治百病的灵丹妙药。由于真正古老的木乃伊成为稀世珍宝，不足以提供俗世之需，于是便催生了用新近病死者甚至动物的尸体仿制木乃伊的行当。1833 年，法国修道士热朗曾经对埃及总督阿里说，如果一个人从埃及返回时不是一手拿着木乃伊，另一只手拿着鳄鱼，他就会被人瞧不起。

拿破仑率领法国军队征服埃及以后，无数文物商贩从欧美各国蜂拥而至，目的都是获得古埃及文物，手段从收购、骗取到盗挖不一而足。他们有的是为了经济上的利益，有的是出于收藏的喜好，有的甚至是为了满足占有这些稀世之宝的虚荣；这其中当然不乏打着研究和保护人类遗产旗号大肆掠夺埃及的文物资源的人和文化机构。

曾经因人高马大而在马戏团跑龙套的大力士贝尔佐尼被称为埃及盗墓贼之首，他以相当灵活的外交手段获得发掘许可证，并以惊人的力气、坚毅的性格把计划付诸实施。费根详细讲述了贝尔佐尼在埃及发掘王陵和神庙、把珍贵的文物卖给欧洲多国博物馆的故事。这位大力士雇用了成千的埃及人，将巨大的纪念碑搬运到欧洲；这还不够，他还在吉萨高地上的哈夫拉金字塔内骄傲地写下自己的名字和闯入墓室的时间。尤其值得提及的是，贝尔佐尼周旋于埃及总督、英国驻埃及总领事和法国驻埃及总领事之间，尤其受到英国人的指使和支持。英法之间的矛盾由来已久，拿破仑于1798年出兵埃及，就是为了切断英国与印度之间途径埃及的贸易线。埃及总督则希望把古埃及文物作为讨好西方列强并获得资金和技术时的润滑油。

在用灰暗的笔调描写古埃及遗址、遗迹和文物遭受破坏的阴暗面的同时，费根也勾勒了保护埃及文物的积极的一面。他把希罗多德称为让古埃及文物受到世人瞩目的第一人；接着，他描写了法国人商博良的感人故事。商博良历尽艰辛，破译象形文字，为现代人找到了开启法老世界大门、真正认识古埃及文明的钥匙。虽然费根指责另外一位法国人马里耶特初到埃及时实行的掠夺性发掘，但他同时也肯定了马里耶特后期为保护古埃及文物做出的贡献。正是马里耶特说服埃及总督，在开罗创建了中东地区第一座专门保护和展示古埃及文物的博物馆。马里耶特随后成为博物馆的第一任馆长，之后又担任文物部部长。为了阻止古埃及文物流失，他甚至不惜得罪拿破仑三世的皇后。费根热情讴歌了爱德华兹女士在扶持英国的埃及考古方面发挥的决定性作用。爱德华兹女士起初是一位专门撰写惊悚、探险故事的小说家，因为一次偶然的机会到埃及游历以后，她开始撰写古埃及和现代埃及题材的小说，并且利用募集的资金和稿费成立了旨在发掘和保护古埃及文物的"埃及考察协会"，不仅资助皮特里赴埃及进行长期和科学的发掘，而且还在伦敦大学设立英语国家第一个埃及学教授职位，为皮特里这位被称为"埃及考古学之父"的英国人把以探宝为目的的发掘转化为科学考古奠定了基础。除此之外，费根还描述了布雷斯特德开启的保护古埃及文物的另一场战役，这位美国芝加哥东方研究所的创建者独自把古埃及王室铭文编纂成四卷本英译本。

费根把英国考古学家卡特于 1922 年发现图坦卡蒙墓设为这本书的结尾，实际上，这一构思反映了他对如何看待古埃及文物的立场。保存完好的图坦卡蒙墓被发现以后，因为出土物多数为黄金制品，且数量巨大，加上媒体炒作的所谓"法老的诅咒"，图坦卡蒙这位在古埃及历史上默默无名的国王成为神话人物。在费根看来，至关重要的是，这一重大发现终于让埃及人警醒，意识到不能继续之前那种做法，即让发掘者享有部分埃及出土文物，而是应把在埃及出土的文物留在埃及境内。

按照费根的理解，古埃及文物已经遭到破坏，而且无法修复和复原。在英国伦敦的大英博物馆、法国巴黎的卢浮宫、德国柏林的埃及博物馆、意大利都灵的埃及博物馆、美国纽约的大都会博物馆，古埃及文物的数量都达到上万件，有的甚至超过十万件。这些文物原本分散在尼罗河两岸的王陵、神庙、宫殿当中，各司其职，每一件都承载着特殊的意义。然而，长期以来，盗墓贼和早期所谓的考古学家为了获取有价值的墓葬品，肆意损坏、随处丢弃那些在他们看来没有价值的文物；更有甚者，他们有时不惜使用炸药来加快发掘速度。价值连城的出土物漂洋过海，来到富丽堂皇的博物馆，完全失去了原有的语境，把它们称为"艺术品"无异于视其为简单的橱窗展示品。在费根看来，古埃及方尖碑在伦敦、巴黎、罗马、伊斯坦布尔和纽约都构成一种地标，但是它们作为文物已经徒有虚名。

正是在这个意义上，我们有必要提到费根此书所用的英文书名：*The Rape of the Nile*。他意在强调，法老时期的文物被肆意掠夺等于尼罗河谷地遭受了蹂躏。费根一直强调，考古万万不能为了获得古代文物而进行发掘，而是要有助于每个时代的人更好地、更全面地了解自己的过去。费根指出，石油、森林等资源方面被掠夺损耗，会使受害国家变得贫穷；而文化资源遭受劫掠破坏，则使得受害国丧失了身份，令受害国民众的身份认同失去了基础。

《掠夺尼罗河》这本书让读者经历了一次非同寻常的考古探险。作者引领读者，顺着时间的脉络，目睹这场悲剧。费根的叙述时而铿锵有力，时而令人义愤。事实上，这是一出古埃及文物遭受劫难的悲剧，作者没有说明但却蕴含在字里行间的严峻问题是，难道这场悲剧是不可避免的吗？假如被掠走他乡的、如此众多的文物还处在它们原来的位置，古埃及展现给现代世界的将会是一种什么样子？从这个角度来说，尼罗河在几千年时间里屡遭蹂躏，这不仅对埃及来说是一场历史悲剧，对全人类来说也是一场文化浩劫。在批评欧洲殖民主义者掠夺和破坏古埃及文物的同时，费根认为，埃及人本身也难辞其咎。埃及人拆除了许多珍贵的古代建筑，作为建筑材料和制造石灰的原料。

在很大程度上，原来打着揭示和理解古埃及文明的幌子进行的发掘，导致这个文明特有和丰富的场景不复存在。即便这个悲剧是无法避免的，我们至少要了解它发生的历史背景和来龙去脉，努力防止此类悲剧再次上演。可以说，作为一位阅历丰富的考古学家，费根像一位亲历者讲述古埃及文物被盗挖、劫掠和破坏的故事。然而，不得不承认同时又具有讽刺意味的是，欧美主要博物馆都馆藏数量众多的古埃及文物，经常举办各种主题的展览，而且又有许多私人收藏家以各种方式展示其文物；我们不得不说，所有这些对于古埃及文明始终受到全世界公众的关注起到了很大的作用，正因为如此，也为珍视和保护古埃及遗址和遗迹创造了条件。

在《掠夺尼罗河》这本书中，作者对人物和事件的描写是非分明，语言简洁明了，故事性强，适合广大非专业人士阅读。不过，费根使用的文献，尤其是人物、事件和数据都在各章的尾注中标注了来源，并且补充了正文中人物和事件的必要信息，因此，此书也可以作为专业人员的参考书。其次，本书附有许多珍贵的图片，便于读者对文字描述的历史情境有一个直观的了解，特别值得称道的是，所有图片不是集中于书的前部或者结尾处，而是被编排在相关文字所在的位置，确实为读者的考古探险提供了身临其境的条件。

金寿福

于上海茶园坊

2020 年 4 月

谨献给"狐狸"和"牧师",

致以爱和真情,并纪念很多美好的时光。

前　言

　　《掠夺尼罗河》在我心中占有特殊的地位，因为这是我第一部关于考古学的普及读物。这一切都始于《考古杂志》关于传奇大力士、盗墓者乔万尼·贝尔佐尼的文章，他是尼罗河沿岸早期考古学的伟大冒险家之一。帕特里夏·克里斯托尔是当时斯克里布纳出版公司的编辑，她让我写一篇贝尔佐尼的传记。我指出已经有非常完善的研究成果出版，并且，作为佐证，我向她推荐了一部埃及盗墓史的书籍。令我吃惊的是，她后来竟然给我送来了一份关于这类书籍的出版协议，这令我尴尬不已，因为我对这一选题一无所知。在接下来的两年里，我沉浸在了一个令人着迷但却被人长期遗忘的英雄和恶棍的世界里，这些充满传奇色彩的人物的行为比小说中描述的还要神秘。写作《掠夺尼罗河》一书（书的命名采纳了斯克里布纳出版公司的意见）使我认识到了古埃及和在尼罗河沿岸工作的考古学家的持久的魅力。此书于1975年出版，受到了高度评价，并且被翻译成8种语言，1992年还由莫耶—贝尔出版社再版。此书出版后我感到非常紧张，因为我猜测埃及学家们可能会不赞成我这个外行人写作这么一部历史。在这件事上，他们对这本书中难以避免的错误所给予的礼貌的评语和宽容令我感到非常高兴。有位同事告诉我，几个月之前，这本书被评为埃及学专业的"珍贵的经典"，这既令我高兴万分，同时又略感惶恐。

但是，毫无疑问，最初的版本和后来的再版，现在都已经不合时宜。自 1975 年以来，埃及学界发生了很多事情——新的发现、新的观点、一代人的重要的保护工作以及基础研究，并伴随着高度的专业化。在我写作最初的版本的时候，关于埃及学的历史的相关文献分散在一些并不出名的杂志上，而且不容易获得。过去的 30 年是一个人物传记和历史研究迸发的时期，给早期的埃及学，尤其是 19 世纪的埃及学点燃了新的火花。西景出版社的卡尔·雅姆博特让我准备修订本书的时候，我感到非常高兴。他给了我一个机会，让我重新探讨我所承担过的最引人入胜的项目之一。这是一项艰巨的任务，涉及对初版作品的大量改写和扩展。

我很高兴地发现，初版的基本叙述形式效果很好，而且叙事从总体而言是相当准确的。因此，我决定保持原来的结构，保留乔万尼·贝尔佐尼卓越的职业生涯作为本书的核心部分。主要的改动在后面的章节中进行，涉及新一代学者通过研究让-弗朗索瓦·商博良、约翰·加德纳·威尔金森和霍华德·卡特等重要人物提出了新的见解。与以前一样，我没有试图做得面面俱到，而是关注最精彩的部分和重大的进展，并不对每一个重要的考古发现都进行描述。我还应该强调，这是一个对考古发现的讲述，而不是对学术动态的讲述，而后者对于一般读者来说并不那么有趣。我在本版中增加了综合性的注释，这些注释为每一章的进一步阅读提供了指南，还有参考文献和少量关于人物和网站的详细资料，以便为故事提供更丰富的细节。

　　《掠夺尼罗河》一书包括三部分。第一部《古墓和宝藏》，故事开始于希腊人和罗马人，以及以外国人的身份记述古埃及文明的第一人、喜欢道听途说的旅行者希罗多德。我描述了罗马统治时期埃及蓬勃发展的旅游业和后来伊斯兰寻宝者的活动，以及对木乃伊的长期国际贸易，因为人们认为，捣碎的古尸可以作为特效药和有效的催情剂。到18世纪晚期，欧洲旅行者已经向南航行到尼罗河第二瀑布，大部分主要的考古遗址都已为人所知。然而，埃及仍然难以被人们所了解，直到19世纪初，拿破仑·波拿巴将军和他的学者们向震惊的世人展示了古代尼罗河的辉煌。

第二部《伟大的贝尔佐尼》，讲述了一位马戏团大力士的故事，他偶然地成为一名娴熟的盗墓者和最初的考古学家。他在尼罗河边引人注目的生涯具有高风险职业的所有成分：争夺文物的外交官、忠心的追随者和暴徒、斗殴和枪战。这位高大的意大利人发现了新王国法老塞提一世的坟墓，清理了阿布-辛贝尔神庙的入口。他是第一位进入吉萨哈夫拉金字塔的现代旅行者，并且搬走了大量方尖碑、雕像、纸草文献和小型文物。这要归功于他使用杠杆、重力的专业技能，以及通过在舞台上表演障眼法而完善的"水力"技术。贝尔佐尼屹立于埃及学的历史上，是一个具有传奇色彩的人物。他的探险因为他在西非贝宁孤独死去而终结，但他创造了考古史上的传奇。同时，贝尔佐尼的发现在客观上有助于为当今科学的埃及学奠定基础。

第三部《一门科学的诞生》，开篇讲述了法国语言天才让-弗朗索瓦·商博良对象形文字的破译，以及埃及的一小群文物研究者和艺术家的到来，他们不是来劫掠，而是对复制和铭文更感兴趣。其中值得注意的是约翰·加德纳·威尔金森，他住在底比斯的一座古墓中，并于 1837 年出版了一部经典著作《古埃及人的风俗习惯》（*Manners and Customs of the Ancient Egyptians*）。他的书可以在铁路书店购买，让所有人都能够对法老有所了解。我们追溯尼罗河沿岸考古良知的轨迹，而埃及第一位文物主管奥古斯特·马里耶特的狂热的活动成为其缩影。在马里耶特时代，旅游业发展迅猛。我们可以通过《尼罗河上一千里》（*A Thousand Miles up the Nile*，1877）的作者阿梅莉亚·爱德华兹的眼睛见证旅行者的经历。神庙和坟墓遭到破坏的场景给了她很大的触动，以致她将余生奉献给了拯救古埃及的运动。第 15 章和第 16 章讲述的故事以 19 世纪 80 年代弗林德斯·皮特里等人的科学发掘为开端，直到 1922 年考古发现的高潮，即法老图坦卡蒙墓的发现。这一发现使得埃及学有了根本性的改观，因为埃及人开始在研究、保护和诠释这个世界上最悠久的文明方面发挥着越来越积极的作用。

这是一个冒险故事，充满了有趣的角色和大胆的行为。舞台已经设定，演员也已就位。让这出大戏开演吧！

布莱恩·费根

于加利福尼亚圣塔芭芭拉

致　谢

帕特里夏·克里斯托尔，当时斯克里布纳出版公司的编辑，于1973年委托我写作这本书，并帮我进行了酝酿，这个过程永远改变了我的人生。我非常感激她。我很感谢西景出版社的卡尔·雅姆博特委托本次修订版和安排扫描原书，这为我节省了数月的工作时间。很多同事为我解答疑问，纠正事实性错误，整理棘手的细节问题，特别是唐纳德·里德、罗纳德·里奇和斯图尔特·史密斯。史蒂夫·布劳用他熟练的技巧绘制了地图和表格。

插图说明中已经向照片所有者致以谢意。尽管已尽一切努力寻找版权所有者，但若在这方面有疑问，请联系作者。

最后，感谢莱斯莉和安娜，也感谢"拉神的大猫"，忍受了我在电脑旁的长时间工作。

目　录

第一部
古墓和宝藏

他们的居所已如何?

他们的墙壁已残破,

他们的居所已消殁,

就像他们从未存在过!

——约公元前 2000 年一位竖琴师的哀歌

米丽娅姆·利希海姆编:《古埃及文献读本》

第1章 抢劫法老

向你致敬，拉神，每一天都很完美

你在黎明时升起，从未失约……

当你穿越天空时，所有人都能看到你……

——献给太阳神阿蒙-拉的赞美诗

米丽娅姆·利希海姆编：《古埃及文献读本》

"人们可以想象，盗墓贼事先密谋，夜间在悬崖上秘密会合，贿赂或者灌醉坟场守卫，然后在黑暗中拼命挖掘，通过一个小洞爬进埋葬室，在微弱的灯光下匆忙搜寻方便带走的宝物，然后在拂晓时分满载而归。"1922年，在英国埃及学家霍华德·卡特发现法老图坦卡蒙富丽堂皇的坟墓之后不久，他这样描写道。"我们可以料到这些情况，"他补充道，"同时我们也能意识到，这都是难以避免的。"[1]

霍华德·卡特所描写的是帝王谷，尼罗河西部荒凉而多岩石的山谷，对面是太阳神阿蒙的城市：瓦塞特，即希腊人所熟知的底比斯，也就是今天的卢克索。[2]公元前16世纪之后，这条干涸的峡谷被作为埃及统治者的王室墓地，至少有四百年的历史。第十八王朝到第二十王朝的

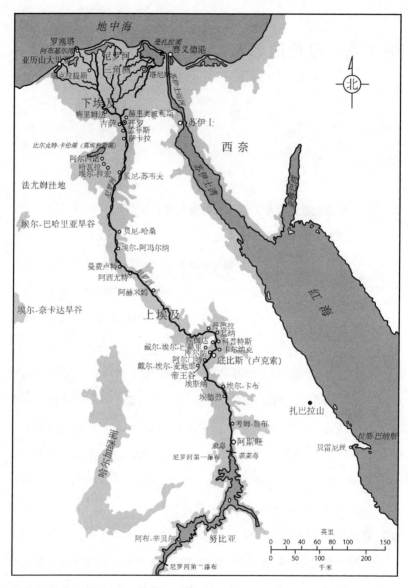

为清晰起见，省略了一些不重要的遗址。

图 1.1　正文中提到的主要遗址和其他位置

　　　　　　　　　　　　　　　　　　　　　掠夺尼罗河

这些法老们长眠在秘密的岩凿墓穴中，入口非常隐蔽。他们精心设计的丧葬神庙俯瞰着尼罗河洪泛平原。底比斯干燥的气候为我们——以及世代的盗墓者——保留下了新王国王室坟墓里的很多用具，包括镶嵌家具、典礼御座、数千名陪葬小雕像或沙布提、豪华的石棺和精美的雪花石器皿。孩子的玩具、珠宝、国王权标，甚至亚麻制作的裹尸布，都使人们对这些死去的国王的日常生活充满了巨大的好奇心。

王子和高级官员被安葬在帝王谷附近。其他赫赫有名的人物则在旁边的支谷和附近的山上寻找永恒。贵族的坟墓在底比斯平原对面的悬崖和丘陵上。他们，以及数百名富有或重要的、享有特权的、希冀来世的埃及人的遗体，被放在画有鲜艳色彩的木乃伊罩椁中，埋葬在岩凿墓穴里、洞穴中或者岩石山丘的裂缝中。

一群工匠在王室陵墓里工作，他们应该是世袭的，生活在戴尔·埃尔-麦地那的一个特殊村庄，靠近沙漠山丘。他们是暴躁易怒的一群人，文献中有关于罢工、薪酬纠纷、旷工和家庭纠纷的记录。其他工匠则筹备贵族的坟墓。他们的村庄仍然几乎不为考古学家们所知。王室、贵族以及负担得起的人，为自己来世的永恒之旅花费了大笔的金钱。到公元前1070年，底比斯墓地的地下埋藏着无数的财富。由于给死者陪葬的金器太多，受到劫掠是不可避免的。掠夺尼罗河始于埃及人自身。

在古代的底比斯墓地里，盗墓是一种有严密组织的活动。狡猾而又装备精良的盗墓贼为了寻找宝藏，将法老的坟墓洗劫一空。盗贼经常与腐败的祭司和被买通的官员勾结在一起。第二十王朝末期(约公元前

1070 年），老练的盗贼打开了帝王谷大部分王室墓葬。在文物收集者和考古学家来到底比斯并造成破坏之前，大部分的王室宝藏就已经永远消失了。

在第十八、十九王朝（公元前 1570—前 1180 年）几位伟大的法

古埃及文明的主要分期和发展阶段		
年代	时期	特点
公元前 30 年	罗马统治时期	埃及成为罗马帝国的一个行省。
公元前 332—前 30 年	托勒密王朝时期	从公元前 332 年亚历山大大帝征服埃及开始，托勒密王朝将希腊人的影响带到埃及。
公元前 1070—前 332 年	后期埃及	法老权威逐渐衰落，最终被波斯统治（公元前 525—前 404 年和公元前 343—前 332 年）。
公元前 1530—前 1070 年	新王国时期	埃及历史上的大帝国时期，法老们埋葬在帝王谷中；这一时期著名的法老包括拉美西斯二世、塞提一世、图坦卡蒙以及异端国王埃赫那吞。
公元前 1640—前 1530 年	第二中间期	希克索斯人统治三角洲地区。
公元前 2040—前 1640 年	中王国时期	底比斯及阿蒙祭司集团势力突出。
公元前 2180—前 2040 年	第一中间期	政治混乱，国家分裂。
公元前 2575—前 2180 年	古王国时期	专制的法老们建造金字塔并热衷于建造醒目的纪念碑；国家制度、经济策略和古埃及的艺术传统建立起来。
公元前 3100—前 2575 年	古风时期	国家巩固（在本书中被视为古王国时期的一部分）。
约公元前 3150 年	那尔迈（美尼斯）统治时期统一埃及	

图 1.2　古埃及文明年表

老——比如统治着埃及以及大片外国领土组成的帝国的塞提一世和拉美西斯二世等国王——统治时期，帝王谷的王室墓葬保持着相对的安宁。一系列受到严密监督的官员保证了王室墓地免遭大规模的劫掠。到公元前1000年，法老王权衰落，官僚机构得不到严密监管。王室墓穴和墓地的管理人员玩忽职守，盗墓活动开始猖獗。拉美西斯九世（公元前1126—前1108年）统治期间，底比斯的法庭上审理了一起涉及盗墓的重大案件，纸草文献残篇上保存下了这次法庭记录。

这起案件涉及两个底比斯的市长。东底比斯市长帕塞尔是一位诚实但却很爱管闲事的地方官，他对从尼罗河对岸的死者之城底比斯*频繁传来的盗掘王室陵墓传言感到担忧。也许他急于讨好自己的上司，或者是为了诋毁他的仇敌竞争对手、王室坟墓所在的姊妹城市的市长帕维罗。无论他的动机如何，帕塞尔开始对盗墓活动进行正式调查，这其实是他职责之外的事情。不久他发现了各种令人不安的证据，包括目击者对王室坟墓盗窃活动的描述。很多目击者在严刑拷打之下提供了关于盗窃行为细节的生动描述。他们描述了他们如何撬开王室陵墓的入口："然后我们找到了国王威严的木乃伊。他的喉咙上有很多护身符和黄金饰物，头上戴着金面具，整个木乃伊上都覆盖着金子……我们剥下了我们在威严的国王木乃伊上发现的金子、护身符和装饰品，以及它上面的遮盖物。"[3]

帕塞尔把他的具有诋毁性质的证据提交给行省总督哈埃姆维塞，并要求对王室陵墓状况进行官方调查。总督哈埃姆维塞正式派遣官员前去

---

* 即西底比斯。古埃及人认为人的死亡就像太阳西沉，所以将死者葬在尼罗河的西岸。——译者注

巡视。他们发现，属于拉-索贝克姆萨弗之子塞海姆拉-舍德塔威的一座王室坟墓，以及一些女祭司的坟墓，都遭到了侵犯。帕塞尔的证人重新受到审问。他们这时却声称自己无辜，并否认之前的证词。调查结果对帕塞尔而言是一场灾难，帕塞尔低估了帕维罗控制劫掠勾当的程度。总督放弃了对盗墓贼的所有指控，可能自己也松了一口气，因为看起来他肯定也深陷于这些非法的勾当。

帕维罗为自己如此轻松地战胜对手而感到高兴，并在家里暗中沾沾自喜。几个月后，他把"督察官、墓地管理员、工匠、警卫和所有墓地的劳力"一起集合起来，派到东岸举行喧闹的庆祝活动。人群在喧嚣的胜利气氛中四处游行，尤其集中在帕塞尔的房子附近。这位不幸的市长很有尊严，无视这些纷扰。不过，他的焦躁最终还是战胜了他。他匆忙去见居住在附近的普塔赫神庙的法老的管家。帕塞尔倾诉出他的担忧，重申了他的指控，并声称他可以证明它们。然后，他终于忍不住怒火，威胁要直接把他的陈述上报给国王。这是一个严重的错误，因为他的威胁涉嫌严重违反官僚礼仪，这暗示着总督本人参与了盗墓行为。管家把这件事传达给了哈埃姆维塞，后者迅速宣判帕塞尔犯有伪证罪，并告诉他不要再自讨没趣。

但是帕塞尔并不会那么容易保持沉默。他继续不断向总督提交盗墓的相关证据。一年之后，即便是高官也无法掩盖已经发生的违法行为。一位新的总督——奈布玛瑞那赫特发起了新的调查。45 名盗墓贼出席法庭。幸运的是，这些证词的主要内容被记载在一系列著名的纸草文献上，因而被保存下来，而具有讽刺意味的是，这些纸草 19 世纪后期在底比斯的古董黑市上出售。证人被要求宣誓，然后被殴打以提取真实的

掠夺尼罗河

供词。证据是确凿的。太阳神阿蒙神庙的香炉侍者讲述了晚上睡觉时被一群强盗挟持的情景：

> "'出来吧，'他们说，'我们要抢面包吃。'他们带我一起。我们打开了坟墓，带走了一块镶金嵌银的裹尸布。我们把它分解，放在一个篮子里，把它拿下来，并且分成六份。"多名被告被抽打脚底或者用刑具折磨，直到他们交待或证实各自的证词。
>
> 墓地的书吏被用木棍拷打，（直到）他说："不要再打了！我都招供。这银子就是我们带出来的。别的我什么也没有看见。"他继续被用桦条和刑具拷打。墓地的祭司奈西阿蒙诺普对他说："那么，你所说的白银花瓶所在的坟墓是（还有）另一座坟墓。也就是说除了主墓之外，还有两座（墓葬）。"他说："不是的。花瓶就是来自我所供述的主墓。我们只撬开了一座坟墓。"他继续被用木棍、桦条和刑具拷打，（但是）除了他（已经）说过的话之外，他不再承认任何事情。[4]

虽然给予这些特殊的盗墓贼的惩罚（未记录下来）一定是严厉的，但是盗墓行为的减少最多只能是暂时的，因为后来仍然有很多相关的审判记录。没有什么能阻止这些贪婪的抢劫者。

盗墓贼甚至将第十八王朝伟大的法老坟墓的财富洗劫一空，比如塞提一世和拉美西斯二世，虽然有专职保护死去的统治者免受破坏的祭司和官员。他们将王室木乃伊从一座坟墓迁到另一座坟墓，从一个石棺迁到另一个石棺，比盗贼先行一步。拉美西斯二世和塞提一世都被迁葬了好几次。最终，强盗变得如此大胆，以至于祭司们不得不让一名强壮的、值得信赖的守卫将每一位著名的王室木乃伊隐藏起来，要么在帝王谷的秘密墓穴中，要么在俯视底比斯的山崖裂缝中。这样，这两位国王设法躲避盗墓贼达三千年之久，直到公元 1881 年，戴尔·埃尔-巴赫里附近偏僻的裂谷中的一个隐藏处偶然间被盗墓贼发现，幸好被科学研究所拯救。[5]

$$\text{𓋴𓃀𓏏𓊪𓏏𓂋𓂧𓏏𓈖𓈖𓏏𓆑𓏤}$$

　　古代埃及的财富和稳定在四千年前的地中海世界是有口皆碑的。丰富的文学作品讲述了法老的功绩。[6]我们知道他们的名字，对他们的个性有一些了解，并且能够凝视他们保存完好的宝藏。大多数人都听说过拉美西斯二世和图坦卡蒙。尽管遭到古代和现代寻宝者的掠夺，但艺术传统和艺术作品仍然以精美的质量和惊人的数量存活下来。生动的文字和人物刻画让我们深入了解埃及人的日常生活，了解宫廷丑闻，并让这个已经消逝很久的年代被世人所熟知。不幸的是，在埃及文明达到顶峰三千年之后，构成世界上持续时间最长的文明的财富和荣耀，仅仅保留下来了一小部分还可以让考古学家和游客研究和敬仰。

　　古埃及的坟墓和墓碑自建成以来就一直受到不断侵袭。埃及人自己使用它们作为建筑石材。宗教狂热分子和采石工人紧随盗墓者。他们摧毁铭文，并将宏伟的神庙一块石头接一块石头地拆除。阿拉伯寻宝人在吉萨金字塔周围挖掘地道，寻找黄金。吉萨的三座金字塔外层带有铭刻的石块都被用来修建了开罗新城堡的外墙。士兵们把狮身人面像作为射击练习的靶子。然后旅行者和文物收集者接踵而至，寻找珍奇物品或者商业利益。有的人用炸药炸开金字塔；有的人购买木乃伊，并在下埃及萨卡拉地区掘洞进入墓穴。1798 年，法国将军拿破仑·波拿巴来到埃及，以夺取通往英属印度的战略路线。他带来了一个专家团队来研究古代和现代的埃及。六年后，他的科学家跟随拿破仑战败的军队离开埃及，带走很多箱珍贵的文物。他们出版了在欧洲引起轰动的多卷本《古埃及记述》(*Description of Ancient Egypt*)。到 1833 年，热朗神父向埃及帕夏穆罕默德·阿里说："从埃及回来，如果你不能一手执木乃伊，一手执鳄鱼，那么你在欧洲将得不到尊重。"[7]

在热朗的时代，追求埃及文物的热潮已经席卷欧洲。外交官和游客、商人和公爵都争相大量收集木乃伊和其他文物。追求埃及文物的热潮还影响了建筑风格和时尚潮流。埃及学成为富人和好奇者谈论的时尚主题。在法国天才学者让-弗朗索瓦·商博良破译埃及象形文字的同时，狂热的旅行者也在破坏他想要了解的这个文明。

在过去的两千年中，埃及人和很多外国人实际上都在破坏我们对古埃及认知的可能性。他们这样做是为了获取利益，而且可悲的是，这些都是以科学和民族主义的名义进行的。这对考古学所造成的损失是无法估量的，对埃及的历史来说损失更是惊人。由于几代不负责任的旅行者的抢劫和掠夺，古埃及的手工艺品和艺术品流落到世界各地，其中一些最美丽和最壮观的作品被存放或者展示在距离尼罗河上千英里的地方。幸运的是，过去一百年来，通过现代考古学家的热忱工作和埃及政府的努力，受到破坏的埃及文物得到了一定的保护。

我们绝不能指责那些掠夺古埃及的人。回想起来，他们仅仅是他们所处时代的道德和智力状况的写照。埃及人受到利益的驱使，需要谋生。对宝藏和财富的梦想、利益的刺激以及西方文明所特有的占有外国珍品的欲望，驱使很多旅行者前往埃及。但至少这些外国人的努力使得世界对古埃及的辉煌有了初步的了解。在欧洲和美国的博物馆中，涂着鲜艳色彩的埃及法老的木乃伊及其附属品是非常常见的。每个人都至少看过一幅象形文字铭文或者金字塔的照片。在这个能够乘坐飞机和组团旅游的年代里，我们中的很多人都能够很幸运地欣赏尼罗河沿岸古代埃及残存下来的遗迹。偶尔参观博物馆或者阅读关于古埃及的图书时，我们可能就会心血来潮，到埃及来一场说走就走的旅行。然而，我们在伦敦、纽约或巴黎看到的文物，其中很多都是由文物爱好者伴随着致命的好奇心，并利用火药、镐头和其他破坏性工具获得的。历史的悲剧就是，我们对古埃及的认识，很大程度上来自对尼罗河岸边岩凿墓穴和金字塔的长达几个世纪的掠夺和盗墓所找到的文物。

在写这本书时，我查阅了数百篇文章、书籍和评论。这些注释并不是为了涵盖我参考过的所有资料来源，而是为读者提供一个深入研究埃及学历史上纷繁复杂并且不断增加的文献的机会。每章的开头都有一个深入阅读指南，并给出一些一般性的参考资料，这些资料也可能以更详细的条目出现。（在某些情况下，由于明显的原因，阅读指南会涵盖多个章节。）有时候，我会试图对某神、某人或某遗址进行简要的解释或总结，以加强叙述。

深入阅读指南

关于古埃及文明的出版物的数量已经几乎多到泛滥的程度。关于这一主题的普及读物比比皆是，所以这里只能提供很少的一些书目。罗宾·费顿的晦涩难懂但是精彩绝伦的著作《埃及：河谷之地》（Robin Feddon, *Egypt: Land of the Valley*, London: John Murray, 1977）使人们对这片古老而又现代化的土地印象深刻，不同于我读过的其他书籍。巴里·肯普的《古埃及：对一个文明的解剖》（Barry Kemp, *Ancient Egypt: Anatomy of a Civilization*, London: Routledge, 1989）是一部针对更专业读者的分析著作。在我看来，这是分析古埃及文明的最好的著作。西里尔·奥尔德雷德的经典著作《埃及人》（Cyril Aldred, *The Egyptians*, 3d ed., London and New York: Thames and Hudson, 1998）是一部杰出的短篇著述。我自己的《法老统治下的埃及》（*Egypt of the Pharaohs*, Washington, D.C.: National Geographic Society, 2001）是一部浅白的历史著作，里面有肯·加勒特拍摄的精彩照片。还可参考维维安·戴维斯和勒妮·弗里德曼的《发现埃及》（Vivian Davis and Renée Friedman, *Egypt Uncovered*, London: Stewart, Tabori, and Chang, 1998），这部书重点关注最新的发现。所有这些资料将指导你阅读基础文献。

这里有值得推荐的三本更具体的著作。马克·莱纳的《金字塔全书》（Mark Lehner, *The Complete Pyramids*, London: Thames and Hudson, 1997）描述了这些最引人注目的埃及纪念碑的历史、建筑和重要性。利塞·曼尼凯的《死者之城：埃及底比斯》（Lise Manniche, *City of the Dead: Thebes in Egypt*, London: British Museum, 1987）更加专业，而且是关于底比斯墓地的信息宝库。要阅读象形文字，可以读一读马克·科利尔和比尔·曼利的《如何阅读埃及象形文字：循序渐进的自学指南》（Mark Collier and Bill Manley, *How to Read Egyptian Hieroglyphs: A Step-by-Step Guide to Teach Yourself*, Berkeley and Los Angeles: University of California Press, 2003），在其中可以找到很多参考资料。

注释

1 Howard Carter and A. C. Mace, *The Tomb of Tut-Ank-Amen* (New York: George H. Doran, 1923—1933), 4.

2 为了方便起见，我在这些叙述中使用了"底比斯"一词，仅在现代语境中使用"卢克索"，这是本书中的常见做法。

3 T. E. Peet，*The Great Tomb-Robberies of the Twelfth Egyptian Dynasty* (Oxford：Griffith Institute，1990)；本段和下文引用的内容出自第21、23页。关于盗墓文献的译文可参考亨利·布雷斯特德：《古埃及记录》(Henry Breasted，*Ancient Records of Egypt*，Chicago：University of Chicago Press，1906)。

4 Peet，op. cit.(1990)，17.

5 这一事件在下文第13章有详细描述。

6 彼得·A.克莱顿的《法老编年史》(Peter A. Clayton，*Chronicle of the Pharaohs*，London and New York：Thames and Hudson，1994)是关于古埃及统治者及其年代和功绩的权威性总结。本书使用的年代出自这部著作。

7 本段和前段引用了普林尼著作的内容，转引自莱斯利·格林纳的《埃及的发现》(Leslie Greener，*The Discovery of Egypt*，New York：Viking Press，1966，1)。为了方便起见，我指的是穆罕默德·阿里，这与国会图书馆的惯例相一致。有些作者使用 Mehmed(或 Mehmet)，这是土耳其语的用法。我很感谢唐纳德·里德(Donald Reed)教授对这一难点的简要介绍。

第 2 章　最早的旅行者

像神一样站起来，听我告诉你，

你会统治这片土地，管理河流两岸，

增进身体健康!

当心手下的小人。

——米丽娅姆·利希海姆编:《古埃及文献读本》[1]

"这个国家像是一部反复擦写的羊皮书，"一个多世纪以前，维多利亚时代著名的露西·达夫-戈登夫人在卢克索写道，"《圣经》写在希罗多德的著作之上，《古兰经》又写在《圣经》之上。"[2]它确实是一部羊皮书，记载着征服和旅行，记载着专注的旅行者和勤奋的考古学家。关于发现古埃及的故事中既包含了专业的学者和业余文物收集者的优美的辞藻，也少不了旅行者们的传奇轶事。

古埃及人自己知道他们的文明是所有文明制度中最古老的。法老的王名表记载一代一代的国王，一直可以追溯到公元前 3100 年左右法老荷鲁斯-阿哈或者美尼斯统一上下埃及。埃及受到法老认可的官方历史甚至可追溯到神话时代，被称为"奈肯的灵魂"的传奇国王们。根据埃及人的观点，创世之初，阿图姆神是"全能神"，它从混沌之水中浮现出来，并引发了"最初的时刻"，在水面上方升起了一片土丘。然后，太阳神拉——赋予生命的力量，从地平线上升起，创造了世界万物。埃及法老是"玛阿特"的化身，这是能体现出尼罗河沿岸文明的一种正义的概念。他们根据传统进行统治，神圣的国王主宰着一个永恒秩序的世界。当然，他们的世界往往远不是有秩序的，但埃及国王的思想体系变化不大，给人们造成了秩序战胜混乱、法老总是能够主宰统一的上下埃及的假象。统一是一种和谐的行为，是交战的众神之间以及混乱和正义的力量之间的和解。

今天，古埃及的有序世界早已消失。神庙保持沉默。诸如底比斯的太阳神阿蒙之类的无所不能的诸神已经消失在历史的浪潮中。泥砖墙已经崩溃；神庙塔门坍塌进尼罗河的淤泥中。吟唱圣歌、祈求神灵、摇旗呐喊和虔诚舞蹈早已停止。剩下的就是破碎的柱子和沉默的铭文，沉浸在太阳揶揄的光芒中。但是，埃及的神秘魅力几个世纪以来一直吸引着游客的到来。

埃及人称他们的祖国为"凯麦特"，意思是黑土地。这是因为，培育了他们文明的是肥沃的黑色土壤。凯麦特就像一支绿色的箭矢，沿着尼罗河流经的路线，掠过东撒哈拉干旱的荒漠。这是地球上最长的河流，形成于东非高原，自南向北流经超过10 300千米，穿过世界上最干旱的地带，注入地中海。在一万五千年前，尼罗河穿过一条深深的峡谷，流入一片比现在低得多的海洋。随着冰河时代之后海平面上升，一层一层的淤泥堵塞了狭窄的山谷，形成了今天的河泛平原。

古人不知道河流来自哪里。法老们认为源头在地下世界流淌的潜水中。尼罗河的生命水源被认为是从靠近第一瀑布的花岗岩岩石之间涌出地面的，源自距离地中海超过 1 550 千米的河中央的大象岛下面的一个洞穴。

凯麦特在很多方面都是地球上的天堂。河流给土壤增肥，并浇灌埃及人精心布置的田地。郁郁葱葱的沼泽地和草地为驯养和野生的动物提供食物，河岸上有大量的水禽，泥泞的水域中到处都是鱼类。随着尼罗河每年夏天水位上涨，这条河变成一个巨大的浅水湖。乡村和城镇都变成了岛屿。农民利用自然形成的积水盆地和土坝积蓄洪水，然后汲水到远处用于灌溉田地。但埃及人的生活处于反复无常的尼罗河的摆布之中。每个人都害怕泛滥的水位过高，那会席卷他们面前的一切——牲畜、房子和整个村庄。有的年份，尼罗河又几乎不泛滥，干旱给人们造成的灾难更加严重。如果尼罗河水位只是略有上升，然后几乎立即消退，这就意味着成千上万的人会饿肚子，饥荒掠地。

埃及是一个狭长的国度，形状有点像深深扎根于非洲大陆的一朵巨大的莲花。主茎和花朵是"两土地"。上埃及始于第一瀑布，那里的河谷只有 2.4 千米宽。上游方向是努比亚，埃及语中被称为 *Ta-Seti*，意思是"弓箭手的土地"，是现代的苏丹，因努比亚人善于射箭而得名。尼罗河在这里消失在无垠的沙漠和异族世界中。上埃及长约 800 千米，两侧多以沙漠悬崖为界。在某些地方，河泛平原的宽度可达 18 千米，但大部分地方要窄得多。在法老的古都孟菲斯附近，尼罗河蜿蜒穿过一个巨大的淤塞三角洲流入大海，就像花茎上结出了花朵。下埃及包括从地中海的三角洲到上游方向的孟菲斯。三角洲低洼潮湿，有低矮的山坡、沼泽和湖泊，面积约 22 000 平方千米，是埃及的产粮区和葡萄园。

　　埃及国家应运而生，部分原因是由于凯麦特狭长的地理环境，整个王国由尼罗河维系起来。但是交通不便，"两土地"在政治和经济上彼此非常不同。要把"两土地"连在一起，需要有力而果断的领导、高度的政治敏感和杰出的个人魅力。强有力的统治和统一带来了和谐、平衡和秩序。统治着"两土地"的人，是象征国王的鹰神荷鲁斯在人间的化身。他将上埃及和下埃及统一起来。阿蒙霍特普三世（公元前 1386—前 1349 年），也许是最伟大的法老，约公元前 1360 年在上埃及卡尔纳克的太阳神拉的神庙中竖立了一块石碑，上面写着他的"岗位职责"："活着的荷鲁斯：强壮的公牛，在真理中显现；两女神：法律赋予者，两土地安抚者；金荷鲁斯：拥有伟大的力量，战胜亚洲人的人；上下埃及之王……阿蒙-拉所钟爱之人……他心中欢喜，因为他像拉神一样永远统治着两土地。"[3] 法老即埃及——一个拥有和谐的意识形态的王国，神秘地统一在一起的"两土地"。他们认为他们的历史是一系列统治者将王位从一代传到下一代这样的有序的过程。事实上，埃及政治格局并不稳定，经常发生变动。这个王国至少分裂了两次，但总是能在杰出的法老手中恢复它的伟大。

　　这种伟大终结于约公元前 1000 年，这时埃及已不再是一个强大的帝国。征服者来了又去——努比亚人、亚述人、波斯人和亚历山大大帝，但是埃及文明的基本结构和宗教体系仍然延续到罗马时代，但这时拉美西斯二世（公元前 1304—前 1237 年）和其他伟大的法老已经是遥远的回忆。到公元前 31 年，当托勒密王朝统治下的埃及成为罗马帝国的

掠夺尼罗河

一个行省时，法老的土地已经成为更广阔的地中海世界的一部分。位于三角洲的希腊化埃及城市亚历山大港，长期以来一直是地中海和亚洲世界相互交流的国际中心城市，以其奢侈生活和学术研究而闻名。亚历山大港人长期处于希腊统治之下，认为与文明有关的基本的政府和宗教机构都是法老所创造。对于罗马人来说，埃及是一个充满新奇事物的国家，在这里，即便是博学多识的人也可以获得在其他地方闻所未闻的神秘知识和医疗技能。

𓀀𓏏𓊖𓈖𓐍𓂋𓏏𓈖𓊖𓐍𓏏𓆓𓀀𓊖

早在安东尼和克里奥帕特拉之前，埃及的奇迹就吸引了很多学者和猎奇者。大约在公元前460—前455年，希腊历史学家希罗多德游历了埃及。他写下了关于埃及奇人异事和文物古迹的最早的长篇著述之一，这是在最伟大的埃及法老政权衰亡仅仅几个世纪之后。在希罗多德时代，游历埃及领土并溯河而上直到努比亚，需要长达四个月的时间。

希罗多德的著作为我们提供了了解这个古代世界的大量的证据，虽然经常不太正确。即便在他自己的时代，他作为一名历史学家的声誉也很高，因为他曾被邀请在雅典人面前公开宣读他的作品。幸运的是，他的《历史》被完整地保留了下来。它是一部关于亲眼所见的事实、民间传说、神话、真实历史和八卦奇闻的集合体。从这些方面我们可以看出，希罗多德是一个非常轻信而可爱的人，喜欢仔细观察，并且充满好奇心。当然，这九卷本的《历史》并不符合现代历史学标准，因为它的作者非常夸张，而且对资料来源不加鉴别就盲目接受。尽管如此，考古学家多次证明了他所作的人类学观察是基本准确的。希罗多德不厌其烦地描述埃及，因为似乎他比他所遇到的任何人都更加喜欢埃及人。

在沿尼罗河向上游旅行时，希罗多德只能沿着一条踩踏出来的小道
蹒蹒前行。尼罗河冲积平原在运河和灌溉水渠的分割下变得千沟万壑；
在公路、铁路和航空运输出现之前，任何陆地上的旅程都是最艰难的。
所有的政府业务和商业活动都是通过搭乘驳船和帆船沿尼罗河来来回
回，而纸莎草做成的轻舟则满足了村民的需求。很少有外国人冒险进入
尼罗河河谷两侧干旱的荒漠。沙漠中荒无人烟，乘坐篷车旅行也会很艰
难。所以到埃及的大部分游客的行程基本上一直保持不变，直到现
代——沿尼罗河逆流而上，从亚历山大港到阿斯旺的第一瀑布，沿途经
停金字塔所在地、卡尔纳克和底比斯（开罗是一个伊斯兰城市，在罗马
时代并不存在）。

希罗多德将他从容的旅程变成了《历史》中最著名的一段，这可能
是关于尼罗河河谷及其奇观的最早的系统记载。我们很难将作者的亲身
经历与他收集的传闻和神话区分开来。例如，他对尼罗河每年定期泛滥
的原因进行了猜测。他宣称，一些埃及人相信洪水是由雨水和融雪造成
的，这一理论在两千多年后被证明是正确的，尽管希罗多德并不相信这
个传说。"从世界上最热的地区流到多半较冷地区的尼罗河，怎么可能
是从雪中流出来的呢？"他这样质疑道。[4]

和很多其他古典时期的游客一样，希罗多德对埃及的习俗表现出崇
敬和热情。他观察到，埃及人对宗教信仰过于虔诚，崇拜数量众多的神
灵，他猜测，希腊人至少从其中衍生出了他们自己的一些神灵。猫受到
高度崇敬，死后被葬在专门的墓地中，其他家畜也有类似的待遇。而
且，像他之后的很多游客一样，希罗多德被古埃及人的葬礼习俗所吸

引。他描述了防腐者如何用铁钩通过鼻孔抽出大脑，然后用 70 天的时间来清理并保存尸体："然后亲属取回尸体，制作一个空心人形的木制棺材。他们把尸体放在里面，封闭起来，将它存放在墓室里，靠墙直立放着。"[5]现代研究人员通过对埃及木乃伊制作技术进行实验，已经证实了希罗多德的记述基本准确——他的记述显然是基于亲自观察。

除了丧葬习俗，他还记载了农业和渔业，以及狩猎鳄鱼和埃及船只。凡事无论巨细，都逃不过这位贪婪的、充满好奇心的游客的眼睛。他与官员和祭司交谈，与村长和乡民交谈，具有无限的好奇心，这是有天赋的旅行者的标志。他对信息的渴望是无止境的。希罗多德叙述了埃及国家的起源传说，即统一埃及的第一任统治者美尼斯的故事。他告诉我们，祭司们向他展示了记录 350 名国王的名单。两个世纪后，希腊祭司曼涅托在约公元前 280 年撰写的《埃及史》上记载了同样的名单，这是现代埃及学家所熟知的埃及王朝的基础。[6]《历史》中的零碎历史叙事至多是道听途说和传奇故事，作者本人也承认了这一点。不幸的是，他的大部分后继者都对《历史》深信不疑。正如经常发生的那样，历史神话成为教条性的事实，被几个世纪的历史学家所盲目因袭。

希罗多德的地位非常特殊。在过去三千年中游历过埃及并且作品能够保留下来的众多旅行家和历史学家中，希罗多德是距离伟大的法老们最近的一位。他与积极奉行几千年宗教崇拜传统的祭司和敬拜者交谈。在受到寻宝者、基督徒和穆斯林的侵害之前，埃及的古迹比现在保存的状态要好得多。因此，他对这个引人瞩目、充满异国情调的河谷的叙述是生动的，也许过于生动，他和其他知识分子理所当然地认为这是他们自己的文明的摇篮。《历史》中对当时的埃及人有活灵活现的描写：我们可以读到他们的饮酒比赛、偷窃盗贼尸体的故事，以及复杂的宗教仪式，似乎希罗多德就在我们身边，偶尔还会告诫我们，他所了解到的东西很多都是荒诞不经的故事。他的告诫是及时的，但是却被希罗多德的后继者以及一代又一代的学者和历史学家们所忽视。

现代学者对希罗多德进行了不遗余力的谴责，尤其是 19 世纪法国埃及学家奥古斯特·马里耶特。"我憎恨这位旅行家。"他写道，而且抱怨说，希罗多德是在古代语言仍在使用的时候游历埃及的，完全可以亲口询问各种关键的历史问题并得到准确的答案。"（但是，他却）郑重地告诉我们，齐奥普斯＊的一个女儿用卖淫获得的钱财建造了一座金字塔。考虑到希罗多德作品中的大量失误，如果他从未存在过，埃及学会不会发展得更好？"[7]希罗多德确实是一个不拘小节、常常轻信的观察者，喜欢幻想和猎奇。几个世纪以来，他的荒诞不经的故事一直困扰着埃及学。英国埃及学家艾伦·加德纳爵士将希罗多德称为"历史之父"和"伟大的天才"的评价可能更公平，因为他所尝试的，对于他那个时代来说，是一种全新的文学艺术形式。

𓉼𓏤�￼𓏤𓈖𓏏𓆑𓏤𓂝𓈖𓏤𓏏

众多希腊旅行者追随着希罗多德的脚步，但只有少数旅行者的游记被保存了下来。古典作家狄奥多鲁斯·希库鲁斯在公元前 60 年至前 57 年居住在尼罗河河谷地区，他是最早记载底比斯河泛平原上巨大的法老阿蒙霍特普三世（公元前 1386—前 1349 年）坐像的人物之一。希腊人根

＊ 希腊人对胡夫法老的称呼。——译者注

据荷马时代的英雄的名字,将这些20米高的雕像称为门农巨像。近处的拉美西斯二世陵庙被人们认为是门农神庙。狄奥多鲁斯对这座神庙以及有国王雕像的庭院大加赞美。他在其中一座雕像上发现了一段铭文,他利用这段铭文,正确地指出这个神庙应归属于奥兹曼迪亚斯,而这正是希腊语中对乌塞尔玛阿特拉-塞泰普恩拉的称呼,这个实际上是拉美西斯二世的名字:"我的名字是奥兹曼迪亚斯,众王之王;如果有人知道我是多么伟大,我安眠于何处,让他超越我的作为。"很多个世纪之后,珀西·比希·雪莱(1792—1822年)从一位"来自古老国土的旅行者"所描述的沙漠中的"巨大而与躯干分离的石腿"获得了灵感。"吾乃奥兹曼迪亚斯,众王之王。盖世功业,敢叫天公折服!"他写的一首短诗,成为英语的经典之作。[8]

希腊地理学家斯特拉波(公元前64—前23年)是和狄奥多鲁斯·希库鲁斯同时代的人物。他曾陪罗马埃及总督埃利乌斯·加鲁斯于公元前25年远征上埃及。斯特拉波的《地理学》是关于罗马世界的翔实资料的宏大汇编。埃及是他的十七卷著作中的重要内容。相关的记载主要是地理信息,是一个城镇和资源的目录手册。他将考古遗址视为地理景观的特征之一。在孟菲斯,他参观了塞拉匹斯神庙遗址。"人们在(孟菲斯的)塞拉匹斯神庙中也发现,在一个如此多沙的地方,风使沙子聚积成堆,在那里我们可以看到很多狮身人面像,其中一些几乎完全被掩埋,其他的只被覆盖了一部分。"[9]大约两千年后,法国考古学家奥古斯特·马里耶特利用斯特拉波的记载重新发现了塞拉匹斯神庙。

斯特拉波一行人逗留下来瞻仰拉美西斯陵庙的雕像,并从底比斯越过尼罗河。接下来,他们在卢克索和卡尔纳克的太阳神阿蒙的神庙中考察了一些方尖碑上的铭文，其中一座后来在19世纪由帕夏穆罕默德·阿里送给法国国王路易十八，现在立在巴黎的协和广场上。"在门农神庙的上方，"斯特拉波说，"是国王的坟墓，它们是石头凿成的，约有40座，建造得非常好，是值得一看的奇观。"这是历史上关于帝王谷最早的记载之一，它长期以来一直是被抢劫和掠夺的考古遗址。斯特拉波最后对希罗多德和其他人进行了抨击："他们说了太多的废话，将一些不可思议的谣言加入他们的记载中，在其中添油加醋，混淆视听。"[10]斯特拉波并不是第一位发现现实状况与历史记载存在不同的埃及旅行者。

图 2.1　巴黎协和广场上从卢克索运来的方尖碑

公元前31年罗马人占领埃及之后，尼罗河河谷的这片地区成为世界上最伟大帝国的一个繁荣和稳定的行省。罗马人对埃及感兴趣主要是

掠夺尼罗河

基于政治和资源剥削的目的。埃及肥沃的土地成为罗马的粮仓之一，而旧的宗教方式被容许继续存在甚至受到崇拜。罗马埃及的稳定依赖于一种叠加在本土文化上的政治体制。举个例子，在法兰西和不列颠，成千上万的当地人被罗马化，采用了征服者的很多习俗和制度。但是埃及人保持了一定的距离，继续崇拜他们古老的神灵，像往常一样耕作他们的田地，早期的很多习俗一直得以保留。古老而独特的生活方式继续保存下来，基本上没有改变，周围则是宗教和政治机构的纪念碑，连接着遥远的过去。罗马统治的安全措施使旅行者能够在这个陌生的国度自由活动。在三个半世纪的时间里，罗马世界处于和平状态。富足而悠闲的阶层享受着旅行和奢侈的安逸生活，可以安全地前往帝国最偏远的角落。罗马帝国的集中管理使罗马和亚历山大港之间以及总督驻地和行省城镇之间的旅行变得越来越必不可少。政府代表团、使节、军人和四处伸冤的公民都在埃及和罗马间来回穿梭。成千上万的游客也涌向埃及和近东其他地区，寻求教育、娱乐或宗教熏陶。

罗马旅行者会在意大利南部的港口乘船，经过六天的航行，到达亚历山大港，或者穿越北非的迦太基，然后沿着海岸公路前往尼罗河。这两条路线都是安全和快速的，因为帝国的商业活动也使用同样的交通网络。地中海上重复往来着连续不断的船只。有的船只长达 53 米，排水量超过 2 000 吨，运载着大理石、亚麻布、纸草、玻璃杯和香水，以及乘客。抵达亚历山大港后，人们可以乘船，或者利用罗马建造的沿尼罗河走向的驿道，前往第一瀑布和更远的地方。在上埃及的科普特斯，维护良好的驿道沿着埃及古路穿过沙漠到达红海的港口贝雷尼丝和米奥斯-霍尔摩斯，这是阿拉伯和印度洋贸易的重要转运点和交易站。

很多人前往尼罗河只是为了扩大他们的知识视野或出于好奇。直接探究是了解历史、地理以及哲学、宗教和巫术的最佳方式，众所周知这些在埃及是得到高度发展的。亚历山大港在学术研究和医学方面享有国际声誉。著名的导师随时准备接纳旅行者。病人可以被治愈。还有亚历山大港声名在外的娱乐场所。托勒密一世索特尔（公元前305—前282年）是亚历山大大帝的朋友和将军，他在亚历山大港附近的卡诺珀斯建立了塞拉匹斯神庙。在罗马时代，这里因其奢侈和狂欢的仪式闻名于整个古代世界。塞拉匹斯崇拜是对两位埃及神奥西里斯和阿匹斯的崇拜的混合，后者是神圣的公牛，是托勒密家族王室权力的重要守护者。而位于孟菲斯附近萨卡拉的塞拉匹斯神庙建筑群（这里有古老的公牛墓葬）是一个重要的朝圣场所，人们蜂拥而至寻求拯救，卡诺珀斯神庙就成了狂热的仪式和节日的中心。

如果厌倦了酒神的乐事*，旅行者可以沿尼罗河向南航行到另一个世界，在这里，古老的纪念碑俯视着尼罗河灌溉的田地和有着数百年历史的灌溉系统。我们可以通过他们留下的众多涂鸦去追随他们的旅程。虽然较为认真的旅行者可能会巡视众多破败的神庙，但大多数旅行者都遵循了一条路线，他们从亚历山大港出发前往孟菲斯、吉萨金字塔，然后到底比斯和对面尼罗河西岸的帝王谷，以及第一瀑布附近建有伊西斯神庙的美丽的小岛菲莱，这些地点走水路和陆路都很容易到达。很多小旅馆迎合了疲惫的旅行者的需求。私人承包商还把他们的船只或牲畜出租给组团的旅行者，他们很多人都手持希罗多德或者其他作者撰写的埃

---

* 塞拉匹斯具有酒神的职能，类似于希腊的狄俄尼索斯神。——译者注

及地理著作。像现代旅行指南一样，这些书籍旨在提供信息和娱乐，通过幻想和神话来激发兴趣，其中包含了各种信息。像金字塔这样的古物只是向不加批判的读者呈现的整体信息的一部分。大多数作家对希罗多德的补充很少，因为他们只是无情地抄袭了这位伟大的历史学家的作品。

罗马时期前往尼罗河上游探险的游客的第一站是吉萨金字塔，这时它们仍然覆盖着石灰石，富丽堂皇，后来这些石灰石被中世纪的建筑商拆下，用以建造开罗的公共建筑。很多旅行者将他们的名字刻在了外层岩石上，这是一种人类的劣根性，在历史上对古代遗迹造成了破坏。埃及的例子本身提供了一个迷人的历史万花筒，我们可以通过它看到人们对古代奇迹精辟的观察和反应。人们最早记录下吉萨铭文是在公元1475 年左右，因为更早的铭文和外层岩石一起被除去了，不过我们从1336 年访问过金字塔的德国修道士鲁道夫·冯·苏赫姆的旅行记中得知，早期的铭文确实存在。[11]

靠近吉萨金字塔的是狮身人面像，它被埋在流沙中。老普林尼是最早描述这个最著名的埃及古迹的罗马作家之一。[12]还有其他旅游景点：位于古老而繁华的孟菲斯城的公牛神阿匹斯神庙，以及在尼罗河西岸法尤姆沼泽地区著名的"迷宫"，这是阿蒙涅姆赫特三世（公元前 1842—前 1797 年）庞大的宫殿，他是中王国时期的法老，在法尤姆绿洲进行了大规模的土地垦荒工程。这座"迷宫"因其众多的庭院和房间而得名，这使得富有想象力的希腊人将其与神话中的克里特岛迷宫相提并论。希罗多德写道："它有十二个庭院，所有庭院都有顶棚。""穿过庭院的通道极其复杂，当我们从庭院进入房间，从房间进入柱撑室，都给我们带来无数惊奇。"[13]希罗多德觉得"迷宫"比吉萨金字塔还要精彩。附近是法尤姆的祭司饲养的神圣的鳄鱼——严格来讲，也是一个吸引旅行者的地方。"迷宫"的痕迹现在已荡然无存。当埃及学家弗林德斯·皮特里爵士于1889年在遗址上发掘时，他只发现几根柱子和楣板，还有很多碎石。几个世纪以来，很多石灰窑在废墟中扎营，并逐渐将它们变成破碎的瓦砾。

从"迷宫"溯河而上，旅行者到达底比斯地区的卢克索和卡尔纳克阿蒙神庙。他们穿过卡尔纳克阿蒙神庙中巨大的柱廊，冒险渡过尼罗河

1838年，罗伯茨在埃及生活了两个半月，描绘了主要的纪念碑和当地生活的场景。一位名叫路易·阿格(Louis Hague)的平板印刷工，为它们的出版准备了八年的时间。罗伯茨丰富多彩且常常浪漫化的作品受到收藏家们喜爱。这幅画作来自作者的收藏。

**图2.2　维多利亚时代画家大卫·罗伯茨(David Roberts，1796—1864年)
创作的卡尔纳克阿蒙神庙**

掠夺尼罗河

进入荒凉的帝王谷，即便在当时，人们都已知晓这里是埃及最伟大的统治者们的墓地。[14] 参观帝王谷中深凿在山崖上的法老墓室是一种激动人心的冒险。罗马人到来的时候，所有暴露的墓葬都已被打开并遭到掠夺。旅行者小心翼翼地进入黑暗的房间，并在遭到破坏的坟墓墙壁上用火把写上自己的名字。几代人之前，狄奥多鲁斯·希库鲁斯已经抱怨过，除了掠夺和破坏的痕迹，这里什么都没有。[15]

在阿蒙神庙对面尼罗河西岸的帝王谷附近的冲积平原上，有法老阿蒙霍特普三世的两座巨型坐像，人们称其为"门农巨像"，是人们游玩尼罗河行程中最重要的部分之一。希腊人认为巨像是传说中的埃塞俄比亚国王门农，他是黎明之神的儿子，曾经帮助特洛伊人对抗阿喀琉斯。像"迷宫"一样，巨像的名字来自一个著名的有着共同的传奇经历的人物，是在异国众神和法老的背景下得到认同的熟悉的历史地标。事实上，这两座砂岩雕像本来伫立在阿蒙霍特普巨大的丧葬神庙前。这位法老迷恋于浮夸的言论和奢华的排场。尼罗河每年夏季的泛滥都会淹没他巨大的丧葬神庙，只留下位于远离河水的小山丘上的内殿。尼罗河最终摧毁了神庙；罗马承包商拆除了倒塌废墟的巨石，用于新的建筑。最终，只剩下了这两座巨像。

这两座雕像在古代遭到严重破坏，最近一次是公元前 27 年的地震，但这并没有阻止这对雕像在清晨发出像钟声一样的响声。游客蜂拥而至，在日出时倾听雕像的声音，并猜测这些奇怪声音的来源。有些人将其比作人的声音，有些则将其比作一种竖琴声。斯特拉波更具怀疑精神。他怀疑当地的祭司给它安装了引发声音的装置。事实上，这是因为清晨阳光的热量导致石头膨胀而发出声音。

巨像吸引了芸芸众生。很多游客在巨像的脚上刻上了涂鸦。哈德良皇帝(公元117—138年)在公元130年来到该遗址。第一天，雕像保持沉默，但第二天开始与皇帝和皇后交谈，这一事件使得随同皇帝前往的女诗人在雕像上刻上了一些纪念诗，以赞美门农，当然还有哈德良皇帝。七十多年以后，门农巨像拒绝与罗马将军、后来的皇帝塞普提米乌斯·塞维鲁斯对话，这导致了严重的后果。塞维鲁斯试图通过恢复巨像的头部和躯干来安抚神灵，这一做法使得雕像永远沉默。

我们难以估算罗马人对埃及历史所造成的损害程度。我们并没有关于文物广泛贸易的官方记录，但一些精美的作品确实离开了这个国家。显然，哈德良喜欢埃及雕塑。1771年，苏格兰画家加文·汉密尔顿在罗马收购了一尊精美的中王国时期的女性狮身人面像的头像，这几乎肯定是来自哈德良别墅的废墟，从埃及运到那里以装饰他的家。人们这时似乎还没有认识到埃及木乃伊明显的药用特性。但方尖碑——一种上面刻有象形文字的花岗岩的细长尖塔，被证明对罗马人来说是最重要的。君士坦丁大帝(公元306—337年)是一个方尖碑大盗。他将一座公元前15世纪由法老图特摩斯三世在底比斯建造的花岗岩方尖碑移到了亚历山大港。由于官员的懒惰，直到君士坦丁大帝去世，这座纪念碑还滞留在埃及海岸。最终，它还是找到了通往君士坦丁堡的路，公元390年，在狄奥多西一世皇帝的命令下，它被立在了圣索菲亚大教堂附近的竞技场中，至今仍然屹立在那里。另一座方尖碑最终被带到罗马，并在马克西姆斯大竞技场中竖立起来。后来它倒下了，但是在1587年由教皇西克斯图斯五世重新修复。

这些方尖碑细长的比例和异国情调的象形文字铭文似乎激起了罗马

人的兴趣，因为他们仿照这种建筑形式制作出了自己的方尖碑。没有人能够理解埃及方尖碑的重要性，不过既是军人又是自然科学家的老普林尼认为它们是太阳光线的象征性表征。通过对位于罗马的方尖碑的仔细检查，他确信，象形文字的铭文包含了"根据埃及圣人的理论对自然科学的描述"。同时，他又轻蔑地将金字塔视为"国王对财富的多余和愚蠢的展示"。

奥古斯都皇帝在罗马的战神广场用一块掠夺来的方尖碑标记太阳的阴影和日夜的长度，以此作为日历的一种形式："铺设一条距离相当于方尖碑高度的步道，以使在一年中最短的一天正午投下的影子可以与它完全吻合。影子每天先是逐渐变短，然后再次变长，镶嵌在步道上的青铜尺就是用来测量它的长度。""但是，"普林尼补充说道，"这里得出的读数在大约三十年里都未能与日历相对应。"[16]

罗马人对古埃及的兴趣完全是源自对这个被认为是世界上最古老的文明的好奇心。并且，尽管是出于对这个文明摇篮的好奇，但是更多天真的罗马游客肯定是抱有和一位亚历山大港的旅行者一样的期望，他在菲莱的一座神庙上刻下："在菲莱向伊西斯祈祷的人会变得快乐、富裕、长寿。"[17]

$$\text{𓇋𓏤𓆑𓄿𓆓𓊪𓏏𓇳𓎡𓏏𓈗}$$

在君士坦丁大帝从底比斯掠走方尖碑后大约 50 年，一位名叫以赛亚夫人的修女从现在的法国前往埃及，加入了公元 5 世纪穿越近东圣地的漫长旅程。她比同时代的人更大胆，她游历了亚历山大港，经过金字塔，考察了隐居者的住所，并参观了底比斯的门农巨像。她写道："现在那里已经没有别的东西，除了底比斯的一块巨石，其中有两尊巨大的雕像被切割出来，他们说这些是圣人的雕像，甚至有人说是希伯来人为了摩西和亚伦而竖立的。"[18]在以赛亚时代，《圣经》是文明世界的主要文学来源，是一个安全可靠的哲学和知识的集合，能够解释世界上人们难以理解的现象。

以赛亚夫人旅行的时代是不稳定和不断变化的时代，这一时期古典世界伟大的学术中心正在衰退或固步自封。埃及没有摆脱这一趋势。罗马势力的衰落和基督教的兴起给传统的经济和宗教方式带来了很多变化。基督教在公元1世纪来到亚历山大港，据说是圣马克传播的。一小部分皈依者很快成长为一大群基督徒，他们拒绝将皇帝本人作为神进行崇拜，反抗运动导致了严重的迫害和无数人殉教。公元313年，君士坦丁大帝承认基督教是帝国的合法宗教之一。亚历山大港基督徒的影响在埃及变得无所不能。新宗教起初是城镇居民、受过教育的亚历山大港希腊人和小商贩的信仰。公元4世纪，《圣经》被从希腊语翻译成埃及人最常用的语言——科普特语。隐修式的宗教崇拜，即通过从世俗世界归隐来追求精神上的完美，出现在僧侣和隐士的小群体中，他们将新的教义传播给普通人。基督教在贫困的科普特农民中开始传播，可能成为反殖民主义的一种形式，针对的是由精英城镇居民主导的罪恶世界。

科普特基督徒在他们的信仰或传统习俗方面远远谈不上统一，但都致力于宗教制度的新秩序，这种秩序难以容忍埃及的古老信仰。虽然罗马旅行者一直对古埃及宗教感到好奇，但当地科普特人仍然决心消除所有古老的异端方式。公元397年，狂热的主教西里尔和他的军队可能摧毁了孟菲斯的塞拉匹斯神庙，这是罗马最伟大的旅游景点之一。废墟被流沙覆盖，直到 19 世纪才被发现。公元 6 世纪，查士丁尼一世皇帝积极鼓励基督徒的热情，他下令将菲莱岛上的伊西斯神庙关闭，神庙中的雕像被移到君士坦丁堡，以纪念他使异教徒皈依的虔诚。古埃及宗教的全部仪式都成为非法，成为邪恶和罪恶的古代宗教的象征。信仰驱动的凿子和锤子以上帝的名义，从神庙门廊的精美雕带上抹去了铭文、面孔、头像、手和脚。

深入阅读指南

埃及学丰富多彩的历史已经成为一个流行的话题。彼得·克莱顿的《埃及的再发现》（Peter Clayton, *The Rediscovery of Egypt*, London：Thames and Hudson, 1982)涵盖了欧洲艺术家对埃及的早期描述。尼古拉斯·里夫斯的《古埃及：伟大的发现》（Nicholas Reeves, *Ancient Egypt：The Great Discoveries*, London：Thames and Hudson, 2000)是一部插图丰富的编年史，记述了从 1798 年至今的发现，可作为任何对埃及学的历史感兴趣的人的重要参考。还可参考彼得·弗朗斯的《掠夺埃及》（Peter France, *The Rape of Egypt*, London：Barry and Jenkins, 1991)，这本书涵盖了与本书大致相同的领域。约翰·马洛的《践踏埃及人》（John Marlow, *Spoiling the Egyptians*, London：Andre Deutsch, 1974)更关注 19 世纪埃及的经济、财政和技术方面，但对普通读者来说非常有用。F.格拉德斯通·布拉顿的《埃及考古史》（F. Gladstone Bratton, *A History of Egyptian Archaeology*, London：Hale, 1967)有关于早期希腊作家和最早的游客的丰富信息。关于罗马游客，参见托尼·佩罗特的妙趣横生的《公元 66 年的路线：古罗马游客的足迹》（Tony Perrottet, *Route 66 A. D.：On the Trail of Ancient Roman Tourists*, New York：Random House, 2002)，以及易卜拉欣·阿明·加利的论文《早期帝国时期埃及的罗马游客和罗马的埃及人》

［Ibrahim Amin Ghali, "Touristes romains en Égypte et Égyptiens à Rome sous le Haut-Empire," *Cahiers d'histoire Égyptienne* 11(1969):43—62］。前文提及的莱斯利·格林纳《埃及的发现》(1966)是一部受欢迎的作品，对初到埃及的游客很有帮助。有一些最新出版的书，在本书修订时还买不到，涉及对埃及和埃及学的态度变化的各个方面，其中包括大卫·杰弗里斯等人的《拿破仑·波拿巴以来的古埃及概观》(David Jeffreys, ed., *Views of Ancient Egypt Since Napoleon Bonaparte*, London: UCL Press, 2003)。

注释

1 据说，法老阿蒙涅姆赫特(公元前 1991—前 1962 年)在给他的儿子塞努塞莱特一世(公元前 1971—前 1926 年)教谕的开篇写下了这些话。他在统治的第 30 年被暗杀。可能是一位王室书吏根据新国王的命令写下了这些话。

2 Lucie Duff-Gordon, *Letters from Egypt*(London: Macmillan, 1865), 12.

3 Miriam Lichtheim, *Ancient Egyptian Literature*, Vol. 2: *The New Kingdom*(Berkeley and Los Angeles: University of California Press, 1976), 43—44.

4 David Grene, trans., *The History: Herodotus*(Chicago: University of Chicago Press, 1987), bk. 2.21, p. 139.

5 Ibid., bk. 2.86, p. 166. 关于木乃伊和木乃伊制作，参见萨拉姆·伊克拉姆、艾丹·多德森：《古埃及木乃伊：为死者的永恒备好行装》(Salam Ikram and Aidan Dodson, *The Mummy in Ancient Egypt: Equipping the Dead for Eternity*, London: Thames and Hudson, 1998)。罗莎莉·大卫和里克·阿奇博尔德的《与木乃伊对话》(Rosalie David and Rick Archbold, *Conversations with Mummies*, New York, William Morrow, 2000)对古埃及人的一些疾病以及对其木乃伊制作技术的现代实验进行了精彩的描述，虽然令人毛骨悚然，但引人入胜。

6 曼涅托(约公元前 280 年在世)是赫里奥波利斯(Heliopolis)的一位埃及祭司，他的《埃及史》(*Aigypticaka*)将埃及历史分成了 30 个王朝，至今仍然是构成古埃及年表的基本框架。

7 奥古斯特·马里耶特 1874 年写给朋友德雅尔丹(Desjardins)的书信。转引自 Greener, op. cit.(1966)，10。

8 Diodorus Siculus, *Library of History*, trans. C. H. Oldfather (Cambridge：Harvard University Press，1961)，1：67. 珀西·比希·雪莱的《奥兹曼迪亚斯》(Percy Bysshe Shelley, *Ozymandias*)是一首十四行诗，写于 1818 年，为与另一位写作同一主题诗歌的诗人霍勒斯·史密斯(Horace Smith)斗诗而作。该诗篇出自牛津大学图书馆(Bodleian Library, Oxford, MS Shelley e4, fol. 85r)。

9 关于斯特拉波，参见 H.C.汉密尔顿和 W.福尔肯的《斯特拉波的〈地理学〉》(H. C. Hamilton and W. Falconer, *The Geography of Strabo*, London：G. Bell，1906，vol. 3，bk. 17，p. 261)。

10 本段引用的内容出处同上，262ff.。

11 关于鲁道夫·冯·苏赫姆，参见 Greener, op. cit.(1966)，14；以及乔治·戈永的《大金字塔上旅行者的铭文和涂鸦》(Georges Goyon, *Inscriptions et Graffiti des voyagers sur la grande pyramide*, Cairo：Société Royale de Géographie，1944)。

12 盖乌斯·普林尼乌斯·切奇柳斯·塞昆德斯(Caius Plinius Cecilius Secundus, 公元 23—79 年)，即老普林尼，是一位学者、博物学家和百科全书学家。虽然他是一位积极而杰出的公职人员，但他还是抽出时间撰写了至少 75 部著作，其中只有一部，即公元 77 年出版的《自然史》(*Natural History*)幸存下来。这部杰出的著作利用了惊人数量的资料，直到中世纪仍然是一部重要的参考著作。公元 79 年，普林尼死于维苏威火山爆发，当时维苏威火山爆发淹没了赫库兰尼姆(Herculaneum)和庞贝。

13 Grene, op. cit.(1987)，bk. 2.168，p. 196.

14 有很多柱子的柱廊是后期埃及神庙的特征，象征性地描绘了支撑着天国的柱子。法老阿蒙诺菲斯三世在卡尔纳克的铭文中说："它的柱子伸向天堂，就像四根天柱一样。"这些柱子还象征沼泽地带的植被，其中的芦苇草在埃及创世神话中的原始土丘周围茂然而出。

15 关于帝王谷，可参考尼古拉斯·里夫斯和理查德·H.威尔金森的《帝王谷全书》(Nicholas Reeves and Richard H. Wilkinson, *The Complete Valley of the Kings*, London: Thames and Hudson, 1996)。

16　本段和前一段的引述出自 J.M.科恩编:《C.普林努斯·塞昆杜斯的〈自然史〉》(J. M. Cohen, ed., *The Natural History of C. Plinius Secundus*, London: Centaur, 1962, 440—441)。

17　转引自 Greener, op. cit.(1966), 23。

18　Ibid., 26.

掠夺尼罗河

第3章 "木乃伊变成了商品"

当你在西方的地平线上落下，

大地陷入黑暗，如死亡般可怕；

人们蒙头睡在蜗居中……

大地重现生机，

当你从地平线上升起，

当你在白天如阿吞般光彩熠熠；

当你驱走黑暗，

当你洒下光芒，

两土地穿上节日的新衣。

——《阿吞大颂诗》，出自图坦卡蒙的继承者、维西尔

即后来的法老阿伊(公元前 1325—前 1321 年)的坟墓

很多个世纪以来，法老空荡荡的神庙被人们遗忘在河泛平原上，有的占据了宝贵的耕地，有的在高处，从未被一年一度的尼罗河泛滥所淹没。村民们"开采"它们作为建筑石材。在一个极度缺乏木材的国家，凿下的石块是极好的建筑材料。人们不再需要开采新的花岗岩，因为可

以从废弃的神庙遗址中获得大量切割好的方石。即便是古埃及人自己也回收他们的建筑石材。如果没有人带走这些石材或者破坏神庙中的浮雕，那么大自然便会接手。狮身人面像便是被沙漠所掩埋。尼罗河泛滥平原上的耕地严重不足，因此人们在高地上修建了自己的村庄，包括位于埃德弗的鹰头神荷鲁斯的大神庙的屋顶上，它这时已深埋在流沙下面。[1]很多个世纪以来，农民一直居住在神庙的屋顶上。他们对他们"征用"的建筑物的重要性一无所知。以赛亚夫人及其同时代人发现古

资料来源：取自《古埃及记述》。

图 3.1　埃德弗的荷鲁斯神庙塔门

埃及时，它已经被人遗忘了十多个世纪之久。

穆斯林在 7 世纪来到埃及，对神庙和坟墓释放出更具破坏性的力量。军人兼诗人阿姆鲁·伊本·埃尔-阿斯率领一小支穆斯林军队驱逐了埃及的拜占庭总督居鲁士。关于亚历山大港，他写道，他占领了一个"包含 4 000 座宫殿、4 000 间浴室、400 座剧院、1 200 名蔬菜水果商和 40 000 名犹太人"的城市。[2]但这座城市只是昔日那个学术中心的影子。两个半世纪以前的内战摧毁了这座城市的著名的图书馆。征服者在南部的阿尔-福斯塔特建立了一个新的首都，一座"帐篷之城"，在尼罗河的东岸，以免新的水体将他们与麦地那的哈里发宫殿隔开。阿尔-福斯塔特和后来它附近的阿尔-阿斯卡尔很快成为东西方之间的重要纽带。

起初，埃及只不过是不断扩张的伊斯兰领土中的一个军事行省，但随着越来越多的农业移民、官僚和伊斯兰学者在埃及定居，这种新的信仰沿着尼罗河岸向南逐渐蔓延。870 年，一位年轻的总督艾哈迈德·伊本-塔伦宣布埃及为独立国家，不受当时巴格达的阿巴斯王朝哈里发的控制。他在原来首都的位置建立了新首都阿尔-卡泰。经过 65 年的动荡，土耳其统治者阿尔-伊赫什德使埃及重归阿拔斯王朝。直到 969 年，突尼斯什叶派教徒，阿尔-梅兹·莱丁-伊拉派他的西西里将军——一位名叫乔哈尔的奴隶，前往尼罗河河谷地区。他很容易便占领了历史悠久的首都地区，并建立了法蒂玛王朝，同时他还占领了另一个首都阿尔-曼苏尔亚，阿尔-穆伊兹后来将其命名为阿尔-卡里亚，即开罗，意为"胜利者"。尽管后来经历了一系列不稳定的统治者，开罗仍然蓬勃发展，成为一个伟大的领军城市和伊斯兰知识的中心。塞尔柱领导人萨拉-埃尔-丁(即萨拉丁)于 1168 年进入开罗，推翻了法蒂玛王朝，并开始着手大规模建设，包括建立一座坚固的堡垒和城墙。他和那些跟随他的人一起"开采"金字塔的外层石块作为建筑材料。他的继承者是以前的奴隶——马穆鲁克人建立的王朝，他们统治埃及一直到 1516 年，此后其领地变成在君士坦丁堡基础上建立起来的奥斯曼帝国的一个行省。但马穆鲁克人仍然对当地事务有很大的控制权，因为土耳其人主要对征税感兴趣。

参观开罗的少数欧洲人发现这是一个繁华、混乱的城市，拥有精美的清真寺和卓越的大学。当地的伊斯兰学者对神庙和金字塔感到惊奇，但他们来自一个大相径庭的文化，这种文化并不了解它的新殖民地的历史或文化成就。没有这种历史感，他们感到茫然，而科普特人*由于对象形文字和古老的宗教传统一无所知，也无法向他们的新主人解释明白。因此，学者们耸耸肩，把古埃及的成果归因于久已远离永恒的尼罗河河岸的巨人或巫师。有的人认为金字塔是约瑟的粮仓，丰收之年用来储存粮食，早在 5 世纪之前，罗马作家优利乌斯·霍诺利乌斯就已经提出了这个理论。其他人则认为它们是死去很久的国王的宝库。伟大的阿拉伯地理学家阿尔-马苏迪(约 888—957 年，因其从欧洲到印度的旅行而闻名)写道，大金字塔包含了"一位酋长的雕像，由绿色的石头制成，坐在长椅上，裹在衣服里"[3]。可惜的是，雕像无法移动。中世纪时期，一些比阿尔-马苏迪更大胆的爱冒险的人物进入金字塔寻找宝藏。神庙和金字塔在沦为建造石材的采石场时，或者在人们疯狂追寻传说中

---

* 埃及当时的土著居民。——译者注

　　　　　　　　　　　　　　　　　　　　掠夺尼罗河

的宝藏时被肢解。

几个世纪以来，阿拉伯人追寻宝藏达到了疯狂的程度，这种狂热只有19世纪的文物收藏家能与之相比。寻宝行为在15世纪是如此广泛，以至于被归类为一个纳税行业。人们使用秘密的魔法咒语和技术到处挖掘，如果这都能有效果的话，它将成为现代考古学家用来增强其电子探测方法的东西。寻宝的指南书中包含了前往坟墓区域的复杂的方向指示，例如孟菲斯附近的一座墓地，如果寻宝者在某一地点上举行"熏蒸"仪式，那他就可以发现它。《埋藏的珠宝和珍奇之书》以及其他此类寻宝的学问被认为是寻宝者旅行途中必不可少的。这些手册中给出的说明令所有业余化学家充满兴致：

> 你会发现一些石头。打破它，不断进行熏蒸仪式，你会发现一个斜坡，可以引导你进入一个放置尸体的房间，尸体上面覆盖着金子编织的布料，穿着金色的外罩。藏尸间里的香料应该是由沉香木、藏红花、动物粪便、角豆仁、无花果混合而成。取1密斯卡尔*这些原料，磨碎，用人血润湿，将它们搓成颗粒并将它们作为香料点燃，这样将发现护身符及其藏身之处。[4]

学者们对此嗤之以鼻，其中包括聪明而清醒的阿拉伯作家伊本·赫勒敦（1332—1395年），他在15世纪嘲笑寻宝者及其法术。"假设一个人确实想要埋葬他所有的财宝，并通过一些魔法手段保护他们的安全，"

---

* 阿拉伯重量单位，1密斯卡尔＝4.25克。——译者注

他写道，"他会采取一切可能的预防措施来保守自己的秘密。那么，人们怎么能相信他会用明确无误的标识来引导那些寻宝者，并且把这些标识写下来呢？"[5]尽管伊本·赫勒敦嗤之以鼻，但是寻宝者仍然不断探索，从古代埃及直到 19 世纪，他们从没有被谋杀、盗窃或者多次失败所吓倒。直到 1907 年，当时的埃及文物局主管加斯东·马斯佩罗以极低的价格使《埋藏的珠宝和珍奇之书》得以出版，这样人人都可以买到它，它对于那些容易上当受骗的人也就成了毫无价值的东西。

外界对埃及人的了解很少，对其古代文明的了解更少，因为埃及的历届总督并不鼓励外国人来到尼罗河。一旦伊斯兰教在这个国家扎根，基督徒就不再受到欢迎，就像天主教修道士智者伯纳德在 870 年发现的那样。他和两个同伴不得不贿赂他们的船长，才得以在亚历山大港登陆。然后，开罗的总督将他们投入监狱，直到他们每人给他 300 德纳里。观赏完"约瑟的粮仓"（即金字塔）之后，这些旅行者匆匆撤回耶路撒冷，没有任何进一步的考古调查。从圣地踏着悠闲的步子而来的各种基督教旅行者都不能被称为客观的观察者，因为他们几乎总是根据《希伯来书》和《圣经》的故事来解释金字塔和其他纪念碑。

一些受过良好教育和培养的穆斯林作出了更加睿智和有洞察力的观察。其中一位是来自巴格达的阿拉伯医生阿卜杜勒·拉蒂夫，他在大约 1200 年在开罗教授医学。那时埃及几乎没有欧洲人。这座城市的建筑负责人正在忙着"开采"开罗附近规模较小的金字塔，以便在城堡周围建造防御城墙。拉蒂夫冒险进入大金字塔上部通道的大约 2/3 处，他发

掠夺尼罗河

现这座金字塔挤满了寻宝人，手里拿着他们的宝贝手册和符咒。遭到入侵的通道被蝙蝠粪便堵住，并弥漫着有毒的恶臭。拉蒂夫惊恐地晕倒，醒来后处在了一个非常可怕的境地。虽然他遭受惊吓，但他对外层石块和狮身人面像上的精美的象形文字仍然赞不绝口。"这座雕像非常漂亮，"他写道，"它的嘴边带有优雅和美丽的印记。可以说，它正以一种亲切的方式微笑。"他还冒险前往古老的法老首都孟菲斯，在那里他描述了巨大的罗马城市的废墟。他写道："人们从任何方向穿过这座废墟，都要走上半天时间。"六百年后，剩下的只有少数土墩和一些破碎的雕像。[6]

五百年前受过良好教育的欧洲人几乎没有任何关于埃及的可靠信息，除了旅行者的故事和过去的几个世纪中十字军带回的传闻。然而，他们可以求助于《约翰·梅德维尔爵士游记》，据说这是一本准确的圣地朝圣者指南，记载了虔诚的作者的亲身经历。这部有趣的著作是根据古典资料、寓言、民间传说和高度不可靠的旅行者的故事编辑而成的，很快就被视为对其他报道进行检查的终极权威。事实上，约翰·梅德维尔爵士根本就不存在，而作者让·杜特缪斯——一位列日小说家，也从未到过尼罗河。整部作品完全是虚构的。这种有意为之而又非常成功的文学上的虚构被广泛引用，特别是其对金字塔的描述。"有时候有些人说它们是伟大的君主的坟墓，但事实并非如此，因为当地所有人——无论远近——的所有常见的传闻和言论，都称它们是约瑟的粮仓"，这是梅德维尔关于金字塔的判断——或许这确实是多数人的观点，但今德国乌尔姆的修士菲利克斯·法布里并不赞同，他实际上更加关注金字塔，并且(正确地)意识到它们是"古埃及国王的神奇的坟墓遗址"。[7]

关于尼罗河的第一手资料仍然很少。大多数人都将目光转向了伟大的利奥·阿弗利卡努斯（1485—1554 年）的著作，他是一位天主教徒和学者，他 16 世纪初期在非洲北部的游历是非洲历史学家最感兴趣的。利奥沿着尼罗河一直到达了上游方向的阿斯旺和第一瀑布，观察河流两岸的生活方式和文物古迹，但这并不是他的主要关注点。他的《非洲历史与记述》对于后来的像梅德维尔一样的旅行者来说是不可或缺的，书中只是粗略地提到了金字塔，并将孟菲斯描述为"过去曾经非常大的城市"。关于曼费卢特，他写道："在尼罗河附近矗立着庄严建筑的废墟，这座建筑似乎曾经是一座神庙，当地居民有时会在废墟中发现一些银币，有时候还有金币、铅币，一面刻着象形文字，另一面刻着古代国王的肖像。"[8]

只有最坚定的旅行者才能成功抵达埃及。乘坐威尼斯或土耳其大船横跨地中海的海上航行，可能需要数周时间。菲利克斯·法布里修士抱怨醉酒的乘客打断他礼拜天的布道，还有所有海员的令人厌烦的消遣活动——"寻找和捕捉虱子和害虫"。他是乘坐威尼斯运送香料的大船从埃及返回的，这是一艘与亚历山大港人定期交易的船只。香料以及其他商品从东方通过陆路运来，并通过亚历山大港流入欧洲。后来在 1517 年，也就是葡萄牙人向东方开放好望角路线并垄断香料贸易几年后，土耳其人入侵埃及，它就成为土耳其帝国的一个行省。新统治者塞利姆一世确认了早些时候与法国和西班牙的外交条约，并给予非穆斯林一定程度的宗教保护。这一时期在埃及旅行是相当安全的——如果能够在前往埃及的路上摆脱海盗的注意的话。朝圣者、外交官和商人如涓涓细流前往亚历山大港和更远的内陆寻找神圣之地、政治优势或商业机会。这些旅行者中的大多数都专注于他们的商业或宗教目标，并不关注科学观察。但确实有一些雄心勃勃的探险家。1533 年，皮埃尔·贝隆——一位法国的植物学家，考察了吉萨的胡夫大金字塔的内部，并参观了在 1300 年被谢赫·穆罕默德破坏的狮身人面像。

参观者经常能看到木乃伊在开罗的集市上出售。古埃及的死者已成为有利可图的商品。埃及人自己也会拆除木乃伊箱子用作木柴，并将尸体作为药品出售。"木乃伊"（mummy）这个词来源于波斯语单词 *mummia*（阿拉伯语：*mumija*），是一个用来表示沥青的术语。来自近东的天然软沥青长期以来被认为是治疗割伤、瘀伤以及骨折、恶心和很多其他疾病的有效方法。天然软沥青的外观非常类似于古代埃及人在制作木乃伊过程中使用的像沥青一样的材料。当难以获得天然软沥青时，人们通常的做法便是将埃及木乃伊尸体内部的材料用作替代品。从此以后，人们甚至进一步用木乃伊的干肉替代体腔中发现的硬化的类沥青材料。

"木乃伊"作为一种药用材料具有相当悠久的历史。早在 10 世纪，阿拉伯医生就有对其医学特性的描述，显然这种特性几个世纪以来一直在使用。阿拉伯历史学家和医生阿卜杜勒·拉蒂夫——前面我们已经介绍过的那位赞美狮身人面像的人，显然对木乃伊非常熟悉："在埃及的墓穴中发现的木乃伊与矿物沥青的性质有所不同，但无关紧要；如果后者采购出现任何困难，可以用前者代替。"到了 16 世纪，木乃伊已经成为一种非常珍贵的药物。木乃伊的繁荣贸易应运而生。这些药材或者以整具木乃伊的形式，或者以碎片的形式在开罗和亚历山大港包装好，离开埃及，然后商人将这些干燥的材料送到整个西欧。村庄中的农民掘开坟墓，将木乃伊运到开罗。"在那里，"阿卜杜勒·拉蒂夫在 1203 年记录道，"它被廉价卖掉。我花了半个迪拉姆，就买了三个装满这种材料的头颅。这木乃伊像沥青一样黑。我观察到，当在烈日下暴晒时，它会融化。"[9]另一位阿拉伯作家于 1424 年记载道：

> 在开罗，制作大量尸体的人被发现了。他们被带到市长面前，受到严刑拷打，直到他们承认从坟墓中盗走尸体，并在炽热的火上将尸体煮沸，直到骨肉脱离为止；然后，他们收集漂起来的油，将其卖给了法兰克人，后者为它支付了 25 块金币。[10]

很多外国商人从事木乃伊交易，因为潜在的利润是巨大的。德国莱比锡的旅行家约翰·赫尔弗里希于 1565 年造访了埃及，他非常渴望购买一些木乃伊。他为了搜寻古尸，挖掘了几座坟墓，结果却一无所获。但很少有人像约翰·桑德森那样雄心勃勃。他是土耳其公司的一名精力充沛的代理商，1585 年至 1586 年间在埃及度过了一年的时间。桑德森住在亚历山大港，参观了金字塔和狮身人面像，并在开罗钻研商业机会。但他在著名的孟菲斯木乃伊墓地花了非常多的时间。有魄力的桑德森很快便获得了古埃及人的现金回报。他购买了超过 270 公斤（600 磅）的木乃伊肉和一整具尸体，运往英格兰。如此大量的木乃伊装运是很异常的，但是桑德森通过贿赂的方式，带着他的货物和"潜水员的头、手、臂和脚"离开了埃及。1612年苏格兰木乃伊的市场价值是每磅8先令，因此，桑德森赚了不少钱。[11]

法国医生纳瓦拉的居伊·德·拉·封丹在1564年调查了亚历山大港的木乃伊贸易，发现了欺诈的明显证据和使用现代尸体来冒充木乃伊的现象。很多出口这种东西的商人极少关注木乃伊的来源。事实上，他们惊讶于基督徒，他们的饮食是如此特别，竟然真的可以吃掉死者的尸体。木乃伊简直是一种专利药。即便是法国国王弗朗西斯一世也随身携带一小包木乃伊作为紧急预防措施。但不是每个人都对木乃伊感到满意。"这种邪恶的药物，对患者没有任何帮助，它还会导致很多麻烦的症状，比如心脏或胃部的疼痛、呕吐和口腔恶臭。"* 一位作家愤怒地说。[12]

埃及政府试图通过向商人征收苛刻的税收并禁止将尸体运出埃及来限制木乃伊的过度交易。显然，携带木乃伊的船只经常遇到暴风雨，以至于那些迷信的船员认为运送木乃伊是难以接受的危险工作。但海难和政府法规的威胁并没有阻止欺诈行为和木乃伊的出口；事实上，一直到19世纪初，它仍被用于医疗用途。

伊丽莎白时代的哲学家托马斯·布朗爵士非常明确地说："木乃伊变成了商品，密兹莱姆**治愈了伤口，法老被卖为药膏。"即便在马克·吐温的时代，木乃伊也只是在幽默的语境中被记住。关于埃及的铁路，他在《傻子出国记》中提到："他们机车加的燃料都是三千年的

---

　* 此处引用有误，本译文根据原始出处译出。——译者注
　** 阿拉伯语，指埃及。——译者注

木乃伊，成吨成吨地买来，或者整个墓地买来派这用处；有时人们听到不敬神明的火车司机气呼呼地骂道：'这帮平民百姓真该死，烧起来不顶个屍用——加个国王进去。'"[13]即便在 21 世纪初期，据说在从事巫术和魔法工作的人中，也经常会用到木乃伊，尽管毫无用处。据传，真正的埃及木乃伊粉末可以在纽约的一些药店购买到，价格超过每盎司 50 美元。

欧洲文艺复兴将人们的思想从中世纪令人窒息的精神禁锢中解放出来。文化和知识成为时尚的追求，而古董收藏则成为绅士的标志。学者和图书馆员拂去古代手稿上的灰尘，而悠闲的旅行者则前往地中海地区进行"大旅行"，然后携带古典雕刻返回家中，收藏在柜子中。新的学术研究引发了人们对人类多样性和文明史的好奇心。很快，关于世界状况的新一代论文，对于希腊和罗马文明起源的猜测，满足了文明绅士们的文学品位。

"大旅行"让意大利成为一个旅游胜地，即便是对于胆小的旅行者来说也是如此。一些大胆的人一直远行到希腊，然后是土耳其统治下的穆斯林国家。穿越地中海来到亚历山大港和尼罗河的人则少之又少。古埃及文明对外界来说几乎不为人知。除了罗马和君士坦丁堡的方尖碑外，在欧洲很少看到埃及文物。木乃伊是一种常用药，所以很多人都知道古埃及人不寻常的丧葬习俗。有一些文物通过随机购买的方式来到欧洲。1615 年，意大利旅行家彼得罗·德拉·瓦列从圣经中记载的底格里斯河边的尼尼微带回了第一批美索不达米亚楔形文字泥板。他还游历

掠夺尼罗河

了埃及并在萨卡拉购买了精美的木乃伊。

瓦列的文物引起了相当大的轰动，楔形文字和埃及象形文字的神秘感日益浓厚。它们也激起了欧洲贵族的贪欲。1638 年，法国大使杜·豪塞在开罗写信给红衣主教黎塞留，介绍在东地中海文物收集机会的情况：

> 既然最美丽的古代遗迹在这么多世纪的危险中幸存下来，仅仅是为了在阁下的图书馆和橱柜中占有一席之地，我可以向阁下保证，为了给它们争取一个相当荣耀的庇护所，我已经在黎凡特写了一份文件，要求执行必要的命令，即在所有有法国领事的地方，他们都要非常小心地寻找所有值得这一荣耀的东西。14

豪塞只是迎合国王和法国贵族追求异国情调和猎奇的爱好，追寻最精美的文物，也就是适合贵族家庭的物件。

真正的文物收集行业始于 16 世纪，当时一些意大利红衣主教和美第奇王子科西莫一世(1519—1574 年)收购了大量文物，包括一些埃及文物。旅行者们通过"大旅行"活动从希腊和罗马的神庙中购买雕像，放在他们的花园和橱柜里。早期的收藏家兴趣广泛，很少关注质量或地理特性。钱币、木乃伊、印第安人的头皮、篮子、波利尼西亚斧头以及纸草文献都成为古董柜里的一部分。大群的观众前去观看文物和异国雕像的展出，这是今天博物馆的前身。对收藏家和文物商人来说，收集文物已成为一项受到高度认可并且有潜在丰厚利润的活动。

1768 年身处开罗的苏格兰探险家詹姆斯·布鲁斯写道："我从没见

过比这更糟的地方。"他补充说,"它比大多数地方提供的消遣和知识都要少",而且拥有的文物"与它们的描述不太相符"。[15] 16 世纪以后造访过这座城市的其他游客没有和布鲁斯一样对开罗有负面看法,在那里人们可以买到或体验到几乎任何东西。新一代的游客紧随商人和古代朝圣者之后冒险来到尼罗河——这些古物研究者是为了寻找知识启蒙和文物本身。土耳其吞并埃及后,开始了一系列悠闲的外交活动。很多外交访问者来到开罗,其中一些开始长期定居。新的外交官们和更多的临时游客都沿着一条人们最常走的旅行路线前往金字塔和萨卡拉的木乃伊坑。他们游览开罗的集市,在那里他们可以考察包扎完好的尸体,惊叹于古老的埃及人那发黑的四肢和干瘪的面容。古董商非常乐意为亚历山大港或开罗的游客提供护身符、圣甲虫、纸草,甚至是完整的木乃伊——当然需要付钱。虽然价格看起来很高,但是人们总是能在欧洲卖掉自己购买的东西,获得巨大的利润。

在 17 世纪和 18 世纪,法国国王和他们的贵族可能是最狂热的文物收藏家。专门的学者前往地中海地区,为他们寻找钱币、手稿和各种文物。他们杂乱无章的收藏为更精细的调查提供了催化剂。1671 年,一名为路易十四服务的德国传教士 J.B.范斯莱布接到命令,在埃及和埃塞俄比亚"为陛下的图书馆寻找尽可能多的精美的手稿和古代钱币",这是一个非常严肃的目的。范斯莱布对两国人民和"不同种类的人们的不同的葬礼方式"进行了描述。[16]

传教士范斯莱布经历了一次多事之旅,起因是他守卫"酒桶"免遭同行旅行者抢夺的事件。他试图用长长的绳子测量吉萨金字塔,但由于飘移的沙子而未能完成任务。在萨卡拉,他下到木乃伊墓穴中,在那里他得到了一些装在陶罐中的鸟类的木乃伊。他把这些东西，以及一些阿拉伯人的手稿——其中之一记载了"埃及所有宝藏的藏身之处"——送回了巴黎。他穿着土耳其服装伪装自己，从开罗向尼罗河上游旅行，但由于生命受到威胁而被迫返回。他可能真的已经处于危险之中，因为土耳其人知道他是路易十四的使者，他们怀疑他对埃及怀有不良企图。

范斯莱布这时放弃了去埃塞俄比亚的打算，并且写信给法国，抱怨当地人的野蛮和土耳其当局的暴政。1672 年 6 月，他重新开始了他的旅行，但当他试图参观下埃及的圣马卡里奥斯科普特教修道院时，差点丧命。他的酒桶是问题所在。一名狂热的土耳其治安官怂恿一些年轻人向范斯莱布讨酒喝，而他拒绝服从这一要求，并指出穆斯林是禁止饮酒的。第二天，三个小流氓便伏击了他，试图把他珍贵的酒桶扔进尼罗河。范斯莱布夺回了他的小桶；他的努比亚仆人是一个"铁石心肠"的人，他把其中一个暴徒扔进了尼罗河。这起事件最后以范斯莱布饮用酒精饮料罚款 10 比索而告终。他向当地的卡奇夫（即征税员）寻求保护，希望得到一名护送者。卡奇夫并没有派出护送者，而是说他会亲自陪他去修道院，并让范斯莱布搬到了他的房子里。范斯莱布这时非常担心，因为卡奇夫以暗杀而闻名。幸运的是，有一个卡奇夫的仆人，范斯莱布早就给了他很多小费，他秘密地过来警告他马上离开。听到这个消息，范斯莱布"再也不想睡了"，很快就溜出了村子，贿赂了一名船长带他上船。他们开船后不久，气急败坏的卡奇夫便带着 30 名骑兵沿着河岸疾驰而来。为国王服务的风险对范斯莱布来说太大了，他退休后便回到君士坦丁堡，完成了一部关于亚历山大港教会历史的著作，1676 年回到法国。在那里，他因没有坚持完成到埃塞俄比亚的旅行而受到指责。

对异国文物的贪欲使当地外交官变成了狂热的收藏家。开罗和亚历山大港的外交任务并不费力。收集文物则成了一个有利可图的副业，特别是通过在政府公务中与当地建立的联系。贝诺伊特·德·马耶是第一批外交人员中的古董收藏家，1692 年至 1708 年担任法国驻埃及领事。他探访吉萨大金字塔的内部达 40 多次，与法国学者进行了交流，并制定一个探索古埃及的大纲方案，这成为一个世纪后拿破仑考察埃及的蓝图。"我们听说，"他报告说，"在上埃及的神庙里，蓝色或镀金的穹顶仍然像刚完工时的一样美丽；那里有巨大尺寸的雕像，还有无数的柱子。"他在外交报告中建议编制一份准确的埃及地图，应该鼓励"聪明的、好学的、机敏的人"对尼罗河河谷进行循序渐进的科学探索。就在一个多世纪之后，拿破仑·波拿巴带领的学者便把马耶的建议付诸实践。他的后继者继续被文物古迹所吸引，其中包括保罗·卢卡斯——一位金匠的儿子。他独自一人来到埃及，购买宝石、钱币和古董。他后来成为路易十四的代理人，1716 年受命"打开金字塔，以便以详细的方式查明这类建筑中所包含的一切"。但卢卡斯并未打开过金字塔。他在萨卡拉收集鸟类的木乃伊，然后悠闲地逆流而上，穿越上埃及，在那里，当他慢慢地漂流而过时，他对"巨大的官殿、宏伟的神庙、仍然矗立着的数量众多的粗柱子和方尖碑"赞叹不已。[17]

偶尔会有游客参观吉萨金字塔，并让人把自己推进墓室里。几乎所有的游客都抱怨金字塔内部的高温和恶臭。有些人因过热而昏倒；另一些人由于过于肥胖，难以通过狭窄的通道而被困在其中，这使得同伴感到无所适从。当地的阿拉伯人会帮助他们爬到外面、爬上巨石，这是维多利亚时代常见的一种短途旅行。如果想要沿着尼罗河向上游走得更

一位维多利亚时代的游客正在爬金字塔。

图3.2　埃及的游客

远，游客会与达哈比亚船的船长讨价还价。达哈比亚船是一种大型帆船，很多个世纪以来航行在尼罗河上，最远可以到达上游的第一瀑布。两百年前的游客只需直接使用当地的交通系统，便可参观底比斯、阿斯旺和尼罗河附近的其他地方的遗迹。在铁路、汽车和飞机出现之前，无论是游客还是当地旅行者都没有其他更合适的交通工具。

每一个旅行者也会在开罗的集市上作短暂停留。阿拉伯世界各地的商品都在这个城市出售,更不用说欧洲的货物贸易和非洲的热带产品了。大篷车每天都往来于开罗。集市上热闹非凡,世界贸易的兴衰起伏从未停止过。几个世纪以来,开罗的集市上一直在出售文物——从古墓中被盗并在公开市场上出售的这些古董以及黄金制品,就像其他工艺品像珠宝首饰一样流行。有时候旅行者会购买一些木乃伊,甚至一具完整的尸体。大多数游客至少会带着圣甲虫、雕像或护身符离开。但是,真正的文物收藏家仍然非常罕见,除了临时的皇室特使或者有空闲的绅士,是为了自己的目的进行文物调查。利润丰厚的文物市场已经存在,但是在规模上并没有像后来几个世纪发展得那么大,那时欧洲的大型博物馆开始在增加埃及文物收藏品方面相互竞争。但是,对木乃伊的需求已经使得萨卡拉的村民们忙于盗墓。买卖死人的需求似乎永远无法满足,而且比农业生产更有利可图。在其他地方,为了获得建筑石材而破坏神庙和金字塔的行为继续迅速进行。1737 年访问埃及的英国传教士理查德·波科克主教感叹道:"他们每天都在摧毁这些精美的埃及文物,我还看到一些柱子被凿成了石磨。"[18]

对于热情的《圣经》读者来说,古埃及是他们熟悉的地方。它的法老曾是以色列人恨之入骨的压迫者,他们在摩西的带领下摆脱奴役,这是每一个读《圣经》的人都熟悉的。尼罗河与《圣经》的联系为旅行见闻书籍提供了一个活跃的市场。轻信的公众贪婪地阅读着文物收藏家和其他旅行者的"旅行指南",而埃及的文物则成为具有相当社会声誉和市场价值的珍贵财产。即使是最繁杂的收藏品也会引起相当大的兴趣。例如,1723 年,一位名叫托马斯·萨金特的人在会议上向伦敦的文物协会展示了"一批最近从大开罗运来的埃及货物"。与会人员被"一尊黄铜的奥西里斯、一尊黄铜的哈波克拉特斯、一尊曲线优美的裸体铜像、伊西斯怀抱婴儿的雕像、埃及祭司小雕像、猫、石刻甲虫、一种奇特的在翅膀和象形文字上涂有蓝色颜料的甲虫雕像"迷住了。[19]

对埃及文物的需求不可避免地导致供不应求，因此价格上涨，更多的人在开罗和拍卖行购买文物，一种新的、有利可图的贸易应运而生。这是有史以来第一次有全职收藏家。欧洲国家正在逐渐形成自己的国家博物馆，储藏本民族和其他国家的文化遗产。最早的博物馆之一是大英博物馆，1756 年通过议会法案建立。汉斯·斯隆是一位著名的医生，也是博物馆的创建者之一，他收集的大量文物和奇珍异宝构成了博物馆收藏的核心。一些埃及灯、纸草文献和其他小手工艺品构成了斯隆收藏的一部分，像所有早期收藏一样，这都是通过大量旅行和从商人手里购买而获得。

这时，一些游客意识到，为了自己的利益挖掘文物是值得的。他们获得了土耳其当局的许可，可以将坟墓挖掘一空，在神庙周围挖掘以寻找铭文和雕像。挖掘工作有时会收获颇丰，能够找到木乃伊和精美的坟墓装饰物，但也充满了危险。阿拉伯人相信欧洲人掌握着特殊的魔法，这使他们能够找到黄金和珠宝最丰富的藏身之处。据英国旅行家威廉·乔治·布朗报道，至少有一次，一名摩洛哥人和一名希腊人在底比斯的一座神庙中被谋杀，原因很简单，就是阿拉伯人怀疑他们携带了寻宝的法术。[20]当发现任何"宝藏"时，在所有权和利益方面便存在激烈的竞争。收藏家、商人、地方当局和政府都声称他们在任何重大发现中拥有"股份"。1751 年，法国驻亚历山大港的副领事将三尊雕像运到巴黎时，当地人的嫉妒之情是如此强烈，以至于连本来漠不关心的当局都颁布法令宣称对其拥有所有权。副领事绞尽脑汁，用尽手段，花费大量金钱，才总算把雕像运走。由于当地人肆无忌惮地忽视历史传统、渴求经济利益，用神庙和墓穴换取金钱，再加上持续不断增长的外国需求的推动，这类交易变得越来越普遍。

深入阅读指南

约翰·大卫·沃瑟姆的《英国埃及学的起源》（John David Wortham, *The Genesis of British Egyptology*, Norman: University of Oklahoma Press, 1971）是关于这一时期的基本资料来源。莱斯利·格林纳《埃及的发现》是埃及学早期和后期事件的有趣记述。卡尔·A.丹宁费尔特的论文《文艺复兴时期的埃及和埃及文物》[Karl A. Dannenfeldt, "Egypt and Egyptian Antiquities in the Renaissance," *Studies in the Renaissance* 6(1959): 7—27]是一篇关于早期埃及学家的优美研究作品。关于早期的破译，见莱斯莉·阿德金斯和罗伊·阿德金斯的《破解古埃及》（Lesley Adkins and Roy Adkins, *The Keys of Egypt*, New York: Harper Collins, 2000）。

注释

1 埃德弗的荷鲁斯神庙由托勒密三世于公元前237年开始修建，180年后于公元前57年完工。埃德弗是传统的神话传说中荷鲁斯神和塞特神（Seth）交战的地方，有时被称为"荷鲁斯的晋升之地"。

2 H. Idris Bell, *Egypt from Alexander to the Arab Conquest*(Oxford: Oxford University Press, 1948), 55.

3 Greener, op. cit.(1966), 27.

4 Ibid., 86.

掠夺尼罗河

5 Ibid., 87.

6 Ibid., 26.

7 Ibid., 27—29.

8 Leo Africanus, *History and Description of Africa* (London: Halkuyt Society, 1896), 37.

9 Greener, op. cit.(1966), 40.

10 Ibid., 42.

11 Ibid., 43.

12 Ibid., 86.

13 M. H. Abrams and Stephen Greenblatt, eds., *The Norton Anthology of English Literature* (New York: Norton, 1999), 7:1580; Mark Twain, *The Innocents Abroad* (1869; reprint, New York: Oxford University Press, 1996), 632.

14 开罗来信的日期是 1638 年 9 月 18 日。转引自 op. cit.(1966), 46。

15 James Bruce, *Travels to Discover the Source of the Nile* (Edinburgh: Robinson, 1970), 23.

16 Greener, op. cit.(1966), 61.

17 贝诺伊特·德·马耶(1656—1738 年)收集了大量的埃及文物，其中很多都被收为皇家藏品。他后来写作了一部不朽的《古埃及记述》[*Description de l'Égypte*(1735)], 这本书被拿破仑的学者们带到埃及。转引自 Greener, op. cit.(1966), 66, 67。

18 Ibid., 74.

19 Joan Evans, *A History of the Society of Antiquaries* (Oxford: Oxford University Press, 1956), 233.

20 威廉·乔治·布朗(1768—1813 年)是一位执着的英国旅行家，1792 年访问埃及，并远行至撒哈拉南部的达尔富尔(Darfur)。他在 1813 年从英国前往鞑靼地方旅行时被谋杀。

第4章 尼罗河上的拿破仑

士兵们，四千年的历史正俯视着你们!

——拿破仑·波拿巴于金字塔之战前，

转引自尼古拉斯·里夫斯：《古埃及：伟大的发现》

到18世纪初，游客对埃及更为熟悉。他们中的一些人会在尼罗河流域逗留很长一段时间，徜徉于一座又一座的神庙中，欣赏铭文和美丽的壁画，这些铭文和壁画使得埃及的神庙建筑更加引人注目。丹麦国王克里斯蒂安六世对埃及非常感兴趣，他派了一支特别探险队前往尼罗河。弗雷德里克·刘易斯·诺登(1708—1742年)——一位艺术家和海洋工程师，担任深入上埃及探险的负责人。他试图到达尼罗河第二瀑布，但在努比亚的德尔便被迫返回。诺登是尼罗河景色的一位非常清醒和勤奋的观察者，他记录了大量关于埃及纪念碑的信息。他的《埃及和努比亚之旅》于1755年出版，被学者和公众的广泛阅读。他的英文版译者评论说："读者就像陪同作者一同旅行，分享他所有的快乐，而不必经历劳累和危险。"[1]这是公众第一次能够接触到既生动又相对准确的埃及纪念碑的地图和绘画资料。

诺登对古代生活的细节很感兴趣，这与早期人们只关注传奇和幻想有所不同。他惊叹于拉美西斯二世在卢克索的神庙内下令制作的宏伟的卡代什战役壁画，并研究了鲜艳如初的精美坟墓绘画，这些壁画在埃及干燥的气候环境中得以保存下来。诺登发现阿拉伯人全神贯注于财宝和魔法。"游客们肯定认为自己能够仔细地观察这些古老的建筑是很幸运的，都小心翼翼。我永远不会忘记我们停泊在阿斯旺时的情景，人们聚集在一起，正如他们彼此之间所说的那样，是为了观看拥有黑魔法技能的专家巫师。"他对后来的旅行者的建议是："首先用土耳其人的装束打扮自己。两撇八字须、凝重庄严的神态，都很适合将你装扮成当地人。""清醒和克制"的文物收藏者应该远离妓女，否则她们会给他一个"难以被时间、地点或者水银擦掉的"纪念品。[2]

诺登引人入胜的描述和细致入微的绘画都非常好，但它们对于古埃及人的历史本身几乎没有带来新的启示。他们的历史仍然是模糊不清的，人们只能通过他们壮观的纪念碑和希罗多德及其他古典作家的作品得见一斑。没有人知道埃及人的历史有多么久远，也没有人能破译他们神秘的象形文字。很明显，古埃及文字的破译将释放出关于古埃及的大量信息，因为这个文明一直被认为是世界上最古老的文明。

围绕象形文字进行的推测是非常多的。很多人试图破译这些文字，但总是徒劳无功，主要是因为他们认同希腊作家的观点，认为象形文字是一种图画文字，象形符号表达的是神秘的概念。1419年，意大利出现了一本名为《象形文字》的希腊语手稿，作者是公元4、5世纪的霍拉波洛，共有 189 个章节，对各个象形文字进行分别解释。可惜的是，霍拉波洛对象形文字知之甚少，他沉迷于自己对象形文字的想象，甚至"发明"了一些符号。《象形文字》于 1505 年得以出版，并经过多次印刷。很多学者贪婪地抓住了霍拉波洛的臆想，宣称它们的象形含义蕴含着真知的奥秘。象形文字具有象形含义的想法，给几代人的破译工作造成了混乱。各种理论层出不穷。曾有知名学者认为，古埃及人在中国建立了一个殖民地，象形文字是从中国文字发展而来的。格洛斯特的威廉·沃伯顿主教更冷静地认为，埃及人使用他们的文字是为了日常的用途，而不是为了神秘的目的。[3]他向人们展示了文字是如何从图画形式演变成一种日常使用的简单的手写体。但是对古埃及的研究却令人十分沮丧。象形文字显然是难以理解的，尽管大多数仍在地上的重要的纪念碑都已经被很多学者参观和报道过。大规模的挖掘超出了任何个人旅行者的财力范围，而且没有外国政府想过要组织这样的调查。认真的学者感到困惑，寻宝者仍然不知道底比斯、帝王谷和其他地方有等待发现的巨大财富。

只有哲学家们非常活跃，尤其是弗尔内伯爵康斯坦丁-弗朗索瓦·查西布夫(1757—1820 年)，他在埃及和叙利亚生活了四年，研究两国的历史、政治和社会制度。他停下来欣赏金字塔，对以奴役国人为代价建造这些以及其他大型建筑的专制君主们的铺张浪费表示谴责。"当热爱艺术的人看到王宫的柱子被切成小块作为石磨时，可能会感到愤怒，"他写道，"但哲学家却忍不住微笑，因为命运的险恶让人们承受了如此多的艰辛，也用毫无用处的奢侈品满足了他们最卑微的虚荣。"[4]查西布夫不只是一位伦理学者，而且甚至可以说是一位睿智的革命者，因为他的书是一本给将军们的优秀的远征指南，是历史上最伟大的冒险家之一——拿破仑·波拿巴(1769—1821 年)——的宝贵财产,他曾经组织了对古埃及城墙的第一次大规模袭击。

到 18 世纪末,欧洲和美国都感受到了不断加速的技术创新的影响。蒸汽动力的发现和煤的使用改变着工业生产。在政治舞台上,美国和法国大革命激发了大西洋两岸睿智的观察家们的想象力。但埃及仍然是地中海边缘一个默默无闻、被人遗忘的国家。在名义上,埃及处于君士坦丁堡的土耳其苏丹的统治下,实际上,它由马穆鲁克人控制。马穆鲁克人是贵族的雇佣军,只对苛捐杂税的收益感兴趣。他们的国家在政治上仍然是一个无足轻重的地区——气候炎热、黄沙漫漫,完全入不得欧洲人的法眼。然而,即便在 18 世纪,埃及也因其对文明的开创性贡献和有着悠久历史的风俗传统而受到尊重。并且,它的地理位置至关重要,因为如果控制埃及,就能威胁到通往印度的繁忙的陆上交通,那里有富有的不列颠领地。

29 岁的将军拿破仑·波拿巴将埃及推上了世界舞台的中心。从 18 世纪 70 年代开始,法国对埃及的兴趣逐年增加,在一定程度上是因为居住在埃及的法国商人的游说,他们长期客居在这个敌对的国家。巴黎的很多政府官员也相信,埃及有巨大的商业潜力,并且害怕英国占领有战略重要性的尼罗河河谷地区。他们有充分的理由感到忧虑,因为奥斯曼帝国非常软弱和腐朽,以至于 19 世纪的政治家称之为“欧洲病夫”。一些野心勃勃的国家已经开始蚕食苏丹所统治领土的边远地区。埃及只是在名义上由苏丹统治,欧洲扩张势力很自然地便会选择它作为吞并的对象。

　　法国在考虑任何政治举措时都要慢半拍，一定程度上是因为国内动乱以及经济因素。但当拿破仑于 1797 年通过《坎波-弗尔米奥和约》结束对意大利的血腥征服时，他难以满足的贪念转向了新的计划，这些计划的冒险和成功将进一步推动他的政治野心。他开始沉迷于东方——其魅力吸引了下个世纪很多位政治家，其中包括本杰明·迪斯雷利和拿破仑三世。拿破仑将军冷酷的思想转向了征服世界，转向建立一个以东方为中心的伟大的法兰西帝国，并且最终转向了印度，在这里，18 世纪中叶英国曾驱逐法国人。

　　1798 年 4 月，拿破仑被授权远征马耳他和埃及，并在苏伊士地峡修建运河。政府批准远征的目的是从国内支走野心勃勃的拿破仑。而这位将军则确信荣耀在召唤，一个帝国正在东方等待他的到来，仿佛他便是第二个亚历山大大帝。1798 年 5 月 19 日，他率领由 328 艘船组成的舰队以及 38 000 名士兵和 10 000 名平民组成的远征军从土伦出发，远征埃及，7 月 1 日在亚历山大港附近的阿布基尔湾登陆。拿破仑精心挑选的特别科学艺术委员会陪同远征军，为他雄心勃勃的尼罗河河谷殖民计划提供文化和技术支持。该委员会由 167 名科学家和技术人员组成，很快被军队轻蔑地称为"驴子"。拿破仑的科学艺术委员会是他亲自发起成立的，不过当时拿破仑的支持者、法国督政府的外交部长查尔斯-莫里斯·德·塔列朗-佩里戈尔（1754—1838 年）在几年前就支持这一想法。1798 年春，这位年轻的将军参加了由共和国主要科学家参加的法兰西研究院会议。他向他们高谈阔论埃及对当代学术研究和精神生活的重要性，并敦促他们为他的新远征提供强有力的智力支持。

学者们的主要招募者是克劳德-路易斯·贝托莱，一位医生和化学家。他成功地在他周围聚集了一群杰出的人才，平均年龄为 25 岁。其中有艺术家、农学家、植物学家、化学家、工程师，甚至还有音乐家和一位熟练的印刷工。没有一位学者是埃及学家——这样的学科是不存在的。但他们中的很多人在回来的时候都已经变成了对古代埃及充满热情的研究者。让-米歇尔·德·旺蒂尔是一位杰出的东方学家；艾蒂安·若弗鲁瓦·圣伊莱尔是一位动物学家，也是著名古生物学家乔治·居维叶毕生的朋友，若弗鲁瓦·圣伊莱尔的观点为达尔文的进化理论作了一些铺垫；加斯帕尔·蒙热是一位数学家和化学家，是狂热的共和党人，钢铁和火药专家，他新近被任命到一个新的机构，即"被征服国家艺术和科学物品研究政府委员会"。该委员会跟随波拿巴在意大利的军队，调查艺术藏品、博物馆和图书馆，决定根据和平条约条款将哪些物品分给法兰西共和国。人们只需参观卢浮宫就能看到该委员会的效率有多高——被征用的作品中包括《蒙娜丽莎》。蒙热显然是委员会中一位非常资深的成员。

还有 51 岁的多米尼克-维旺·德农男爵——一位杰出的外交官和艺术家。德农是国王路易十五统治时期古董宝石藏品的主管，据说，他也是蓬帕杜尔夫人的亲信。有一段时间，他在法国驻俄罗斯圣彼得堡大使馆任职，深受叶卡捷琳娜大帝的钦佩。他的外交官生涯使他见多识广，对 18 世纪欧洲的艺术有了广泛的了解。他喜欢女人，是一个活泼健谈的人，是法国学院的成员。

法国大革命时，他住在佛罗伦萨，在艺术珍宝和他喜欢的朋友中间过着悠闲的生活。听到政治动乱的消息后，他立刻回到法国，结果却发现自己的名字被列入了不法之徒的名单，革命当局没收了他的房地产和金融资产。德农几乎一夜之间陷入贫困。他住在巴黎的贫民窟，靠卖画和贩卖18世纪相当于图画明信片的东西来勉强维持生计。然而，幸运的是，他引起了法国大革命时期的一位著名画家雅克-路易·大卫的注意，被雇用为他画室里的副手。通过这种关系，他赢得了一些革命领导人的好感。德农善于交涉的技巧很快又出现在公众的视野中，事实上，人们早就记住了。革命政府最终在人们熟知的罗伯斯庇尔的直接命令下恢复了德农的财产。这位艺术家兼外交官很快受到拿破仑和约瑟芬皇后的接见，并得到法国高级科学家们的高度支持。

然而，德农的名声不仅稳固地建立在科学界。他的《普里阿皮克作品集》是一部生动的色情蚀刻版画集，即使按照当时法国的标准，也非常露骨，深受知识阶层的喜爱。委员会工作中绘制插图的任务便大多落在了德农身上。对于埃及学而言，幸运的是，对埃及文物和一切事物的狂热指引了他的绘画技能。

在拿破仑失败的军事行动造成的结果中，该委员会的工作是最持久的。委员会成员在20个月的工作中完成了大量的科学研究。幸运的是，成员们为他们的艰巨任务做好了充分的准备，从法国带来了500多部著作资料，其中几乎包含了已经出版的每一本关于尼罗河的书的副本，很多箱的科学仪器和测量工具，以及带有阿拉伯语、希腊语和其他字体的打印机。

1798年7月21日，拿破仑抵达开罗，之后不久，科学艺术委员会便展开了工作。他立即采取措施，在首都建立了埃及研究院，该学院坐落在开罗的一座优雅的宫殿里。拿破仑本人对其活动非常感兴趣，并参加了该研究院的很多定期会议。他对学者们的指示很简单：研究整个埃及，传播开明的观念和习惯，并向占领当局提供信息。

资料来源：取自《古埃及记述》。

图 4.1　法国学者在吉萨测量狮身人面像

接下来的几个月里，学者们便进行了成果丰硕的科学活动。来自完全不同学科的科学家们在一起和谐融洽地工作，他们都被这个新的、几乎不为人所知的国家散发的魅力所吸引。他们互相交流关于当地的知识，通过不定期的对话和定期的研讨会激发彼此的创造力。科学家们也深入参与了埃及的行政管理，在国会和医学委员会任职，或者解答拿破仑和他的将军们提出的大量的实际问题。尽管如此，纯粹的研究仍占据着很高的地位，重要的论文都会在定期的研讨会上宣读——有关于埃及工匠的工艺流程的，有关于农业实践的，还有一个由矿物学家狄奥达特·格利特·德·多洛米库所促成的，关于即将被运到法国的"古遗迹的选择、保存和运输"的专题。

该委员会最大的发现并非出自其成员之手，而是由一位名为道普尔的士兵偶然发现的，这名士兵是尼罗河三角洲罗塞塔镇（阿拉伯语为 El Rachid）北部一支海岸防御工程队的一员。他偶然在一堆石块中发现了一块刻有文字的花岗岩石碑，这些石块曾被停泊在附近港口（中世纪建成）里的船只用作压舱物，他们正准备重新利用这些石头来修建防御工事。[5]（专家认为这块石头可能来自三角洲的城镇塞易斯。）他的指挥官、工程师皮埃尔·弗朗索瓦·格扎维埃·布沙尔上尉将这一发现报告给了他的上级，而上级又将这一发现转交给了研究院。

1799 年 7 月 19 日，外科医生米开朗基·朗克雷的一封信宣称："公民布沙尔，工程兵军官，在罗塞塔镇发现了一些可能会引起人们极大兴趣的铭文。"[6]拿破仑召集的学者立刻意识到，罗塞塔石碑可能是破解埃及象形文字的钥匙。法令有三种文字版本，一种是用规整的圣书体象形文字写成；一种是用世俗体文字写成，这是一种埃及语文字的手写体；还有一种是希腊语。铭文本身可追溯到公元前 196 年 3 月 27 日。这段文本由埃及祭司刻写在石碑上在全国各地公布，作为法老托勒密五世继承王位的周年纪念。石碑本身明确表明："他们要用神的文字（规整的圣书体象形文字）、书写文档的文字（世俗体文字）和爱奥尼亚人的文字（希腊文字）在坚硬的石碑上写下敕令，并把它竖立在第一等级神庙、第二等级神庙和第三等级神庙中，在永生的法老的神像附近。"[7]

罗塞塔石碑是学者们收集的最重要的一件物品，不过除此之外还有很多。当拿破仑对埃及政府进行彻底改革时，学者们则穿梭于埃及全境，最远可以到达上游方向的尼罗河第一瀑布。他们和军队一起旅行，披星戴月，有时与步兵并肩作战，在荒凉的沙漠地带忍受艰苦的跋涉。他们中的每个人除了是学者，还成为了野外工作者，并担任士兵和管理者，更重要的是，还要承担发明家和考古学家的任务。他们开发了新型的抽水机，每十天编辑一本军队杂志，主持法庭审判，用熔化的铅弹制作铅笔。这167位科学家便是行进中的启蒙运动，他们对传统医学和埃及人口的多样性很感兴趣，对鱼类和动物也是一样。

几乎没有哪一次科学考察会留下这样的遗产，尤其是在埃及学和地理学上。委员会成员中的绘图师制作了第一张详细的埃及地图，这张地图对拿破仑没用处，因为它在拿破仑倒台后很久才得以出版。它的艺术家们为这个迄今为止鲜为人知的国家保留下了大量的视觉印象，尤其是无所不在的德农。1798年8月，德塞·德·威古克斯将军从开罗沿着尼罗河行军，追击穆拉德·贝，这时，德农已经是一个经验丰富和坚持不懈的旅行者，他能够发现并且以不可思议的准确性记录古埃及建筑和雕塑的辉煌，他也加入了威古克斯将军的行列。

德农在埃及的头几个月里，描绘和观察当地的景象，参加研究院的会议，忙着记录他的印象。他对金字塔欣喜若狂："从远处看去，金字塔显得非常精致，带着像天空一样的淡蓝色，使它们恢复了几个世纪以来被破坏的棱角的完美和纯净。"他对与德塞·德·威古克斯一起的冒险之旅充满了期待，因为后来他写道："我即将踏上这片从远古以来便被希罗多德蒙上神秘面纱的土地，所有的旅行者都满足于飞速地沿着尼罗河航行，不敢与他们的船只失去联系，只有在检查离海岸最近的货物时，才匆匆忙忙、心神不安地离开它们。"[8]合适的人在合适的时间来到了尼罗河河谷。

德农对埃及重要的遗迹的精确甚至刻板的记录，是在极其困难的条件下完成的杰作。德塞·德·威古克斯的军队每天进行四五十公里的急行军，不时面临着被土匪袭击的危险。在赫尔摩波里斯——古代的赫麦努，"八镇之地"，书吏之神托特的崇拜中心，德农只有几分钟的时间来描绘一座新王国时期的神庙，这座神庙是由塞提一世和拉美西斯二世在公元前 13 世纪建立的。在阿拜多斯南部的丹德拉——母牛之神哈托尔的崇拜中心，他的运气还算不错。军队满怀崇敬地在宏伟的哈托尔神庙里停留了一天。德农欣喜若狂："手里拿着铅笔，我从一个物件转向另

资料来源：取自《古埃及记述》。

图 4.2 丹德拉的哈托尔神庙的内部（典型的凭记忆进行的重绘）

一个物件，注意力不断地被另外的物件所吸引。我试图画下如此美妙的东西，却因为画作的不足而感到羞愧。"[9]太阳落山了。德农仍然全神贯注地沉浸在艺术的狂喜之中，直到他的指挥官贝利亚尔将军亲自护送他飞奔回已经走远的军队中。

1799年1月27日，军队绕过尼罗河的一个弯道，来到卢克索和卡尔纳克的阿蒙神庙。士兵们自发地停下来，热烈鼓掌。探险队中的一位上尉写道："没有人下达命令，士兵们在鼓乐队的伴奏下组成队形并举枪致敬。"[10]德农立刻开始了绘画，他意识到这是一个伟大而激动人心的时刻，当时一整支军队自发地向古人致敬。无论军队走到哪里，德农也跟随前往，他狂奔着寻找纪念碑，在交战时，甚至在有被俘危险的时候也在绘画。德农终于到达阿斯旺，在那里他游览了大象岛和菲莱岛。

德农的工作引起了人们对考古的极大热情，尤其是在负责改善埃及

资料来源：取自《古埃及记述》。

图 4.3　法国学者乘船经过菲莱岛

农业的水利工程师当中。工程师们很快就放下他们自己枯燥的工作，径直走向神庙和坟墓，记录建筑特征、象形文字铭文和古埃及所有了不起的景致。铅笔用完了，铅弹便被疯狂地熔化作为替代品，大量绝无仅有的信息被记录下来留给后世。同时，他们从神庙和坟墓中移走了数百件小的古董。

𓆓𓏏𓊨𓈖𓏥𓂋𓂝𓈖𓇋𓏤𓏺

　　拿破仑的埃及远征从一开始就注定要失败，这主要是由于其海上交通的脆弱性。起初，一切都很成功。他占领了亚历山大港，向开罗进军，并在"金字塔之战"中击败了马穆鲁克人，这场战斗实际上是在几千米之外进行的。但在下游却不是那么走运。当他占领开罗时，（英国）海军司令霍拉肖·纳尔逊和他的舰队突袭位于亚历山大港以西的阿布基尔湾的法国舰队。1798 年 8 月 1 日，纳尔逊突袭了被困的运输船和军舰。那一天结束时，拿破仑的补给线被切断，他的军队被困在尼罗河河谷。很多学者的书籍和仪器还没有卸货就沉到了水底。

　　战争又持续了一年。德塞·德·威古克斯将军率领的远征军横扫了上埃及，但他的士兵饱受苦难、饥饿、埃及眼疾和很多其他不幸的折磨。最后，1799 年 8 月 19 日，拿破仑抛弃了他的军队，乘快船逃离埃及。1801 年，法军向英军投降，远征以失败告终。最后签订的《亚历山大港条约》确保科学家们安全返回法国。那时，学者们聚集在亚历山大港，英国人在那里检查他们的行李。法国指挥官阿卜杜拉·雅克-弗朗索瓦·德·梅努将军将该城交给英军哈钦森将军。他是那种不进行一番指责和辩论就无法达成任何协议的人。军事协议一签署，梅努和哈钦森就开始为这些学者和他们的藏品讨价还价。英国人根据投降协议的一个条款要求占有所有的文物。梅努说，罗塞塔石碑作为所有藏品中最具价值的一件，是他的个人财产。但是以动物学家若弗鲁瓦·圣伊莱尔为首的科学家们宣称，他们宁愿跟随他们的藏品去英国，也不愿放弃它们。梅努不得不答应他们的要求，但很不情愿："我刚刚得知，无论你要将他们的箱子运到哪里，我们的收藏家中有几个人都希望跟随他们的种子、矿物、鸟类、蝴蝶或爬行动物，"他生气地写道，"我不知道他们是否愿意为此而离去，但我可以向你保证，如果这个想法对他们有吸引力，我不会阻止他们。"[11]

所以，科学家们威胁说，如果有可能失去他们的标本，他们就要把它们烧掉。若弗鲁瓦·圣伊莱尔在与英国外交官威廉·汉密尔顿爵士的讨论中明确表示：

> 没有我们，这些材料是一种你和你的科学家都无法理解的死语言。在这种不公的、破坏性的掠夺被允许之前，我们就要破坏掉我们的财产，把它撒在利比亚的沙漠中，或丢在海里。我们要亲自烧掉我们的财富。你的目标是流芳百世。既然这样，你要知道，历史会记住一切：（如果那么做的话，）你也就像是在亚历山大港烧毁一座图书馆。

幸运的是，哈钦森将军是一个有远见和有思想的人物，完全被学者们打动，并允许科学家们保留他们的藏品。但他坚持接收罗塞塔石碑和一些大型样本，包括两座方尖碑和两口石棺，以及拉美西斯二世的一座大型雕像。梅努不情愿地交出了石碑。即便在那时，科学家们仍然试图把罗塞塔石碑藏在船上，但威廉·汉密尔顿发现了它，并在军队的护送下取得了这块石碑。作为对科学的让步，法国人被允许在交出这份珍贵的文物之后保留他们制作的铭文拓本。

所有人都知道罗塞塔石碑是一个极其重要的发现。根据国王乔治三世的命令，它被收藏在伦敦的大英博物馆里。时至今日，罗塞塔石碑仍然使博物馆的埃及陈列馆增色不少。它仅有一次离开"收养"它的地方——1973 年出席在卢浮宫举办的临时展览。它从未在埃及展出过。

而在欧洲，关于科学艺术委员会工作成果的消息迅速传播开来。德农回到巴黎时受到热情接待。他被任命为卢浮宫的第一任馆长，并为这一伟大的机构创建了埃及藏品部，在拿破仑政治生涯的剩余时间里，他继续为法国国家藏品收集艺术品。1801 年，他的《上下埃及之旅》出版，并很快成为一本翻译成多国语言的畅销书。这本书揭示了一个在科学界几乎不为人所知的异域大陆。德农的艺术才能给他的冒险增添了趣味和色彩，没有损失掉任何东西。

还有很多事情要做。拿破仑的远征是一次可悲的军事失败，却是一次科学的胜利，其遗产通过埃及学引起共鸣。167 位学者在他们身后留下了一座丰碑，这是历史上最早的跨学科研究的典范。后来的很多年里，探险队的幸存者们都在努力创作一部杰作，即二十卷的《古埃及记述》（简称《记述》）。无论按照什么标准，《记述》都是一部巨作。在写作的 18 年历史中，二十卷中的第一卷出版于 1809 年，根据"拿破仑大帝陛下的命令"出版。最后一卷出版于 1828 年，主要归功于工程师和地理学家埃德米·若马尔，他很长寿，看到了 1859 年埃及研究院的重建。[12]第二版出版于 1820 年至 1830 年间。

装帧华丽、插图精美的《记述》引起了欧洲文化界和学术界的轰动。它生动准确地描绘了古埃及的宝贵资源，这是前所未见的。绘画和铭文的精致线条和色彩以大尺寸的形式表现得淋漓尽致，使每一个细枝末节都能吸引人们的眼球。手工艺品、象形文字、神庙和埃及的风景都跃然纸上。我们现在生活在一个即时交流的世界里，对金字塔和古埃及人都能比较容易地了解，很难理解《记述》的巨大影响力。这些学者揭示了一个奇妙、繁荣的早期文明，其纪念碑经受了数千年战争和遗忘的考验。一座又一座神庙，一座又一座金字塔，一件又一件艺术品，德农和他的同事们在欣喜若狂的公众面前展示了一个充满异国情调和迷人文物的浪漫而令人兴奋的世界。正如很多研究人员指出的那样，在拿破仑远征之前，埃及的遗迹在欧洲的文物收藏界和科学界已经相当有名，在这些领域，《记述》的影响不那么明显。委员会的工作增加了人们对埃及事物的热情，在莫扎特的歌剧《魔笛》中也反映了这一点。

从博物馆的角度来看，法国探险队的发现具有非凡的价值和稀有性。例如，大英博物馆在 1800 年只收藏了少量埃及文物，其中大部分是木乃伊、圣甲虫和小饰品。现在，学者们收集了大量新的埃及文物，其中很多都非常美丽。新的手工艺品改变了人们对法老艺术的认识，这与我们熟悉的古典传统完全不同。

从委员会的著作中获得的知识甚至比其收集的文物更为重要。尽管学者们并没有发现任何新的遗址或壮观的神庙，但法国出版的著作是如此清晰准确、装帧精美，使得公众能够欣赏到各种各样质量上乘的埃及文物。法国考察队及其出版物推动了人们进一步研究古埃及和破译象形文字，正因如此，后来人们意识到很多学者的抄本并不准确。

民众对异国情调的热情以及士兵和外交官对埃及熟悉程度的加深，引发了对埃及文物的争夺，《记述》一书也为这种疯狂的争夺提供了推进剂。

𓀀𓀁𓀂𓀃𓀄𓀅𓀆𓀇𓀈𓀉

英国人选择把埃及留给土耳其人，而不是以乔治三世的名义将埃及吞并。英国军队在卡万伯爵的率领下占领了埃及一年的时间，这段时间足以将政府的权力交还给土耳其帝国的使者。苏丹本人对埃及几乎没有兴趣，只要他能按时收到缴纳的年税。豪强地主为了更高的税收严厉地剥削穷人，统治着尼罗河河谷。埃及迫切需要领导者和强有力的政府。

这一时期出现了一个统治者，他对古埃及的考古学产生了灾难性的影响。穆罕默德·阿里是阿尔巴尼亚的一个孤儿，曾经当过雇佣兵，他全凭他的个人才能，在埃及的土耳其军队中获得了强大的指挥权。1805年，他将埃及政府掌握在自己的手中，被称为帕夏，经过多年的内战，他打败了马穆鲁克人势力，出于各种目的成为尼罗河河谷的独立统治者。这个精明能干而又残酷无情的人从 1805 年到 1849 年统治着埃及事务。阿里是一位体格健壮、精明强干的统治者，他为埃及建立了一个几个世纪以来更加稳固的政府，不过他的统治对他卑微的臣民一点都不仁慈，他们承受着高额税收和严酷的强制劳役。他对权力和国际影响力充满渴望，但他更希望把西方技术带到埃及，控制和利用尼罗河进行农业生产，并将工业制造引进埃及。有能力、有想法的外国人在开罗受到欢迎。他们中的很多人被派去兴建工厂、发展工业和设计灌溉方案。可惜的是，阿里很多最雄心勃勃的计划都在官僚效率低下和农民及大臣天生的保守主义的海洋中失败了。

穆罕默德·阿里对外国人很友好，不仅向商人和外交官开放尼罗河河谷地区，还向休闲旅行者和文物贩子开放。即便很多游客对获取文物和洗劫古墓感兴趣又何妨？对于一个对国际力量和外国资本感兴趣的独裁统治者来说，古埃及的遗迹除了作为外交手段，或者一种让有权势的游客关注埃及的方式外，几乎没有其他意义。

很快，收藏家、商人、外交官、游客以及一些不明职业的人物，源源不断地涌入埃及，洗劫这个国家的大小文物。他们中的一些人只是想为自己的收藏购买一些异国情调的物品。大多数人则看到了从古董交易中快速获利的机会。

英国占领军开始了争夺战。卡万伯爵看中了亚历山大港的一座方尖碑，并获得了土耳其当局的许可，准备把它移到伦敦，作为英国在埃及胜利的纪念。士兵们也对这个计划充满热情，筹款准备船只，并自告奋勇运送方尖碑。但伦敦对此并不热情，所以方尖碑一直滞留在亚历山大港肮脏的角落，直到1877年，在富商伊拉斯谟·威尔逊的倡议下，方尖碑才终于被运到伦敦。这70年的拖延完全是由于英国政府的冷漠，穆罕默德·阿里和他的继任者赫狄夫*伊斯梅尔曾一再向英国政府提出邀请。只有在一个希腊地主威胁要切割方尖碑用作建筑石材时，威尔逊个人的主动行动才避免了现在人们所熟悉的"克里奥帕特拉之针"遭到破坏。这座方尖碑现在突兀地矗立在伦敦堤岸，俯瞰着泰晤士河。

---

* 土耳其统治下的埃及总督的称号。——译者注

⟨𓈖𓏏𓊦𓎼𓏏𓈖𓏏𓇯𓊹𓏏𓇓𓏤𓅓⟩

然后外交官们来了。19 世纪初，英国和法国以及其他大国在开罗和亚历山大港都驻扎着外交使团。在穆罕默德·阿里统治的早期，领事的政治职能微乎其微。外交官们有大量的闲暇时间在古埃及的废墟上旅行和寻宝。

贝尔纳迪诺·米凯莱·玛丽亚·德罗韦蒂（1776—1852 年）——一位皮埃蒙特人，是法国第一任总领事。德罗韦蒂是一个野心勃勃、唯利是图的人，外表极其邪恶，留着卷曲的胡子，有着卓越的军事生涯，获得了法国国籍，在拿破仑的皮埃蒙特军团中获得少校军衔，最后担任了一名优秀的军事法官。1802 年，他被任命为法国驻亚历山大港领事馆商务关系副总领事。他一直在领事馆工作到 1815 年，获得了最高外交官的美誉，很受穆罕默德·阿里的赏识。他在稳定帕夏政权方面发挥了重要作用。我们已无法得知德罗韦蒂从什么时候开始对古董感兴趣，但他曾在 1812 年为一些法国和英国客人组织了一个木乃伊的拆解活动，客人中包括著名的旅行家赫斯特·露西·斯坦诺普夫人。"一位法国外科医生做了解剖部分，就是将大量精致的麻布或棉布剥离开来，这些是从头到脚紧紧包裹在尸体上的。当这些被移除之后，人们发现木乃伊的右手拿着纸草。木乃伊的面貌特征保存得不好。"[13]

德罗韦蒂于 1815 年离职，全身心地投入收集文物和旅行活动中，在 1816 年游历了尼罗河第二瀑布。他想要进入阿布-辛贝尔神庙被掩埋的正面，并花 300 个比索请当地的酋长打开它，但徒劳无功。这些年来，他在底比斯周围与乔万尼·贝尔佐尼展开了激烈的竞争，关于这个

掠夺尼罗河

大力士变成盗墓者的故事，我们将在第5章介绍。德罗韦蒂还远赴西部沙漠中的绿洲旅行，这是在他1821年再次成为法国总领事之前，他担任这一职位直到1829年退休。

这个才华横溢、工作勤奋的人在政府政策方面对穆罕默德·阿里产生了强有力的影响。他在埃及人中也享有极大的声望。他对文物的兴趣似乎完全是商业性的。他以极高的热情追寻历史，这使他赚了一大笔钱。

欧内斯特·米塞特上校（？—1820年）是一位著名的有权势的外交官，他从1802年起担任英国领事，1816年因健康状况不佳而退休。米塞特对考古学不是特别感兴趣，但他的继任者亨利·索尔特（1770—1827年）很感兴趣。索尔特所受到的早期教育是一团糟，直到十几岁时，他才被派到伦敦学习风景画和肖像画。他注册成为皇家研究院的一名学生，并以肖像画师的身份过着非常散漫的生活，这一职业使他接触到了很多人。其中之一是瓦伦西亚勋爵——后来成为芒特诺里斯勋爵，一个富有的贵族，喜欢到世界偏远地区悠闲地旅行。1802年，瓦伦西亚勋爵计划前往印度和东方旅行。索尔特获得了探险队秘书和绘图员的职位。瓦伦西亚的旅程持续了四年半的时间，最后在非洲红海沿岸的"黑豹号"军舰上进行了一次探险，这是索尔特第一次探险的机会。

这位年轻的秘书这时率领一支小队前往埃塞俄比亚高地。当时埃塞俄比亚是一个鲜为人知、神秘莫测的国家，对欧洲人来说，几乎是与世隔绝的。它的外交和商业潜力仍未被认识到，然而很多人对其统治者的才干和野心感到好奇。索尔特和他的小队深入内陆一段距离，受到埃塞俄比亚北部提格雷的拉斯（即统治者）的热情款待，他甚至让他们给英格兰国王捎去信件和礼物，声称它们是来自埃塞俄比亚皇帝。这次小型探险活动引起了外交部对索尔特的注意，外交部派他第二次前往埃塞俄比亚，并指示他了解该国详细的贸易状况。这一新的任务失败了，因为在遥远的内陆地区，政治环境不稳定，索尔特无法朝内陆走得比提格雷更远。不过，索尔特出版了一本书——《阿比西尼亚之旅》(1814 年)，在很少有人游历埃及和红海地区的情况下，这本书使他的名字引起了公众的注意。

受在埃塞俄比亚高地的阿克苏姆古城发现希腊铭文的刺激，1807年，索尔特在埃及待过了一段时间，在那里，他沉溺于他的文物研究。[14]尼罗河河谷是如此吸引着他，他决心重返埃及。1816 年年初，他听说米塞特上校辞职了。他立刻为了这个职位四处游说，让他有影响力的朋友写信给外交部长表示对他的支持。卡斯尔雷勋爵很快就确认了他的任命。到 35 岁的时候，亨利·索尔特在埃及事务中已经是一个有影响力的人物。

英国和法国总领事的职责一点也不难。这两个国家的领事都对帕夏有相当大的影响，但涉及的政治问题几乎都没有什么重大意义。在开罗永久居住的外国人相对较少。英国人的聚居地很小，亚历山大港的一名代表负责处理海上事务。然而，很明显，索尔特的赞助人对他如何最好地利用自己的时间有其他想法。上了年纪的博物学家约瑟夫·班克斯爵士曾于 1769 年陪同库克船长前往塔希提岛，并因此获得了作为科学家的国际声誉，他这时是大英博物馆的董事，将索尔特视为国家收藏埃及文物的潜在来源。外交官威廉·汉密尔顿爵士因卷入埃尔金大理石雕刻之争而众所周知，彼时担任外交部副部长。他更加明确地在官方备忘录

　　　　　　　　　　　　　　掠夺尼罗河

中敦促索尔特尽可能多地为"开明的国家"收集文物。

　　索尔特本人对自己作为埃及学家的技能有着坚定而自负的信念，并且对象形文字产生了浓厚的兴趣。他的性格是喜怒无常的。他时而极度乐观，时而非常沮丧；在需要快速作出决定的时候，他有时会有拖延和犹豫不决的倾向。在面对德罗韦蒂反复无常的脾气以及帕夏计划的突然改变和变幻莫测的情绪时，这些是非常危险的品质。然而，他在埃及政府中仍享有相当大的影响力。他得到了很多特权和优待。一系列的时机激起了英国和法国总领事之间的激烈竞争——德罗韦蒂精力旺盛，与酋长和村庄有着深厚的感情纽带，而索尔特则是一个较为冷淡的人，有着花不完的钱和可观的政治声望。

资料来源：作者收藏。

图4.4　贝尔纳迪诺·德罗韦蒂(左)和亨利·索尔特(右)

理论上，帕夏亲自控制着尼罗河流域的考古发掘。任何文物挖掘和将其从埃及带走的行动都需要许可证。有权有势的德罗韦蒂和索尔特想要多少许可证就能得到多少。他们的贪婪和竞争变得如此激烈，以至于他们达成了不成文的"君子协定"——不知这种描述是否恰当，那就是把尼罗河流域分割成"势力范围"。其他贪婪的游客也紧跟着他们的步伐。德罗韦蒂和索尔特都非常有影响力，可以安排否决别人的许可证，并确保当地酋长劝诫潜在的发掘者，或拒绝为他们提供劳力。

领事们的活动为文物搜集创造了一把漠视宽容的保护伞，使古董贸易合法化。一些著名的人物居住在埃及，随时准备大展身手。马赛雕塑家让·雅克·里福（1786—1852 年）是这样一位常住居民，他于 1805 年前往埃及，其目的很明显就是挖掘和销售方便携带的文物。这个性情暴躁的人在德罗韦蒂手下工作了几年，并于 1816 年陪同他到达尼罗河第二瀑布。亚美尼亚商人乔万尼·阿纳斯塔西（1780—1860 年）是另一个著名的人物。他的父亲曾是拿破仑军需部门的主要供应商，也是一个在法国战败后破产的勘测员。经过巨大的努力，阿纳斯塔西成为一个成功的商人，随后任瑞典—挪威驻埃及总领事；他也是一个非常成功的古董经销商，尤其擅长经营莎草纸文献买卖，他主要通过代理人从萨卡拉盗墓者那里购买。艺术家、企业家、商人，或者只是普通的冒险家，都来到埃及寻找财富。

人们不需要什么资质，只要具备应对埃及恶劣的自然环境的强壮体质，会行贿和使用火药，会使用政治手腕成功申请到许可证，会与其他相关方进行灵活谈判，就能成为经销商或者发掘者。那是一个野蛮发掘的时期。只要是他们喜欢的东西，不管是圣甲虫还是方尖碑，发掘者都会把它们盗走。他们在暴徒或枪支的帮助下解决分歧。在这样一个远离英雄时代、充满掠夺和毁灭的年代，主要人物之一是一位巨人、马戏团的大力士——乔万尼·巴蒂斯塔·贝尔佐尼，他是考古学史上最传奇的人物之一。

深入阅读指南

克里斯托弗·赫罗尔德的《波拿巴在埃及》(Christopher Herold, *Bonaparte in Egypt*, New York: Harper and Row, 1962)是最权威的。亨利·洛朗斯的《埃及探险》(Henry Laurens, *L'Éxpédition d'Égypte*, Paris: A. Collins, 1989)是一部优秀的法国史，而皮埃尔·布雷的《埃及探险》(Pierre Bret, *L'Éxpédition d'Égypte*, Paris: Technique et Documentation, 1999)则是为了纪念法国远征 200 周年而作。多米尼克-维旺·德农的游记在法语读者中受到广泛阅读，而它的英译本《上下埃及游记》(Dominique-Vivant Denon, *Travels in Upper and Lower Egypt*, London: Hurst, 1803)也已出版。《古埃及记述》(*Description de l'Égypte*, Paris: Imprimerie Impériale, 1809—1828)值得花很长时间仔细研究。只有那些亲自读过这些著作的人才能领略到它们真正的意义。近年来，出现了相当数量的英译本和复印本，但其较小的版式无法体现出原始插图的效果。让·巴蒂斯特·普罗斯珀·若卢瓦的《埃及探险队工程师日记》(Jean Baptiste Prosper Jollois, *Journal d'un Ingénieur attaché a l'Expédition d'Égypte*, 1798—1802, Paris: E. Leroux, 1904)提供了很多关于德塞·德·威古克斯远征的信息。亨利·多德韦尔的《现代埃及的创建者》(Henry Dodwell, *Founder of Modern Egypt*, 1931; reprint, Cambridge: Cambridge University Press, 1967)仍然是关于穆罕默德·阿里生涯的权威学术著作。关于亨利·索尔特，可参考 D.曼利和 P.雷的《亨利·索尔特：艺术家、旅行者、外交官、埃及学家》(D. Manley and P. Rée, *Henry Salt: Artist, Traveller, Diplo-*

mat, *Egyptologist*, London：Libri, 2001)。还可参考 J.J.霍尔斯的具有代表性的 19 世纪的人物传记《亨利·索尔特的生活和通信》(J. J. Halls, *The Life and Correspondence of Henry Salt*, *Esq*., *F.R*.*S*., London：R. Bentley, 1834)。

注释

1　美国版本是弗雷德里克·刘易斯·诺登：《埃及和努比亚之旅》(Frederick Lewis Norden, *The Travels of Frederick Lewis Morgan Through Egypt and Nubia*, New Haven：Sydney's Press, 1814)。

2　Ibid., 56, 66. 公元前 1275 年，埃及和赫梯之间的卡代什战役，共有 2 万埃及军队参加，以平局告终。交战双方，尤其是拉美西斯，都声称这是一场伟大的胜利。

3　对早期理论的讨论可以参考 Adkins and Adkins, op. cit.(2000), 57ff.。

4　康斯坦丁-弗朗索瓦·查西布夫·弗尔内伯爵(1757—1820 年)从事过不同的职业，他在埃及和叙利亚生活了四年，在 1787 年出版了《埃及和叙利亚之旅》(*Voyage en Égypte et en Syrie*)，这本书据说对拿破仑有很强的影响，尽管伯爵并不是这位科西嘉人的热心支持者。

5　这块石碑最初被认为是玄武岩，但最近的清理表明它是灰色花岗岩，带有粉红色的纹理。19 世纪早期，科学家们把石头涂黑——可能用的是鞋油——以突出这些铭文。

6　转引自 Adkins and Adkins, op. cit.(2000), 35, 其中有关于罗塞塔石碑的发现的记述。

7　Reeves, op. cit.(2000), 14. 托勒密五世(Ptolemy V Epiphanes, 公元前 205—前 180 年)幼年时登上埃及王位，于公元前 196 年严重内乱时期在孟菲斯加冕。他拨付土地补助金，宣布减税。作为他加冕典礼的一部分，这些都记载在罗塞塔石碑上的铭文中。

8　本段内容引自 Denon, op. cit.(1803), 28。

9　Ibid., 66.

10　Greener, op. cit.(1966), 95.

11　本段和下一段引用的内容出自 ibid., 101—102。

12　埃德米·弗朗索瓦·若马尔(Edmé François Jomard, 1777—1862)是一位工程师、地理学家和考古学家，是科学委员会的杰出成员。他将余生的大部分精力都花在了《古埃及记述》一书的出版上，他也因为反对商博良破译象形文字的方法而被人们铭记。

13　罗纳德·T.里德利及其《拿破仑的埃及总督》(Ronald T. Ridley, *Napoleon's Proconsul in Egypt*, London：Rubicon Press, 1998)对埃及学做出了很大的贡献。他特别强调了德罗韦蒂非凡的外交技巧和他重要的个人魅力，这对他在文物工作中很有帮助。

　　赫斯特·露西·斯坦诺普夫人(1776—1839 年)穿着男装在近东地区广泛旅行，后来在黎巴嫩德鲁兹教派的一个改建、加固的修道院定居下来，这些人称她为预言家，而她热情地接受了这个称呼。引自 ibid., 57。

14　约瑟夫·班克斯爵士(1730—1820 年)在 18 世纪后半叶对英国的大部分科学都行使了控制权。他博学多识，本质上是一位植物学专家。威廉·汉密尔顿(1730—1803 年)是一位外交官和古物学家，曾在庞贝和其他地方收集文物。在拿破仑战争期间，他为英国在那不勒斯的利益服务，在那里，他的妻子埃玛(Emma)与海军司令纳尔逊勋爵有不正当关系。

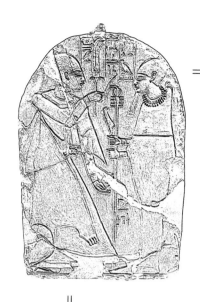

第二部
伟大的贝尔佐尼

我不是说运气使我富有，我也不认为所有的富人都是幸运的，但运气给了我那种满足感，那种财富买不到的极度快乐，发现长期寻找但没有找到的东西的快乐，向世界展示一座新的、完美的古埃及纪念碑的快乐……我们进入的那一天，它们就好像才刚刚完工一样。

——乔万尼·巴蒂斯塔·贝尔佐尼：《埃及和努比亚的金字塔、神庙、坟墓中的文物搜寻、最新发现和考古发掘的故事》，关于发现法老塞提一世坟墓的描述

第 5 章　巴塔哥尼亚人桑普森

> 我去埃及的主要原因是为了建造水力机械，灌溉田地。
>
> ——乔万尼·巴蒂斯塔·贝尔佐尼:《埃及和努比亚的金字塔、
>
> 　　神庙、坟墓中的文物搜寻、最新发现和考古发掘的故事》

　　冒险家和机会主义者，这些鱼龙混杂的盗墓贼闯入穆罕默德·阿里统治下的埃及，追求名声以及更重要的——财富。古老的埃及为他们的肆虐付出了高昂的代价。一种新的对埃及事物的狂热与帕夏想要使他的国家现代化的愿望不谋而合。拿破仑的科学家们在复制和测量的时候都是小心翼翼。而现在，古埃及的石质建筑却大量消失，变成新工厂的厂墙。阿里本人也利用最好的遗址和最精致的文物作为外交诱饵，以进一步实现他的现代化目标。在被人们遗忘了很多个世纪以后，埃及的神庙和坟墓在欧洲人对古埃及事物强烈的好奇心和占有欲的推动下，在无情的、高度竞争的破坏下，变得支离破碎。

　　很少有盗墓贼会有所顾虑，甚至连想都不会想。他们默默无闻地工作着，除了一种模糊的、经常是无法实现的、想要一夜暴富的欲望外，没有任何追求。有两个人主导着这个纷乱的世界:法国总领事贝尔纳迪诺·德罗韦蒂和一个最著名的盗墓者，乔万尼·巴蒂斯塔·贝尔佐尼，后者被公认是最伟大的，当然也是最富有传奇色彩的盗墓者。

1778 年 11 月 5 日，乔万尼·巴蒂斯塔·贝尔佐尼出生于意大利的帕多瓦。他是贾科莫·贝尔佐尼的四个孩子之一。贾科莫是一位胸无大志的理发师，他希望儿子成为理发师助理。年轻的乔万尼直到 13 岁才离开帕多瓦这个狭小的世界，但他去别处的经历却让他终生迷恋。1794 年，16 岁身材魁梧的贝尔佐尼前往罗马，开始了一系列无休止的旅行。帕多瓦给了他粗略的教育、对机械设备的初步了解，但肯定没有给他成为理发师的志向。这位帕多瓦年轻人在罗马待了四年，显然一直在努力提高他的知识水平。一些传记作者谈到他曾经学习神学知识和基本的水力学知识，但他的教育充其量是零散的，即便是按照 18 世纪的标准来衡量。

贝尔佐尼年轻时，意大利的政治局势一直不稳定。拿破仑的军队正在为法兰西共和国征服和吞并意大利。1798 年，法军胜利进入罗马。年轻的贝尔佐尼可能是为了避免被拿破仑的军团征兵，带着大包的念珠、宗教肖像和文物逃往北方。

第一次商业冒险似乎是成功的，因为三年后，这位年轻的意大利人再次出发，这次是和他的兄弟弗朗切斯科。他们远道而来，在荷兰阿姆斯特丹做些小买卖，在那里，他们强壮的体格和力量一定引起了人们的注意。我们不知道贝尔佐尼是否真的在阿姆斯特丹的舞台上表演，因为在他晚年的时候，在他自己的传记中，他为早年的生活蒙上了一张完整的面纱。对于一个认为自己是历史的创造者和公众人物的人来说，作为小商小贩和杂技演员并不是多么体面的经历。

　　　　　　　　　　　　　　　　掠夺尼罗河

乔万尼和弗朗切斯科于1803年渡海来到伦敦。他们为什么要渡过北海来到英国，我们无从得知，但是有可能在英国上台表演的机会更多一些。众所周知，19世纪初，很多意大利人都在那里演出过。无论贝尔佐尼出于何种躁动的欲望来到英国，他在伦敦的逗留都是他丰富多彩的生活方式的第一个转折点。1803年的伦敦是一个热闹的首都，到处是热闹的场面和粗俗的戏剧表演。杂技演员和体操运动员、杂耍演员和大力士，以及传统的演员都有很多机会。伦敦的喜剧观众要求舞台的多样性，他们得偿所愿。制作人经常变换杂耍节目和个人表演，以迎合现场观众多变的口味。夏季，伦敦会上演各种各样的戏剧活动。传单和报纸不断宣传演出的绝妙和壮观，每一个剧院都在与其他剧院竞争，以吸引变化无常的伦敦人的兴趣。

萨德勒韦尔斯剧院的老板小查尔斯·迪布丁是19世纪早期最成功的伦敦剧团经理之一。他在贝尔佐尼到来之前就买下了这家剧院，将作家、制作人和舞台经理的办公室装饰得富丽堂皇，开始了成功的创业生涯。除了常规的演员，迪布丁还利用很多合约演员表演单个的节目或者整个演出季。

迪布丁的顶梁柱是意大利人莫雷利，他是一个受欢迎的演员和有舞台个性的人。"所有的意大利艺人和体操演员在到达英国之后都会向他提出申请。"迪布丁在回忆录中写道。[1]乔万尼·贝尔佐尼正是向这位著名的经纪人申请在萨德勒韦尔斯剧院工作的。人们不知道贝尔佐尼在他的申请中提到了什么资格。人们只能推测他在欧洲大陆的剧院工作中获得了一些经验。但他肯定是一个仪表堂堂的人物，身高超过1.98米，长着一张英俊的脸——这在贝尔佐尼流传下来的照片中很好地表现出来，而且他还力大无比。查尔斯·迪布丁当然对贝尔佐尼印象非常深刻，因此聘用他做举重演员和小角色演员。

因此，1803 年夏天，一个技艺高超的举重演员——"巴塔哥尼亚人桑普森"，献给伦敦的剧场观众一场别开生面的表演。他的表演包括一系列举重表演，最终在叠罗汉的表演中达到高潮。穿着华丽的贝尔佐尼肩扛一个重达 58 公斤的巨大铁架，边上配有壁架。萨德勒威尔斯剧团

图 5.1　贝尔佐尼在萨德勒韦尔斯剧院的表演

掠夺尼罗河

的 12 名成员随后登上铁架,这位"巴塔哥尼亚人桑普森"毫不费力地在舞台上大步走动,手里挥舞着两面旗帜。这项绝技当之无愧地受到了剧场观众的欢迎,以至于迪布丁延长了三个月的表演,还让这个意大利巨人在重大演出之间参与一些小型演出和字谜游戏。其中很多都是小剧集,比如《菲利普·夸尔传奇》,这是一个富有想象力的故事,讲述了"一个英国人在一个只有猴子居住的岛上过着孤独的生活"[2]。

1803 年 7 月,贝尔佐尼与萨德勒威尔斯剧团的三个月合同到期,但未续签。原因尚不清楚,但未续签这件事令人惊讶,因为贝尔佐尼的表演在伦敦人中很受欢迎,这是萨德勒威尔斯剧团在几年中最好的演出季。两个月后,他开始在非常不同的环境中表演,在伦敦市一个受欢迎的年度活动巴塞洛缪集市上表演叠罗汉。巴塞洛缪集市与萨德勒威尔斯剧团大不相同,是一个粗俗而充满热情的狂欢节,有骑马、杂耍表演,有表演从手摇风琴到狒狒写字等各种节目的展台,其中一个展台就是"法国大力神"。

幸运的是,我们有一位现场观众约翰·托马斯·史密斯记录下了贝尔佐尼在集市上的表演,当时他是大英博物馆的绘画和印刷品的管理员,也是一位著名的、饶舌的伦敦现场评论员。史密斯和一个朋友带着不安的心情参观了集市,因为在那里随时有被抢劫的危险。他们两个在贝尔佐尼的摊位旁停留,看着他举起一系列的重物。然后这位"法国大力神"要求志愿者到他肩膀上组成一个人体金字塔。史密斯和其他四个人走上前去,爬上椅子,到了贝尔佐尼宽大的肩膀上。"桑普森迈着稳稳的步伐轻松地完成了任务。"史密斯说。贝尔佐尼背负了相当大的重量,因为人体金字塔的第四个人是一个"很重的胖子,我可以负责任地讲，他的嘴，品尝了很多一英寸厚的牛排，这些牛排来自曾经远近闻名的蜂蜜巷市场"[3]。

在接下来的几年里，乔万尼·贝尔佐尼在伦敦和各行省成了一个人们熟悉的形象，他在整个不列颠群岛上的集市间巡回演出，作展示力量的表演，正如《绅士杂志》所说："如果我们没有搞错的话，他庞大的身躯上背负着不少于20或22个人，从舞台一边走到另一边，就像波斯士兵乘坐的战象一样。"[4]他很快扩大了他的舞台剧目，包括一些特技效果和舞台水秀表演。他很快就被称为"伟大的贝尔佐尼"，这一称号保证了他在接下来的八年时间里在英国的所有地方都能签到演出合同。这段时期他的旅行癖好最为强烈，他在舞台上学到了举重，杠杆和滚杠的使用，平衡技术，以及众所周知的"水力技术"（舞台上用水表演节目）等工作知识，这些都是对盗墓者有用的技能。

大约在这个时候，贝尔佐尼认识并娶了他的妻子萨拉。我们对她知之甚少，只知道她在大约20岁时遇见了她未来的丈夫。很多人描述她出生于英国或者爱尔兰。他们在这段婚姻期间没有生育孩子，这是贝尔佐尼长期在欧洲以及后来在埃及旅行所导致的。在贝尔佐尼夫妻二十多年的婚姻期间，他们从未有过固定的家或牢固的家庭纽带。然而，这段婚姻显然是幸福的，尽管如果丈夫的活动使她感到厌烦，萨拉会毫不犹豫地独自离开，或者自己留下来。她极其平静地忍受着不安、困苦和长期的分离。从她在贝尔佐尼传记中的"只言片语"中可以看出，她是一个善于观察、精明能干的女人，非常具有幽默感，受到土耳其人和埃及人的尊敬。萨拉比贝尔佐尼多活了将近50年，最后于1870年在英吉利海峡群岛默默地、有尊严地死去，这时她早已被公众所遗忘。

在他新婚妻子的陪同下，贝尔佐尼在马戏团和游乐场上成了一个人们熟悉的面孔，他在苏格兰、爱尔兰、伦敦和各省的各种娱乐场所进行表演。贝尔佐尼一行人在不列颠群岛四处游荡，被拿破仑的远征军和对外国游客的严格限制所困。但在 1812 年，威灵顿解放了西班牙南部港口，包括马德里，而贝尔佐尼则前往海外探险。他旅行期间的记录被保存了下来，记录表明陪同他的是忠实的爱尔兰仆人詹姆斯·柯廷而不是萨拉。

两人访问了里斯本（在那里贝尔佐尼可能曾在圣卡洛斯剧院演出）、直布罗陀和马拉加，然后返回英国，正好赶上在牛津受到广泛宣传的一系列演出，这是贝尔佐尼在英格兰最后一次有记载的商业演出。1813年 2 月 22 日星期一，贝尔佐尼在牛津圣奥尔德茨蓝野猪酒馆第一场演出的宣传单为我们提供了令人印象深刻的演出节目单。一场魔术之后，贝尔佐尼进行了音乐玻璃杯的表演。这位"法国大力神"展示了"几个非常好看的姿势，这些姿势来自最受景仰的、将风度和表现力与肌肉力量结合起来的古代雕塑"。节目的最后是名为"阿格莱斯科皮乌斯"的"展示盛大而绝妙的光学错觉"表演。[5]

在离开英国之前，贝尔佐尼拜访了查尔斯·迪布丁，并告诉他自己回来为葡萄牙的剧院招募演员。我们无法得知他是否带着演员去了里斯本，但在 1813 年年中，贝尔佐尼一家和詹姆斯·柯廷是在里斯本和马德里度过的。贝尔佐尼一行人在各个中心演出后，前往西西里岛，我们发现，1814 年 11 月间，他们在那里曾与帕多瓦的家人互通信件。

贝尔佐尼并没有途经他的家乡。他的旅行癖好使他转向君士坦丁堡，这是西方世界最受欢迎的娱乐中心之一。土耳其苏丹一直在举行广受欢迎的盛大节日，通常会持续数周。魔术师、摔跤手、杂技演员和杂耍演员的需求一直在增长。来自博洛尼亚(一个离贝尔佐尼的家乡很近的城镇)的意大利人设计了烟花表演和灯光表演,所以他可能与官廷建立了联系。他还知道苏丹在娱乐和表演中大量使用外国艺人。贝尔佐尼一行人没有返回意大利,而是在前往土耳其首都的悠闲之旅的途中来到了马耳他。他们在瓦莱塔住了将近六个月,在客居他乡和表演的持续压力下忙中偷闲。正是在这里,贝尔佐尼有机会遇到了帕夏穆罕默德·阿里的代理人伊斯梅尔·直布罗陀船长,这件事改变了他的生活。

穆罕默德·阿里30年的统治引起了巨大的变化,其中很多变化并不持久,因为它们最终的成功依赖于阿里本人的强权。他自己也把埃及称为"完全野蛮的"地方。他建议欧洲来的游客不要期望这里像家里一样舒适和稳定。政府的大部分权力都掌握在土耳其人手中,但官员开支的控制权却被穆罕默德·阿里牢牢把握。他命令自己信任的大臣亚美尼亚人博戈·贝实施欧洲式的预算机制,包括详细的账目和公开审计系统,这成功地使阿里政府远离欧洲放债人的控制,虽然还有很多腐败问题。[6]这位帕夏还向欧洲寻求关于农业、工业和经济发展的专家意见。

不幸的是,他的雄心勃勃的计划大部分都失败了。法国工程师利南·德·贝勒丰设计了一个横跨尼罗河的拦河坝,按计划这座拦河坝应该可以让三角洲得到完全的灌溉,即便在泛滥不充分的年份也是如此。[7]但是完工后,水却从不完善的地基下渗了出来。这位帕夏在棉纺厂、制革厂和其他商业项目中投入了巨额资金。精心设计的工厂倒闭了。机器被人忽视,从不上油,管理也很凌乱。农民们不习惯工厂工作的单调和规律性,很快就应召入伍。尽管如此,阿里在欧洲专家的帮助下改变了埃及人生活的很多方面,这些专家有的是真的,另一些则是纯粹的离经叛道者，或者是投机取巧的社会渣滓。

帕夏招募专家主要是通过偶然的际遇，或者通过大量海外代理人的帮助。伊斯梅尔·直布罗陀——一位船长，就是这样一个代理人，他被雇用来寻找工程师和工业专家，以引进新的产品和农业生产方法，来取代那些仍在使用的、从法老时代以来几乎没有改变的产品和方法。

直布罗陀船长遇到贝尔佐尼的时候，这个大力士正在考虑他的各种才能在相对和平的马耳他的商业价值。贝尔佐尼和直布罗陀很快就成了好朋友，这段友谊很快让这个意大利人谈到了他新设计的水车的想法，这或许将彻底改变埃及的经济。新的水车只需一头公牛来驱动，设计简单、坚固，制造成本低廉。

直布罗陀对贝尔佐尼的热情和明显的专长印象深刻，他安排他来到开罗，为帕夏建造一个样机。不久之后，1815 年 5 月 19 日，贝尔佐尼、萨拉和詹姆斯·柯廷乘船前往亚历山大港，三个星期后他们到达了那里，却听到瘟疫在城里肆虐的消息。[8] 不久，贝尔佐尼一行人停船上岸，小心翼翼地跨过垃圾堆，穿过狭窄的街道。他们在一所法国人的房子里找到了住处，在隔离期里，他们与该镇其他地方隔离开来，当时，这是唯一有效的预防瘟疫的措施。

贝尔佐尼等人初到埃及并不顺利。他们一开始就得了胃病，只好小心翼翼地向其他房客隐瞒，担心会引起恐慌，因为最近几天有几个欧洲人死于瘟疫。乔万尼和萨拉被隔离在房子里，在讨厌的邻居的陪伴下受苦受难。6 月底疫情缓解，贝尔佐尼得以在城里四处走动。他拜访了当时在亚历山大港的英国和法国领事，他们很感兴趣地接待了他。英国代表欧内斯特·米塞特上校因健康问题而致残，即将退休。显然，他对贝尔佐尼的兴趣不如前法国副领事贝尔纳迪诺·德罗韦蒂，德罗韦蒂本人出生于意大利，曾向来访者提供了大量帮助。

　　德罗韦蒂为贝尔佐尼写了几封推荐信给开罗能帮上忙的人士，似乎对这位意大利人的水力设计很感兴趣。有人怀疑他的动机一定程度上是出于政治目的，因为他已经知道英国人计划送给帕夏一台蒸汽机和抽水机，这个礼物在一名机械师的陪同下，差不多和贝尔佐尼同时到达亚历山大港。贝尔佐尼一定也参观了德罗韦蒂的一些古董，亲耳倾听了考古发现的激动人心和丰厚收益。

　　米塞特上校的住所是来埃及的旅行者重要的集合地，即便在瘟疫时期也是如此。当贝尔佐尼拜访这位领事时，他被介绍给了威廉·特纳——一位年轻的绅士外交官，正在进行悠闲的近东之旅。[9]这位有魅力而又聪明的年轻旅行者立刻喜欢上了贝尔佐尼等人，约定一同到开罗旅行，他们组团雇了一艘船载他们游览尼罗河。

　　对于新来的人来说，这次旅行是一次迷人的经历，他们在罗塞塔穿越尼罗河河口的沙洲，然后穿越郁郁葱葱的三角洲地区，花费了五天的时间。在经历了亚历山大港的炎热和尘土飞扬之后，生机勃勃的罗塞塔绿洲和缓慢流动的尼罗河成了给人们的启示，因为游客们能够观察到，尼罗河沿岸的生活方式几个世纪以来都没有改变。第五天早晨，他们的小船来到开罗的主要港口布拉克。特纳住在一个修道院里，而贝尔佐尼等人则在帕夏的大臣博戈·贝为他们提供的宅子里住了下来。

　　开罗对于那些习惯了平坦单调的尼罗河三角洲的游客来说，它的风景给人留下深刻印象。很多清真寺的圆顶和尖塔从万家烟火形成的烟幕中升起。这座城市是一座繁华的国际大都市，离尼罗河岸不远，在穆卡塔姆群山脚下。河边有棕榈树和耕地。吉萨金字塔耸立在远处的天际。一千多年来，一座有着雄伟的城墙和堡垒的城市在这里繁荣昌盛。威廉·特纳估计，这个繁忙城市的街道和集市上，至少有25万人居住，在君士坦丁堡之后，它可能是近东最具影响力的政治和经济中心。

这个庞大的商业中心是贯穿北非和近东的长途商队路线的终点站。商队可以到达廷巴克图、尼日尔河、大马士革、阿勒颇、印度，甚至远东。没有人愿意独自穿越恶劣的沙漠地区，那里长期的干旱、四处劫掠的匪徒和横流的政治阴谋可以使商队滞留长达几周甚至几年的时间。成千上万的商人和他们的家人一生都在遥远的地方奔波，寻找商业机会，用各种各样的商品交换其他实物形式的产品。开罗的集市靠商队贸易兴旺发达。棉花、亚麻、谷物以及近东工匠制作的无数种有用和无用的产品沿着商队路线经过，以换取来自非洲和亚洲的原材料和外来物品：奴隶、黄金、象牙、食盐、香料、犀牛角（一种著名的春药）、鸵鸟蛋壳、精美的衣服和瓷器。

这座城市是一个由狭窄的街道和破旧的房屋组成的迷宫。小商小贩挤满了小街小巷，吹嘘着他们的商品。小商店里住着开罗赖以闻名的很多工匠；金匠和银匠住在城市的一个区域，而陶匠和皮匠也有自己的街道。在开罗，人们可以买到或体验到任何东西——只要肯花钱。晚上，城市会安静一些。很多街道都会被木门堵住。政府当局每天晚上都把中心城区的大门锁上。巨大的清真寺是城市的主要建筑，其中爱资哈尔清真寺是一千多年来伊斯兰世界主要的学术中心，还有9世纪由伊本·图伦建造的最古老的清真寺。[10]

　　古埃及无名的工匠为金字塔和神庙制作了巨大的花岗岩石块。伊斯兰承包商则努力挖走这些便利而优质的石材，去为开罗建造更雄伟的建筑和清真寺。除了以斯比基亚广场及其花园——每年8月尼罗河泛滥时还会被淹没——几乎没有大片的空地。开罗的大部分地区都有破破烂烂的贫民区。新的棚户和茅屋叠加在旧棚屋的废墟上。成堆的垃圾散布在街道上和庭院里，这里有无数在其中觅食的动物。

　　除了一些领事代表、一些拿破仑占领后留下来的法国商人，以及一小部分政府顾问和旅行者外，很少有欧洲人住在开罗。坚固的木门将欧洲人居住的区域与该市其他地区分离开来，在瘟疫、暴乱或政治敌对时期会将这些住宅区隔离。游客可以在欧洲人居住区暂住，如果没有地方的话，可以在开罗城西北部的主要港口布拉克居住。帕夏和其他富有的开罗人在这片城区建造了豪华的、带有凉爽的花园的避暑宫殿。而法国的占领区几乎没有留下什么。拿破仑所规划的林荫大道和雄伟的建筑都已不复存在。面积狭小的法国社区保留了法国在这座城市的一些利益，在快速流动的贸易、持续的政局动荡和阴谋诡计所构成的腐朽的温室氛围中，这座城市继续蓬勃发展。任何一个对伊斯兰世界有兴趣的人都无法抗拒开罗的俗气魅力。

　　贝尔佐尼一家在布拉克下船，暂住在博戈·贝分配给他们的房子里。他并没有慷慨到提供华丽的住所。他们在开罗的第一个住所并不令人满意。窗户用木板封着，前门没有锁，屋顶随时有坍塌的危险。萨拉把他们的床单和床垫铺在一个受损程度最小、最干净的房间的地板上。他们坐在地板上吃了顿饭，然后等候着帕夏的接见。

博戈·贝安排了一周后的会面，但这次会面并未实现。贝尔佐尼正骑马前往帕夏的城堡，这时一个骑在马上的骂骂咧咧的土耳其士兵用锋利的木棍刺向他的右腿，这个士兵因为受命学习欧洲的训练方式而迁怒于外国人。这次袭击刺掉了"一块三角形的肉，2英寸深，相当宽"。他腿上的这个伤口使他躺了几个星期。当会面最终实现时，贝尔佐尼受到了客气的接待。他描述了自己的发明，并着手建造一个模型，"用一头牛扬起的水，和用四头牛的机器扬起的一样多"。"穆罕默德·阿里对我的建议非常满意，"贝尔佐尼写道，"因为这将节省全国数千头牛的劳力和费用。"[11]

样机的制造时间比预期的要长。开罗的土耳其士兵叛变并试图攻占城堡。他们被卫兵打退，开始了抢劫和破坏的暴行。贝尔佐尼在叛变最严重的时候轻率地进入了这座城市，当他试图返回布拉克去找萨拉时，他所有的钱和护照都被抢走了。帕夏在城堡里待了一个多月，直到叛乱在欧洲军事演习的影响下得到平息。最终事态平静下来，生活恢复正常。贝尔佐尼夫妇搬进了位于舒卜拉的帕夏官殿附近的一个小房子里，当时这是一个高档的近郊住宅区，现在是城市最拥挤的地区之一。他们靠政府提供的少量津贴维持生活。扬水车计划安装在附近的帕夏花园里。

与此同时，他们的朋友威廉·特纳正忙着在开罗拜访要人，并安排各种各样城里城外的游览活动，其中包括参观金字塔。贝尔佐尼参加了这次聚会，借着月光骑着驴子出城前往吉萨。日出后不久，游客们站在了胡夫大金字塔寒冷的尖顶上，欣赏开罗的美景和延展在他们脚下的尼罗河。早餐后，他们探索了金字塔的内部，在胡夫的墓室里开枪射击，这是一种震耳欲聋的消遣，一定让他们感到了极度不适。贝尔佐尼似乎没有表现出比普通游客对金字塔的好奇心更多的东西。

购买扬水车的材料和零件导致的拖延让贝尔佐尼有了很多闲暇时间。贝尔佐尼夫妇有时间和特纳一起进行另一次远足，这次是去萨卡拉，在那里可以看到更多的金字塔和著名的"木乃伊坑"。尼罗河正处在泛滥期，所以他们乘船穿越被洪水淹没的田野。在露天过夜后，他们骑上驴子前往著名的梯级金字塔，这座金字塔是为法老佐塞（公元前2668—前2649年）建造的，当然，这些游客们并不知道这一点。他们爬到金字塔的顶部，然后在金字塔的影子下吃了早餐。不过他们决定不再去参观木乃伊坑，因为当地人告诉他们需要准备梯子和灯笼。其中一个仆人被派去找一具朱鹭的木乃伊。半小时后，他带着一个用泥塞密封的细长罐子回来了。他向他们保证，这是一件真正的古董，里面装着一只做成木乃伊的鸟。这些欧洲人嘲笑他，于是这个愤怒的阿拉伯人把罐子摔到地上，从破罐子里捡起了一小包腐烂的木乃伊裹尸布，这确实是一只做成木乃伊的鸟的尸体。这些罐子通常是空的，作为真正的古董卖给容易上当受骗的游客。

这些观光旅程只不过是贝尔佐尼疯狂努力为帕夏制造样机的间歇。他在各个方面都被耽搁了。帕夏的总工程师病了，没有优质木材可用，也没有办妥施工许可证。贝尔佐尼的计划遭到了很多官僚的暗中反对，他们强烈反对帕夏所提出的很多改革，而帕夏很重视西方的经商方式。

到1816年年中，贝尔佐尼的扬水车终于完成，"建立在带有行走轮的起重机的原理上，一头牛单靠自身的重量，就可以起到这个国家所使用的机器中的四头牛的作用"[12]。贝尔佐尼在帕夏和"几位水力学的行家"面前演示了他的发明。这次演示在宫殿花园里进行，他的原型机器与六台萨奎亚水车并排，萨奎亚是尼罗河沿岸数千年来使用的传统水车。贝尔佐尼把一头牛赶到他的踏车滚筒上。水从帕夏花园的灌溉渠中奔涌而出。六台萨奎亚水车的主人疯狂地鞭打着公牛，试图赶上贝尔佐尼水车里涌出的水流量。

资料来源：这张照片由著名的南极摄影师弗兰克·赫尔利（Frank Hurley）拍摄于1938年至1945年间。经澳大利亚堪培拉国家图书馆许可使用。

图 5.2　萨奎亚水车——由一头公牛驱动的传统尼罗河水车

　　帕夏被深深打动，与他的顾问商议之后，宣布贝尔佐尼的机器和四台萨奎亚一样好。但是他的顾问们感觉到人力和收益减少，因此对又一项欧洲发明的高效率不以为然，帕夏也犹豫不决了。他觉得如果被认为

是为了节省人力或畜力的话，他会丢脸的。为了拖延时间，他问如果用
人代替踏车里的牛会发生什么。一群兴奋的阿拉伯人跳上了踏车的轮
子，贝尔佐尼的年轻仆人詹姆斯·柯廷也加入了进来。轮子欢快地转动
着，河水涌出来，直到这些阿拉伯人突然跳了出来，留下柯廷独自一人
作为大量水流的平衡物。他被甩出了轮子，摔断了一条腿。出了这样的
事情，贝尔佐尼的机器注定要失败。阿里的土耳其崇拜者松了一口气。
任何一个头脑清醒的帕夏都不会采用像这种可怕的新机器一样致命的汲
水机。贝尔佐尼成为一名水力工程师的希望和抱负在几分钟内就在他的
面前土崩瓦解了。

第 5 至 10 章深入阅读指南

　　关于乔万尼·贝尔佐尼的文学作品铺天盖地，在游记中提到他的工作
的旅行者也非常多。在写这本书的时候，我主要参考了他自己的《埃及和
努比亚的金字塔、神庙、坟墓中的文物搜寻、最新发现和考古发掘的故事》
(*Narrative of the Operations and Recent Discoveries Within the Pyramids*,
Temples, *Tombs*, *and Excavations*, *in Egypt and Nubia*, London: John
Murray, 1820)。贝尔佐尼的书文辞冗长，存有私心，风格粗陋。但它有生
动活泼的特点，读起来让人觉得津津有味，这促使我把它当作一个主要的
来源，并且加以批判性的利用。所有写关于贝尔佐尼的著述的人都会非常
依赖斯坦利·梅斯最近再版的权威传记《伟大的贝尔佐尼》(Stanley
Mayes, *The Great Belzoni*, New York: Palgrave Macmillan, 2003)。这是一
项全面的研究，涉及关于贝尔佐尼的原始资料的广泛研究(非常罕见)。我发
现它是了解背景知识和参考资料的宝贵来源，也是关于这个复杂人物的可
靠指南。它包含了一个非常有用的关于大英博物馆贝尔佐尼发现物的附

录，在它的帮助下，我在埃及陈列馆度过了一个迷人的下午。莫里斯·威尔森·迪舍的《法老的傻瓜》（Maurice Willson Disher, *Pharaoh's Fool*, London：Heinemann, 1957)集中讲述了贝尔佐尼戏剧表演方面的壮举，而科林·克莱尔的《大力士埃及学家》（Colin Clair, *Strong Man Egyptologist*, London：Oldbourne, 1957)则是一部小部头的传记。

注释

1　Mayes, op. cit.(2003), 19.

2　Ibid., 42.

3　引自约翰·托马斯·史密斯：《雨天之书》（John Thomas Smith, *A Book for a Rainy Day*, 1803；reprint, London：Bentley, 1861, 63)。也可参考 Mayes, op. cit.(2003), 51。

4　*Gentleman's Magazine*(1821)；Mayes, op. cit.(2003), 56.

5　Mayes, op. cit.(2003), 70.

6　优素福·博戈·贝（Youssef Boghos Bey, 1768—1844 年)是亚美尼亚人后裔，是阿里最信任的仆人和顾问。他实际上控制了整个埃及的挖掘许可证的发放。

7　路易·莫里斯·阿道夫·利南·德·贝勒丰（Louis Maurice Adolphe Linant de Bellefonds, 1799—1883 年)是一位法国地理学家和工程师，他最初的职业是海上勘探员，后来在近东旅行。他为文物收藏家威廉·班克斯(William Bankes)制作了很多图纸以及埃及地图，后面的内容我们将对他进行描述。后来，他积极参与了苏伊士运河的规划。

8　黑死病一直是埃及的常客，直到1844年，这种疾病神秘地消失了。从印度传入的霍乱在19世纪晚期成为十分棘手的问题。唯一已知的保护措施是将自己隔离在室内，或者对返回欧洲的旅行者实行隔离。

9　威廉·特纳(1792—1867 年)在埃及四处旅行，后来成为一名外交官，担任英国驻哥伦比亚特使。他的《黎凡特之旅日志》（*Journals of a Tour of the Levant*)三卷本于1820年出版。

10　伊本·图伦清真寺是伊拉克人艾哈迈德·伊本·图伦在公元876—879年建造的，在短时期内曾是该市的焦点。这座清真寺以其庄严简朴和优雅的粉刷而闻名。关于开罗，参见安德烈·雷蒙德的《开罗》（André Raymond，*Cairo*，Cambridge：Harvard University Press，2002）。

11 这一段引用的内容出自 Belzoni, op. cit.(1820)，7—8。外国游客在开罗（当然也包括在开罗以外）旅行时，为了安全起见，通常穿土耳其服装，就像贝尔佐尼后来做的那样。

12 Ibid., 22.

第 6 章　年轻的门农

在岩壁上四座雕像的中间，是鹰头形象的奥西里斯，头上顶着一个圆球；我推测，在这下面，如果能清除掉沙子，我们就能发现一个巨大的神庙，上面巨大的雕像可能是入口处的装饰物。

——约翰·路德维希·布克哈特：《M.布克哈特的埃及和努比亚之旅》，关于阿布·辛贝尔神庙的描写

贝尔佐尼的演示失败了，这时英国新任总领事亨利·索尔特刚抵达开罗。索尔特随身带着他的行李，里面有汉密尔顿给他的外交部关于古董的备忘录，他急于找到一块新的罗塞塔石碑。当他到达布拉克时，瘟疫已经笼罩开罗。他不得不暂住在贝尔佐尼等人一年前临时居住的那幢破败的房子里。在那里，他遇到了谢赫·易卜拉欣——一个身材高大、过早衰老的男人，外表和行为都像阿拉伯人，不过他实际上是一个瑞士人，名叫约翰·路德维希·布克哈特（1784—1817 年）。

布克哈特是一位杰出的学者，一位对旅行充满热情的语言学家和化学家。布克哈特的家在拿破仑战争中遭到破坏，之后他移民到英国，在剑桥学习阿拉伯语。

随后，他会见了新成立的非洲协会主席约瑟夫·班克斯爵士，并提出要探索尼日尔河的源头，当时这是一个在地理学上有争议的问题。协会给了他一笔非常可观的津贴，并同意他可以在叙利亚待两年，完善他的阿拉伯语，然后乘大篷车前往中非。布克哈特很快使自己沉浸在阿拉伯生活中，变得非常精通阿拉伯语和《古兰经》，以至于伊斯兰学者称他是伊斯兰法的权威。1812年，他来到开罗，取名为谢赫·易卜拉欣·伊本·阿卜杜拉。他的目标大约是要随同商队一起穿越撒哈拉到费赞和西非。由于很难找到商队，他沿着尼罗河朝上游一直到达努比亚腹地的东戈拉，然后顺便到红海旅行。这时候，他是如此接近麦加，以至于看起来他像是在进行朝圣之旅，前去访问先知在麦地那的坟墓。布克哈特大约和特纳以及贝尔佐尼等人同时回到开罗。

这个消瘦疲惫的旅行者对伊斯兰教和尼罗河有着非常多的了解。他留存下来的信件和笔记后来被改编成精美绝伦的书籍，揭示出他是一个事无巨细的优秀观察者，一个完全被伊斯兰世界包装起来的人。他是第一个到宏伟的阿布-辛贝尔神庙参观的欧洲人，这些神庙位于古埃及努比亚地区尼罗河第二瀑布下游。

布克哈特一开始并不认为阿布-辛贝尔神庙有多了不起，因为他是从上面来到的建筑正面，从神庙上方的悬崖往下看。只有当他向上游方向走一段距离后，他才看到四座巨大雕像中的一座，它们构成了拉美西斯二世最大的神庙的正面。这些雕像几乎完全埋在沙子里，所以他只能猜测下面是什么。"如果能清除掉沙子，我们就能发现一个巨大的神庙。"他预测说。他对一个露在外面的头像印象深刻，他写道，它有"一张表情非常丰富、年轻的面孔，比我见过的任何古埃及雕像都更接近于希腊的美丽典范"[1]。

布克哈特的旅行和观察使他成为一个有吸引力和洞察力的旅伴，贝尔佐尼似乎一直在努力培养和他的友谊。他是从布克哈特那里听说了阿布-辛贝尔神庙和埋在沙子中的巨大雕像。这位瑞士旅行者还提到了另一个有趣的发现。在底比斯附近逗留的几天时间里，布克哈特遇到了一个巨大的花岗岩头像，非常美丽，游客们称之为"年轻的门农"，它被遗弃在尼罗河西岸的拉美西斯陵庙里。这座头像——实际上刻画的是拉美西斯二世——为文物收藏者所熟知，因为外交官威廉·汉密尔顿在一本权威但极其乏味的埃及考古学著作中把它描述为尼罗河沿岸最美丽的埃及雕塑。法国人也很欣赏它的价值，并且试图把它运走，但是，尽管拥有军队的所有资源的支持，他们仍然没有成功。

布克哈特从当地人那里听说了法国人的努力，他甚至想要自己把头像运走。回到开罗，他建议帕夏把头像作为礼物送给英国的摄政王，但穆罕默德·阿里却对这个想法嗤之以鼻。他问道，什么样的君主会只想要一块石头？

与此同时，贝尔佐尼的财务状况濒于崩溃。然后他想起了门农巨像，并且去见了布克哈特。这位旅行家表示支持，但肯定没有支付雕像运往英国的费用。然而亨利·索尔特则更加积极。考虑到他在伦敦的上司对文物的贪婪，贝尔佐尼对于外交官来说就是一个天赐之物。他立刻从帕夏那里办理了搬运雕像所必需的许可，并给了贝尔佐尼一封指示信，要他负责把头像运到尼罗河上。这位领事指示他"在布拉克准备必要的工具，以便搬运'年轻的门农'雕像的头部，把它运送到尼罗河上"。这封信给出了关于招募劳工和船员的指示、关于经费支出的信息以及如何辨认头像的具体指导。"千万不要把它和附近的另一座残缺不全的头像弄混。"信中提醒道。[2]

贝尔佐尼开始了全力以赴的准备工作，雇了一艘船，在布拉克和开罗寻觅合适的起重设备。他能得到的只有几根柱子和一些棕榈纤维绳。显然，他只能在当地临时制作。1816 年 6 月 30 日，贝尔佐尼等人乘船前往底比斯，由詹姆斯·柯廷和一名科普特翻译陪同。

这是贝尔佐尼第一次到开罗上游很远的地方，所以他不时地停下来参观经过的一些地点。一行人花了六天时间到达曼费卢特，在那里他们遇到了帕夏的儿子易卜拉欣，他正在去往开罗的路上。德罗韦蒂与易卜拉欣同行，带着他在底比斯附近收集的文物。德罗韦蒂表面上热情地欢迎贝尔佐尼，尽管他听说后者正前往上游去搬运那座巨大的头像。他提醒说，底比斯的阿拉伯人拒绝工作。而且，有人推测，他还向贝尔佐尼展示了一个漂亮的花岗岩石棺盖，然而，石棺仍然牢牢地嵌在底比斯附近的一个岩凿墓穴中，所有挪开它的努力都失败了。

在离上游不远的阿西尤特——一个"以制造太监而闻名"的小镇，贝尔佐尼拜访了当地的长官并出示了他的证件，但他在获得船只、材料和木匠方面遇到了很大的困难。地方官找了很多借口——那块石头没有用处，雇佣工人的许可不予批准。然后这位地方官变得更加露骨了。"他明确地劝告我不要插手这件事情，因为我会遇到很多不愉快的事情，并且会遇到很多障碍。"[3]显然，德罗韦蒂在作祟，希望为自己留住那座头像。但可惜的是，他低估了贝尔佐尼的决心。在翻译的帮助下，他雇到了一名希腊木匠。

7 月 18 日，他们来到丹德拉，停下来欣赏德农所描绘的宏伟的哈托

掠夺尼罗河

尔神庙。他们观察了神庙顶棚上著名的公元 1 世纪的圆形十二宫，它展示了埃及人和希腊人所了解的天空。神庙屋顶上有一个废弃的村庄。当地人似乎对这座神庙不怎么尊重，只是把它当作洪水水位以上的一个居住的地方。

四天后探险队到达底比斯。贝尔佐尼惊奇地在卡尔纳克和卢克索神庙的遗址中漫步。关于神庙和雕像，他热情地谈论道："在我看来，这就像进入了一座巨人之城，在长期的战争之后，他们都被摧毁了，留下了他们以前神庙的废墟，作为他们过去存在过的仅有的证据。"4

贝尔佐尼很快越过尼罗河到达西岸，检查拉美西斯二世陵庙里"年轻的门农"的头像，这是他探险的目的。"我在它的身体和椅座旁边发现了它，它的脸朝上，很显然在朝我微笑，应该是想到要被带到英国了罢。"他写道。5贝尔佐尼对它的美丽有非常深刻的印象，但体积则不然，它比他想象的要小。即便如此，他仍面临着一项艰巨的任务。他所拥有的只有 14 根柱子、4 根棕榈绳和 4 根滚杠。他没有设备，也不能在缺乏树木的环境中获得更多的木材。这项任务对于任何人来说都几乎是不可能的，除了这位从事过剧场工作的大力士。几个小时之内，探险队就有了一个营地：一个小而舒适的石屋，用神庙中散落的岩石建造而成。当他的木匠用从开罗带来的八根柱子制作简陋的车子的时候，贝尔佐尼检查了尼罗河河水的水位，河水将在一个月内漫过神庙的边缘。除非在泛滥季之前把头像拖到河岸上，否则它将不得不在原地再待一年。任何延误都将是灾难性的，因为贝尔佐尼很清楚其他人都对这个"战利品"虎视眈眈。

他开始招募 80 名工人，很快发现德罗韦蒂的恶劣影响在作怪。当地的土耳其官员客气地接待了贝尔佐尼，甚至可以说非常热情，但远没有起到帮助的作用。他说当地的农民都在田里忙，这根本不是真的。贝尔佐尼看到很多人在村庄里闲逛。他还说，这时正值斋月，贝尔佐尼应该等到洪水过去之后。他补充说，无论如何，当地人宁愿挨饿也不愿承担如此艰巨的任务。贝尔佐尼坚持着，坚持按照许可文件里的指示去做。这位酋长不情愿地答应次日去找人，贝尔佐尼才满意地离开了。但在 7 月 27 日正式开始工作之前，他还需要经历很多令人沮丧的日子和贿赂行为。

贝尔佐尼没有浪费时间。他在剧场工作的几年中就知道杠杆的威力，他只是在雕像的边缘下放了四根长木棍，用几十个人一起的重量来撬起头像的重量。当杠杆把门农巨像抬得更高的时候，贝尔佐尼敏捷地把木车滑到了下面。这些人本来坚信头像永远不会移动，当杠杆撬起它时，他们大声惊叫。"虽然这是他们自己努力的结果，但他们说这是魔鬼干的；当他们看到我做笔记时，他们断定这是靠魔法完成的。"贝尔佐尼欣慰地谈论道。[6] 接下来，他再次使用杠杆来翘起木车的两头，这样他就可以把滚杠放在下面。到一天结束时，门农巨像已经向尼罗河移动了一段距离。当大多数工人拖拉绳子时，其他人则把滚杠从后头挪到前头，以保持车子的移动。

第二天，头像就被移出了神庙，不过贝尔佐尼不得不破坏了两根柱子的柱基，才把它运出来。尽管酷热难耐，但在接下来的两天里，这些人将门农巨像移动了超过 180 米。之后的地面变得多沙，头像陷入土里，所以他们不得不多绕行了 275 米。

一切进展顺利，直到 8 月 5 日，车子到达了一个低洼的漫滩区域，

资料来源：取自乔万尼·贝尔佐尼的水彩画。

图6.1　成功搬运"年轻的门农"的过程

这里将在几天之内被尼罗河淹没。没有时间可以浪费了。贝尔佐尼一大早就到了，但只找到了看守和木匠，却没有工人。酋长已经禁止工人再为基督徒工作。贝尔佐尼在底比斯怒气冲冲地与他对质，并得到了"粗鲁的回答"。他试图用耐心和善意的言辞来交流，但这仅仅使得这名官员更加傲慢，把贝尔佐尼的克制当作了软弱。当这个土耳其人拔出他的剑时，贝尔佐尼想起了他在开罗与愤怒的士兵接触的经历。在开罗，果断的行为得到了回报。"没有时间可以浪费了，我没有给他这么做的机会。我立刻抓住他，解除了他的武装，把手按在他的肚子上，把他牢牢地控制在房间的一角，至少在力量上，让他知道我的优势。"[7]震慑住这个家伙之后，贝尔佐尼告诉他，他会把他的行为报告给帕夏。在用武力平息地方官之前，还需要进一步的贿赂。第二天早上，头像又开始移动了。

　　五天后，贝尔佐尼终于写道："感谢上帝，年轻的门农终于到达尼罗河岸边。"他给工人们每人 6 便士的奖金，外加他们的工资，"他们非常高兴"。[8]

下一个需求是一艘船，但所有可用的内河船舶都是为帕夏服务的。于是，贝尔佐尼朝开罗写了一封信，要求索尔特派一艘来底比斯。与此同时，两名警卫被派往工地，装载头像的车子周围则建起了一个土堤。

贝尔佐尼这时把他充满活力的思想转向了德罗韦蒂介绍给他的石棺。它躺在库尔纳后山的一个墓穴里，库尔纳是一个以保存完好的木乃伊而闻名的墓地。在两名阿拉伯导游和翻译的陪同下，贝尔佐尼脱下大部分衣服，点上蜡烛，挤进了岩石中一个狭窄的洞穴里，这个洞穴深入山里很长一段距离。一行人经过一个迷宫般的墓道，直到贝尔佐尼完全迷路。他无意中发现了石棺，但向导们试图向他隐瞒将其取出来的最好方法，不过无济于事。

贝尔佐尼派人去清理通往石棺的通道，但三天后才发现，当地的酋长把他的工人"像小偷一样囚禁起来"。德罗韦蒂的代理人从亚历山大港赶来，对贝尔佐尼的成功和决心感到震惊。酋长告诉贝尔佐尼盖子已经卖给了德罗韦蒂，事情就这样结束了。"我假装对这件事和被他投入监狱的阿拉伯人毫不关心。"他写道。[9]为了拖延时间，他答应给开罗写信告知这件事情，并把注意力转移到其他地方。

为了打发时间，贝尔佐尼决定往上游走，既出于好奇，也为了购买更多的古董。他的船可以去他希望去的任何地方，而不需要付出更多的费用。"年轻的门农"被困在尼罗河岸边，石棺的问题还没有解决，底

掠夺尼罗河

比斯已经被充分开发，而且容易引起高度怀疑，似乎去看一看它的上游有些什么，才是合乎逻辑的。

从底比斯向上游到第一瀑布的航行通常是平淡无奇的。旅行者穿过精耕细作的农村，其中小的村庄聚集在地势较高的地方，以便于避开每年8月的洪水。对于贝尔佐尼一行人来说，这条河的每一个弯道都是一次新的冒险，在小城镇和村庄的夜间停留使他们活跃起来，在那里他们拜访当地的酋长或者在船上招待他们。

考姆-翁布、阿斯旺和大象岛是尼罗河旅行中令人愉快的插曲，旅行者们在那里参观了神庙和科普特小教堂。贝尔佐尼对大象岛感到失望。大象岛上有尼罗河水位测量标尺和创世神克努姆的神庙，他读过早先的旅行者写的关于它的热切的描述。也许他的失望是因为渡船的危险。9个人——其中一个是大块头的贝尔佐尼——把自己塞进一艘只有3米长、1.5米宽的草席和棕榈纤维做成的船里。他说："即便是新的，它也就值12比索或者6先令。"10

尼罗河第一瀑布打破了在阿斯旺这个地方的河流的宁静。贝尔佐尼想要租一艘船把他带到上游的菲莱岛和努比亚。当地的长官犯了一个错误，他试图与这个意大利人讨价还价，在这个意大利人的坚持下，这位官员最终让他以当地的价格租到了一艘船。最后约定的到第二瀑布的返程费用是20比索，比地方官最初120比索的要价要低很多。

1816年8月27日，他们到达菲莱。贝尔佐尼回忆说："早在太阳升起之前，我就站在船尾，等待阳光揭示那优美的风景——美丽的菲莱岛。""当我看到它时，它超越了想象中的一切。"风平浪静，所以他们停下来进行了最简短的游览，决定在向下游航行的返程时，再回来进行更从容的参观。但他确实在靠近水面的地方发现了"一块长约 22 英尺的花岗岩方尖碑",并悄悄地记下它,以备日后运走。[11]

在第一瀑布的上游,贝尔佐尼等人发现,自己所在的地方,帕夏的权威已经鞭长莫及。他们离开菲莱的第二天,船员们上岸时,一群当地人出现了。很快,用长矛武装起来的战士就把船围了起来。只有贝尔佐尼夫妇和他们的翻译在船上。他们都拿起手枪,贝尔佐尼打手势示意当地人不要靠近。"然后我走上前去,右手阻止了领头的人登船,同时左手握紧手枪。最后,我用手枪指着他,打手势告诉他,如果他不撤退,我就开枪打他。"[12]贝尔佐尼的果断行为再一次阻止了麻烦。

他们现在在一个不太知名的国家,贝尔佐尼依靠的是布克哈特给他的笔记。在卡拉布夏,他们检查了河边的大神庙。[13]一大群携带武器的当地人在他们转身离开的时候堵住了入口,向他们要钱。贝尔佐尼挺直身子,巍然而立,告诉他们他不会在胁迫下给他们钱,然后盯着他们的脸,不为所动地穿过人群。后来,他得以买到一些带有希腊铭文的墓碑。

离开卡拉布夏,他们到达下努比亚的首府德尔。这是一个以家族为单位形成的村庄,他们住在用泥土和石块建成的小屋里。在这里,哈桑·卡奇夫——三个统治努比亚地区的兄弟之一,对贝尔佐尼表示了极大的怀疑。他说,游客们不可能再冒险走得更远,因为上游的人们正在交战。幸运的是,贝尔佐尼在开罗询问过努比亚人的兴趣,发现他们最看重的是镜子和玻璃珠。因此,他灵机一动,带了一些镜子以防万一。

一面美观的镜子被庄严地呈献给哈桑。这份礼物换来了一份安全通行证,以破纪录的速度被寄给哈桑在上游的哥哥。"卡奇夫一点也不厌

掠夺尼罗河

倦欣赏他那张像熊一样的脸；他身后所有的侍从都争相窥视自己巧克力般的美颜。"贝尔佐尼嘲笑地说。[14] 两天后，探险队到达了阿布-辛贝尔，这是贝尔佐尼此行的真正目标。自从他了解到布克哈特三年前看到的巨大而美丽的雕像后，贝尔佐尼就计划去参观这些巨大的雕像，并发现它们背后的巨大神庙。

贝尔佐尼远远地仰望着壮观的雕带和六个巨大的人像，爬上陡峭的沙质斜坡，来到了一个地方，在那里鹰头神霍拉赫提的雕像从沙子中凸出来。他断定这是在神庙入口的门楣上。即使是贝尔佐尼也被这项工程的规模吓到了。他估算这扇门位于柔软的沙子表面以下 11 米处，沙子软到他留不下脚印。

经过对现场的快速勘察，贝尔佐尼等人在不远处的阿布-辛贝尔村登陆，在那里他们发现一群武装人员聚集在一些树下，其中包括当地的酋长达乌德·卡奇夫。达乌德是一个 50 岁左右的人，穿着浅蓝色的长袍，头上戴着白布头巾。村民们看到一个陌生人有些惊讶，粗鲁地向贝尔佐尼打招呼，询问他来做什么。当他解释说他是来寻找古代的石碑，并希望在村民们的帮助下打开这座被掩埋的神庙时，这位酋长不屑地笑了。他以前听过这样的谎话。几个月前，另一个欧洲人经过这里，掠走了大量黄金。贝尔佐尼并不是要这些石头，而是要从他们那里掠夺金子吧？这位意大利人耐心地解释说，他是对那些制作石碑的人感兴趣，并不是金子。此外，酋长问，金钱对他的人民有什么用？他们从来就不使用它们。贝尔佐尼毫不气馁，他给了一个旁观者 1 个比索，告诉他把它交给一位了解情况的船长，船长会给他一定量的玉米作为交换。当那人带着三天的口粮回来时，人们果然都被打动了。

资料来源：来自乔万尼·贝尔佐尼的水彩画。

图 6.2　阿布-辛贝尔："如果能清除掉沙子，我们就能发现一个巨大的神庙。"

酋长遇见了贝尔佐尼这个对手，他对讨价还价了如指掌。最终，这位意大利人达成了每人每天 2 个比索的协议。能达成这样的协议他很高兴，因为他得知至少有一个游客，贝尔纳迪诺·德罗韦蒂，留下了 300 个比索，作为打开庙门的费用——但这笔费用又被退回了，因为现金对人们没有用处。

在阿布-辛贝尔解决问题后，贝尔佐尼启程前往阿斯科特，这是向上游一天半的航程，目的是获得哈桑·卡奇夫的兄弟侯赛因·卡奇夫的准许。贝尔佐尼等人在第二瀑布正下游的岛屿上登陆，这里居住着一些贫穷的人，他们的全部家当只有一个烤炉和一个可以睡觉的垫子。在那

掠夺尼罗河

里，他们找到了两名向导，领他们到了瀑布的正上方。船被一股强劲的水流冲向岩石，探险队勉强逃过一劫。很快他们便上岸并爬上了一块很高的岩石，从那里可以看到壮观的急流。"石头的黑色、岛屿上树木的绿色，与白色的水泡混合在一起，形成了一幅难以描述的美丽画面。"贝尔佐尼写道。15

侯赛因·卡奇夫——一位70多岁的威严统治者，和一个凶猛的保镖在阿斯科特等待着他们。他详细地询问了贝尔佐尼，对他打开神庙的愿望并不感到惊讶，他显然认为这是不可能完成的任务。他表示许可，前提是他要分得全部宝藏的一半。贝尔佐尼欣然同意了，因为他推测——事实证明，他的推测是准确无误的——除了雕像他什么也找不到。

他急忙赶回阿布-辛贝尔，结果发现人们已经决定不想工作了。贝尔佐尼非常生气，他假装失去兴趣，离开了。酋长眼瞅着要丢掉一个极好的收入来源，就把他叫了回来。经过长时间的争论，双方同意第二天会有40个人去工作。但第二天还是没人露面，所以贝尔佐尼让酋长派士兵去围捕他们。最后，一群工人两人一组开始挖掘，用一端带有木横杆的长棍把沙子从神庙正面拖走。起初，工作进行得相当顺利，因为人们都在想着寻找宝藏。但速度很快就放慢下来。酋长外出向来访者敲诈他能敲诈到的每一个比索。贝尔佐尼只是通过贿赂这位令人厌烦的官员的弟弟就实现了目的，他的弟弟为满足工人的需求还安排了一些粮食奖励。

当工作继续进行时，贝尔佐尼在疑似神庙入口的上坡处放置了棕榈叶和小树做成的栅栏，这样新的沙子就不会流进挖掘的坑中。挖掘的第三天，来的人太多，以至于80个人的工作只能挣40个人的钱。一天结束时，酋长的弟弟拿走了所有人的工资。贝尔佐尼讽刺地说，他获得金钱的魔法似乎比自己的更有效。

还有其他偶发事件。当只有萨拉·贝尔佐尼和一个小女孩在船上时，两个工人试图抢劫船只。"他们对她相当无礼，"贝尔佐尼说，"最后，她拿出了一把手枪，他们立刻就退了下来，跑上山去。"辨认出罪犯的身份是不可能的，因为"他们工作时就像坐在沙子上的一块块巧克力"。[16]

这时贝尔佐尼夫妇的钱已经花光了。很明显，只能等下次探访才能继续清理神庙的入口。他们低估了将金钱引入当地经济对当地人的贪心所产生的巨大影响。工人们这时已经清理出了近8米的正面，以及门前两座巨大雕像中的一座。如果贝尔佐尼的计算没有错的话，至少还有4.5米的距离。他仔细地在那个地方做了记号，并从酋长那里得到承诺，在他几个月后回来之前，他不会让任何人碰这个地方。他并不是很相信这个人的话，而是把赌注押在当地人明显的懒惰上。

贝尔佐尼夫妇这时开始计划回家的路线，并向下游行进。这一次，他们可以在菲莱待上更长的时间，在岛上那些规模不大但美轮美奂的神庙里闲逛。乔万尼再次特别注意到一座小方尖碑："如果把它带到英国，它可以在某个特别的地方作为纪念碑，或是作为大都市的装饰。"这座赏心悦目的纪念碑长6.7米，底座宽0.7米，如果第一瀑布的水位高的话，可以很容易地用一艘大船运到开罗。贝尔佐尼派人去见阿斯旺地方的长官，让他同意，他是以在开罗的大英帝国总领事的名义占有方尖碑。[17]

　　　　　　　　　　　　　　　　　　　掠夺尼罗河

岛屿南端的一座小神庙里有一列 12 块精雕细琢的石头，可以拼凑起来显示"奥西里斯神坐在椅子上，面前有一座祭坛，接受祭司和女人的祭祀"[18]。这些石块有 76 厘米厚，体积太大，无法用贝尔佐尼的船装运。于是，他安排人把它们锯下来，以便日后装运，并把他的总部搬到阿斯旺，他在那里四处寻找另一艘船。

没有船可供使用，因为地方官把船都藏起来，以拖延城镇里的这些游客。就在贝尔佐尼准备租用骆驼的时候，这位官员把藏起来的一艘船以极高的价格租给了他。这是贝尔佐尼的手段没有成功的罕见事件之一。他别无选择，只能苦苦坚持，因为河水水位正在迅速下降，在洪水消退之前，"年轻的门农"必须被移走。

底比斯也没有船只，因为帕夏征用了大部分的船只。幸运的是，10 月 7 日，一艘大船出现，载着两名德罗韦蒂的代理人前往阿斯旺，贝尔佐尼得以雇用它作为返程之用。这两人把船停在细心守卫的门农头像附近，他们都很激动，嫉妒地看到法国侵略者还没有把头像运走，因为他们本来认为这不值得带走。

两位代理人和贝尔佐尼一起去了库尔纳，让当地人集合起来，在贝尔佐尼面前告诉他们，如果他们把任何文物卖给英国人，两位代理人会让他们受到阿尔门特的酋长的鞭打。他们团伙的另一个成员甚至警告贝尔佐尼，如果他坚持下去，他的喉咙会在敌人的命令下被割断。贝尔佐尼不为所动，继续他的计划，同时安排 20 个人在卡尔纳克附近一个合适的地点挖掘文物。

卡尔纳克的大神庙是具有如此强大影响力的政治和宗教机构，以至于世世代代富有的法老都赠予它们华丽的雕像和其他艺术作品。[19] 两个世纪前，这些神庙的周围区域是发掘者的金矿。我们已难以确定贝尔佐尼挖掘的地点在哪里，但其可能是在穆特神庙的周围——穆特神是秃鹫女神，是阿蒙神的配偶，法国人一直没有在这个地方发掘。在几天的时间里，他发现了一座塞赫迈特女神的黑色花岗岩雕像（塞赫迈特是狮子头的形象，是普塔赫神的妻子）以及其他珍贵的文物。不过，他所能支配的资金限制了他的发掘范围。

贝尔佐尼的发现让德罗韦蒂的代理人大吃一惊，但他们没有办法阻止他。他们意识到那个意志坚定的意大利人会回来进行更多的挖掘。他们阻止他招募工人的努力无济于事，因为卡尔纳克人和库尔纳的专业盗墓贼不同，他们都渴望工作。另外，幸运的是，该省省长、帕夏的一位亲戚，卡利尔·贝也在底比斯。贝尔佐尼和他一起吃了一盘羊肉，里面有青椒、玉米、洋葱和大蒜等调味料，这些羊肉被粗心的仆人放在金属盘上，发出"像鼓一样"的响声。这位长官对欧洲人想要更多的石头表示惊讶，按说他们自己的应该也很充足。贝尔佐尼郑重地向他保证，他和他的朋友有很多石头，但认为埃及的石头更好。有了这样令人满意的回答，他便被授予了许可证。

在等待开罗的亨利·索尔特给他送来船只和更多资金的过程中，贝尔佐尼越过尼罗河来到了西岸，这是古代埋葬死者的地方。他欣赏了麦地那-哈布的拉美西斯三世（约公元前1194—前1163年）神庙，然后前往库尔纳西部与世隔绝的帝王谷。[20]在那里，他探访了已经被打开的王室墓穴，其中一些自罗马时代以来就有人游览。贝尔佐尼小心翼翼地探查山谷的每一个角落。在它的西端，他遇到了一堆石头。沙子和垃圾填满了石头之间的缝隙。棍子很容易就能插进去。所以第二天他就带着几个工人回来了。两个小时内，所有的石头都被移走了，贝尔佐尼得以进入一座像宫殿一样的坟墓，里面有一口石棺的碎片，"墙上挂着几幅奇特的彩绘人像"。这是阿伊的坟墓，他是公元前14世纪图坦卡蒙去世后，曾短暂占据埃及王位的一位祭司。贝尔佐尼将这一发现归因于运气，而不是刻意的搜寻，但这足以激起他以后再次探访的欲望，那次取得了更重要的成果。

从阿斯旺来的船终于到了，没有搭载从菲莱运来的石头，而是载着一船椰枣。船主停下来把钱还了回去，破坏了协议。"我有很多话要对他们说，这在这种情况下是可以想象的。"贝尔佐尼轻描淡写地说。德罗韦蒂的代理人成功地用沉船的谎言唬住了船主。贝尔佐尼的处境很绝望。尼罗河的水位正在急速下降，而门农巨像仍然在河岸上。在这个危急时刻，命运掌握在了他的手中。一名士兵从他的老对手阿尔门特的酋长那里过来了，带着凤尾鱼和橄榄作为礼物，还有共进晚餐的邀请，这是一个不可思议的举动。送信人说明了缘由。法国领事犯了一个错误，送给他一份侮辱性的礼物，也就是这时在贝尔佐尼手中的橄榄和凤尾鱼。这不是他一直期待的大礼。贝尔佐尼兴高采烈地写道："真是滑天下之大稽，但真是这样，几条咸鱼的影响对搬运巨像的贡献最大。"为了趁热打铁，他急忙赶往阿尔门特，"警惕地动身去见我的'凤尾鱼和橄榄'伙计"。[21]他高兴地见到了酋长，送了很多礼物，第二天就在与船主的案件中得到了对自己有利的判决。他们被迫卸下他们的椰枣，装上贝尔佐尼的货物，并雇了酋长的一艘船装上他们的水果运往下游，雇船的价格如此之高，以至于他们几乎无利可得。

贝尔佐尼立刻渡河前往库尔纳，因为时间不多了。他从堤顶到水边修建了一条大的堤道，因为正在缩小的尼罗河这时距离头像有 30.5 米，水位比头像低 5.5 米。130 人在两天内建造了这个斜坡，与装货上船相比，这是一项非常简单的任务，因为头像的巨大重量必须正好处在船的中间，以防止船只倾覆。

这位意大利人状态很好。他下令把船开到堤道的尽头，然后在堤道和船的中心之间建造一座由四根大柱子组成的粗壮的桥梁，使头像的重量正好落到船的正中。他在桥的中间放了一大袋沙子，以防止在装载过程中门农巨像滚走。船上也被小心地垫上垫子，以防头像受损。当人们将 7 吨重的花岗岩向船上移动时，其他人则用粗壮的棕榈纤维绳绑在坚固的柱子上和巨像周围，以控制巨像的下落。这次行动非常成功，正处于深深的绝望和忧虑之中的船主们都非常吃惊。贝尔佐尼并不是无缘无故就能成为马戏团的大力士的。

11 月 21 日，贝尔佐尼从底比斯出发前往下游。24 天后，经过五个半月艰苦的旅程，他们带着从尼罗河上游运来的可能是有史以来最壮观的一批文物到达开罗。

贝尔佐尼等人到达的时候，亨利·索尔特去了亚历山大港，但他留下指示，所有的文物都要在英国领事馆卸下，除了门农巨像，贝尔佐尼要将它带到亚历山大港。贝尔佐尼毫无疑问地服从了这个意想不到的指示，尽管他觉得所有东西都要送到大英博物馆。1817 年年初，贝尔佐尼把门农巨像带到了罗塞塔，转到一艘更大的船上，这次利用了合适的滑车。他们很快就到达了目的地亚历山大港，头像被存放在帕夏的仓库里，等待开往英国的船舶的到来。

这样，一场成就非凡而又异常艰苦的考古探险就结束了。贝尔佐尼在短时间内取得的成就超过了他的任何对手。他从马戏团和剧院获得的独特条件使他在搬运大型文物方面具有优势，即便是拿破仑的军队，也未能转移这些文物。他的坚定决心和冷酷无情与他精明的谈判和政治诡计相结合，使得他大多数时候都能找到办法战胜对手。从他在底比斯挖掘的那一刻，以及进入未经勘探的努比亚的时候开始，贝尔佐尼就成了一个众矢之的，生命处于危险之中，因为他敢于挑战对文物的安逸的垄断，并且激发了其他人对埃及土地上的财富的贪婪。

注释

1　布克哈特的信件，转引自 Mayes, op. cit.(2003)，142。

2　Belzoni, op. cit.(1820)，26—28. 我们很好奇的是，在这个大力士第一次探险之前，他到底对古埃及了解多少。亨利·索尔特的图书馆可以供他使用；众所周知，他拥有一套《古埃及记述》的副本可供贝尔佐尼查阅。我们的这位英雄肯定会像其他早期旅行者一样阅读德农的书籍。毫无疑问，他大部分的知识都是随着他的旅行而获得的。

3　Ibid., 30.

4　Ibid., 37—38.

5　Ibid., 39.

6　Ibid., 48.

7　Ibid., 47.

8　Ibid., 50.

9　Ibid., 54.

10　Ibid., 62. 考姆-翁布(Kom Ombo)因为有一座托勒密王朝时期的神庙而闻名，这座神庙是献给荷鲁斯和索贝克神的，索贝克神是鳄鱼头形象的神灵，与第一王朝的法老有关联。大象岛被尊为尼罗河生命之水的源头。

11 Ibid., 65—66.

12 Ibid., 66.

13 卡拉布夏是托勒密王朝晚期的一座神庙，供奉努比亚神荷鲁斯-曼杜利斯(Horus-Mandulis)，也供奉伊西斯和奥西里斯。1962年至1963年，神庙的13 000块砂岩被移到高处，然后神庙在阿斯旺大坝的南面重新组合了起来。

14 Ibid., 76.

15 Ibid., 90. 阿斯科特(Askut)是中王国时期重要的商业港口。

16 Ibid., 100.

17 Ibid., 104.

18 Ibid.

19 关于卡尔纳克的描述，参见理查德·威尔金森：《古埃及神庙全书》(Richard Wilkinson, *The Complete Temples of Ancient Egypt*, London：Thames and Hudson, 2000, 55ff.)。

20 麦地那-哈布(Medinet Habu)是新王国拉美西斯三世(公元前1182—前1151年)的主要陵庙所在地，包含7 000多平方米的装饰面积。从新王国到罗马时期，这座神庙历经多次改造。

21 Belzoni, op. cit.(1820), 125, 126.

第 7 章 "木乃伊实在难以忍受"

后来，正义的国王杰塞尔卡拉为了扩大埃及版图，乘船前往南方的库什时，我告诉了他。国王陛下在那个努比亚弓箭手的军队中打败了他。他们被戴上脚镣，一个也没有跑掉，那些逃亡者被杀死，就好像他们从来没有存在过。

——艾伯纳之子雅赫摩斯，关于法老阿蒙霍特普一世的努比亚远征，转引自米丽娅姆·利希海姆：《古埃及文献读本》

亨利·索尔特对贝尔佐尼的成功和努力工作感到高兴。他向这个意大利人支付了 50 英镑，另外还支付了布克哈特和他在探险未决定时就为门农巨像准备的 25 英镑。这些款项是为了支付贝尔佐尼的费用，它们是否也包括了工资并不清楚。当然，贝尔佐尼对这一安排并不满意，因为他既没有获得公众声望，也没有从文物的出售中获得经济利益，而他为了获得这些文物，在底比斯和卡尔纳克付出了巨大的努力。然而，他仍然立即提议进行第二次旅行，以完成在阿布-辛贝尔的工作。

索尔特还有其他想法：他正饶有兴趣地观察着一位名叫乔万尼·巴蒂斯塔·卡维利亚（1770—1845 年）的热那亚人船长的活动，他当时正在吉萨胡夫大金字塔的深处和斯芬克斯附近的坟墓中挖掘。卡维利亚以极大的决心，成功地钻入了金字塔中所谓的"井"的底部，并作出了其他重要的发现。索尔特建议贝尔佐尼与反复无常的卡维利亚合作，但这位意大利人拒绝了，他完全清楚靠自己能工作得更好。他还担心德罗韦蒂的代理人在底比斯的活动。因此，他再次敦促第二次前往上埃及和努比亚的旅行，这次要持续六个月。索尔特不情愿地同意了。1817年2月20日，贝尔佐尼和一个小队从布拉克动身。这一次萨拉和爱尔兰仆人詹姆斯·柯廷留了下来。贝尔佐尼随行的是一名土耳其士兵、一名厨师和英国领事馆的两名雇员——索尔特的秘书亨利·威廉·比奇和一位名叫扬尼·阿塔纳西的翻译，后者很快就成了他的一个死对头。[1]

由于遇上很强的顶风，旅程一开始进展得很慢。行进得如此缓慢，以至于他们有时间欣赏阿拉伯舞蹈，这一次"完全补偿了第一次的寒酸"。贝尔佐尼拜访了"尼罗河舰队司令"哈迈特·贝，并向他赠送了两瓶朗姆酒，这是防止他们的船被帕夏征用的必要预防措施。接下来，他前去拜访瓦尔索马基医生，他是一位药剂师和"生命之水"酿酒师，他也收集和出售古董。但德罗韦蒂付钱聘用的两名科普特翻译已经在他家里，所以贝尔佐尼避开了他们，而不是干扰他们的生意。

第二天，探险队拜访了查尔斯·布赖恩，他在阿什蒙南附近为帕夏建设了一家制糖厂。在这里，他们了解到，德罗韦蒂的科普特翻译这时正在火速赶往卡尔纳克，大概是为了夺取贝尔佐尼挖掘出的文物，并买下自上一批游客经过后发现的所有文物。贝尔佐尼以其特有的气派迅速采取行动。他让比奇走水路前往，自己租了一匹马和一头驴，在阿塔纳西的陪同下，在半夜急行450公里前往卡尔纳克。在接下来的五天半时间里，他们只睡了 11 个小时，只在科普特修道院或阿拉伯人的休息室停留片刻，打个瞌睡，或者吃一点面包和洋葱。

匆忙的旅行结果徒劳无功。阿西尤特的长官对贝尔佐尼的行动毫不同情，因为索尔特的秘书犯了一个错误，他没有给他回信或送礼物。为了报复，这位地方长官命令一位名叫马鲁基的皮埃蒙特医生在贝尔佐尼发现狮头雕像的区域进行挖掘。名义上，这位长官正在进行自己的文物收藏，但实际上，他已经把立场转向了法国人，并将找到的所有文物都卖给了德罗韦蒂的代理人。贝尔佐尼感到欣慰的是，挖掘出来的雕像只有四尊完好。

幸运的是，阿尔门特的酋长（"凤尾鱼和橄榄"伙计）仍然很友好，并保证了所有的合作。贝尔佐尼立即派出一小队工人在尼罗河两岸挖掘，并集中精力挖掘一个高约 9 米的大型坐像，它位于阿蒙神的卡尔纳克神庙的前院。他在这个巨大坐像的脚边发现了一个 2 米高的坐像，正好拦腰分成两截。于是他立刻把上半身雕像移走，看守起来，而国王所端坐的座椅则留在地上，直到找到一条船来搬运它。

德罗韦蒂的代理人已经在努力工作了。在地方官的纵容下，他们迅速雇佣了几乎所有的劳动力，只给贝尔佐尼留下几个人。所以他只好在西岸的库尔纳附近发掘，那里的酋长更友好一些。

在等待比奇和更多资金的同时，贝尔佐尼抽时间独自漫步在广阔的卡尔纳克神庙的废墟中，躲开了无处不在的兜售者的纠缠，这些兜售者折磨着每一位旅行者。虽然不是一个特别浪漫的人，但他仍被宏伟的建筑所振奋："我沉浸在对如此多的事物的深思中；有一段时间，已感觉不到自己是在地球上还是在其他星球上。"圆柱、墙壁和雕带上残存的痕迹使贝尔佐尼极度兴奋，"以至于使我在想象中与世人区分开来，高举我于万有之上，使我完全忘记生命中的琐事和愚妄"[2]。贝尔佐尼快乐了一整天，直到天色渐暗，他绊倒在一块石头上，差点摔断鼻子。疼痛使他突然回到了地球。

但这并不是说有太多时间深思。比奇离开的时间太长了，所以贝尔佐尼乘船顺流而下去找他。一天后，他在基纳找到了他的船，但是他们花了三天时间才逆流而上回到底比斯。贝尔佐尼把他的工作集中在库尔纳，库尔纳人"比其他阿拉伯人更狡猾和奸诈，而且是埃及独立性最强的人"[3]。他们吹嘘自己是最后被法国征服的人，即便在被征服之后，他们也迫使侵略者向他们支付工钱。在底比斯西部，岩石之间有很多藏身之处，是紧张时期的避难所，显然也是木乃伊和纸草文献的丰富且取之不尽的来源，村民们不加选择地把它们卖给外交领事、旅行者和古董商，但总是以他们能敲诈到的最高价格出售。

贝尔佐尼似乎和这些恶习难改的盗墓贼相处得很好，都已经开始忙着寻找纸草文献了。他深入库尔纳后面的小墓室和洞穴中，这里"浮起大量的灰尘，非常细小，很容易进入喉咙和鼻孔，使鼻子和嘴喘不上气来，这需要巨大的肺活量来抵抗它以及木乃伊的恶臭。在有些地方，只有 1 英尺的高度，你必须像蜗牛一样设法爬着穿过。爬在尖锐锋利的石头上，犹如刀割一般"。[4]你可以想象，身材高大的贝尔佐尼在挤过如此狭窄的通道时有多么困难。

在艰难地穿过通道后——其中一些通道长达 275 米，满身是汗的意大利人有时会找到一个地方坐下休息：

掠夺尼罗河

但这算什么休息的地方啊! 周围全是尸体,横七竖八地堆积着木乃伊;墙壁一片漆黑,蜡烛或火炬因为缺少空气而发出微弱的光线,环绕着我的各种物体似乎在彼此交谈。阿拉伯人手里拿着蜡烛或火炬,赤裸着,满身尘土,他们自己就像活着的木乃伊一样,完全形成了一个无法描述的场景。[5]

人们最终还是会适应灰尘和木乃伊。假如人们都像贝尔佐尼一样没有嗅觉的话,会很有帮助,但即便那样,人们"仍然会感觉到木乃伊实在难以忍受"。有一次,贝尔佐尼

　　寻找休息的地方,终于找到一个,并试着坐下来;但当我的体重压在一个埃及人尸体上时,它像一个纸板盒一样被压扁了。我自然会用手来支撑我的体重,但它们却没有找到更好的支撑,所以我完全陷入破裂的木乃伊之中,骨头、裹尸布和木箱破碎,激起大量灰尘,让我动都不敢动一下地待了一刻钟,等着它再次下陷。

他公开承认他的目的是"抢劫埃及人的莎草纸文献;我在他们的胸前、胳膊下面、膝盖上面或腿上发现了一些纸草文献,上面覆盖着很多布料"[6]。

　　库尔纳的居民就住在他们盗窃的墓穴入口处。他们无心务农,因为他们发现盗墓比务农更有利可图。"这是旅行者的错,"贝尔佐尼感慨地写道,"当他们看到任何一件文物时,都非常高兴,以至于不考虑自己给后来人做的榜样的恶劣影响,他们支付的比当地人真正期望的要多得

多。"[7]其结果是，这些文物，尤其是纸草文献的价格暴涨，部分原因是盗墓者坚信——可能这种坚信是正确的——这些文物的价值比他们所卖的价格高出十倍。

库尔纳人的住处位于墓穴各个入口之间的过道里，用墙上壁龛中的小油灯照明。墙壁上被烟熏得漆黑，绵羊的叫声伴随着人类不断的低语。贝尔佐尼受到热烈欢迎。"他们肯定会招待我吃晚餐，饭放在木碗里，有牛奶和面包，"他回忆道，"但每当他们以为我应该待一整晚，他们总是为我宰两只鸡，放在一个小烤炉里，用木乃伊箱子的碎片烧火加热，有时还会用到木乃伊的骨头和裹尸布。"[8]

起初，贝尔佐尼对库尔纳人随意居住在丢满"手、脚或头骨"的洞穴地上的生活方式感到惊讶。他们认为这些人类的遗骸和牛骨没有什么区别。很快，贝尔佐尼自己也对经常看到的古埃及人的尸体碎片熟视无睹了。他吹嘘说他在木乃伊坑里会和其他地方一样容易睡着。

寻找死尸是贝尔佐尼在库尔纳的主要目标之一，他要在尽可能短的时间内获得尽可能多的木乃伊。为此，他向村里的盗墓者支付固定工资以及他们发现尸体的奖金。这使得他可以和他们一起搜索。没有人怀疑或隐瞒重要发现。找到坟墓或墓穴是一件靠运气的事情，因为地表几乎没有作为依据的痕迹。不太富裕的人们成排地站在大的墓坑里，这些墓坑有的是埋在水泥中的。很多尸体用粗糙的亚麻布包裹着，没有多少装饰，他们的尸体层层堆积，直到墓穴的入口。这样的墓葬不值得盗墓贼花费时间，因为在他们的裹尸布中几乎找不到什么装饰物或纸草文献。

强盗们急切地寻找那些装饰华丽的墓葬，那些身上缠着厚厚的绷带和防腐处理过的尸体经常被放在一个漆得很好的梧桐木乃伊箱里。贝尔

掠夺尼罗河

佐尼描述了他发现的一些放在箱子里的木乃伊，保存完好的花环仍然平放在尸体的胸前，内脏被仔细地包裹好，木乃伊箱子以精美的颜色和清漆装饰。这些发现很受游客和博物馆的欢迎，至少在一个世纪前就已经占领了一个供不应求的市场。

最重要的人物的墓葬会有好几个绘有壁画的墓穴，里面有精美的描绘葬礼队伍和日常生活的雕带。贝尔佐尼特别感兴趣的是那些为富人陪葬的小物件——装着经过防腐处理的内脏的瓶子、雪花石膏容器、陶土饰品、雕刻、金叶和圣甲虫。

这时，贝尔佐尼已经积累了比他前一年更多的文物，其中包括一座精美的红色花岗岩纪念碑，上面刻有母牛神哈托尔和其他的神，这是从卡尔纳克东北角的鹰神蒙图的小神庙里得到的。他利用巧妙的设备，把这件精美的物件从神庙里搬了出来，把它从一个狭窄的地方拖到一个斜坡上，扬起一团团细尘，这些都是当着德罗韦蒂的科普特翻译的面完成的。贝尔佐尼囤积的物品中已经有了一个精美的花岗岩石棺，这是德罗韦蒂在贝尔佐尼的第一次旅行时介绍给他的，现在已经安全地从它看似坚不可摧的栖身之处移走了。

贝尔佐尼非常成功，精力充沛，他的对手现在非常担心。他的发现引起了贝尔纳迪诺·德罗韦蒂的懒散的代理人的强烈嫉妒。因此，他们贿赂地方长官，发布另一项命令，禁止贝尔佐尼雇佣劳工或获取任何文物。他们的借口很简单，就是因为贝尔佐尼和库尔纳人关系很好，他们把所有的东西都卖给了他，所以他们买不到任何东西，而这很可能是事实。按照惯例，贝尔佐尼立即拜访了地方官，他当时正在视察离底比斯几英里的一个村庄。这位官员含糊其辞。每当这位意大利人把话题引向文物时，地方官就顾左右而言他。他漫不经心地看了一下帕夏颁发给贝尔佐尼的许可证，然后叫了几匹马，把这位拜访者带到了库尔纳，在那里地方官召来了村子的酋长，让他在一小时内提供一具未开封的木乃伊，作为贝尔佐尼对当地人影响的证据。当一个未开封的墓葬被提供出来以后，他勃然大怒，立刻命人殴打他的这位下属。

贝尔佐尼静静地站在一旁，无能为力，他意识到，如果控制不好情绪将会招致灾难，而士兵们对这位不幸的卡奇夫进行了野蛮的殴打。最后，酋长被带走，他几乎失去了知觉。贝尔佐尼这时沉着地宣称自己将向帕夏投诉。地方长官意识到自己做得太过分了。第二天，他便下达命令，授权贝尔佐尼雇佣 20 名工人，为期 8 天。在经历了一些困难之后——因为当地人这时甚至已经不敢和外国人交谈——他成功地找到了足够的人手，把他所有的发现都堆放在底比斯的码头上，并在周围筑起了一道土墙。

就在储藏文物的地方完工之时，地方官露面并视察了藏品，态度显然缓和了不少。贝尔佐尼趁势而上，抱怨他的探险队受到了不公平的对待。他想要的只是一个与其他人平等购买文物的机会。地方官显然让步了，他留下了可以购买文物的命令，颁发了一份许可证并通知阿斯旺的卡奇夫，因为贝尔佐尼仍然把目光投向阿布-辛贝尔。

贝尔佐尼默默地准备恢复在库尔纳的工作，试图让卡奇夫相信，他现在在木乃伊坑工作是安全的，并不会招致地方长官的不满。他召集大家开会，会上宣读了长官的命令。令贝尔佐尼惊恐的是，这本应是一个很好的命令，但由于一些奇怪的疏忽——他一直也没有搞明白是怎么回事，结果变成了禁止当地人向除德罗韦蒂以外的任何人出售任何文物的

掠夺尼罗河

指示。很明显，工作不可能再继续下去，所以贝尔佐尼派了一名守卫看管他收藏的古董，怀着郁闷的心情乘船前往上游的努比亚。

他在风景优美的菲莱停船，等候亨利·索尔特的调遣。探险队花了几个小时在宏伟的废墟中漫步，给伊西斯神庙的柱廊制作了蜡像，这是一项艰巨的任务，因为在树阴下，水银温度计的读数都超过了51摄氏度。

几天前，两名支领半薪、年轻且喜欢冒险的英国海军军官查尔斯·厄比和詹姆斯·曼格尔斯上尉，加入了贝尔佐尼的探险队。[9]这两位富有进取心和吸引力的旅行者本来在从欧洲前往近东的悠闲旅行中，为了寻找冒险和刺激，他们到达了尼罗河第二瀑布上游。厄比和曼格尔斯很高兴能和一个有经验的努比亚专家一起旅行，并为七人探险队增添了相当大的力量。

6月5日，萨拉·贝尔佐尼在仆人詹姆斯·柯廷的陪同下也来到了。贝尔佐尼没有说明她到来的原因，但他把她留在伊西斯神庙的屋顶上，独自一人，在柯廷和一堆枪支的陪伴下，安营扎寨。他仅有的一艘船里没有足够的空间容纳所有人。

十一天后，旅行者们乘船出发，船上的五名船员在接下来的几周里一直很令人头疼。罪魁祸首是一位名叫哈桑的穿蓝衬衫的男士，两位船长据此给他起了"蓝色魔鬼"的绰号。十三天后，他们到达了阿布-辛贝尔，结果发现酋长不在这里。所以他们派人送信，并借此机会去游览尼罗河第二瀑布。这时，船员发生了哗变。当地人索要礼物，并且拿出了上了膛的枪。贝尔佐尼保持了镇定、冷漠，并且显然很幽默。曼格尔斯向村民们解释说，诚然，外国人没有付钱就参观了瀑布，但对于他们而言，当地人也看到了他们，就像新奇的风景一样，并且也没有给礼物或付报酬。值得称赞的是，他们接受了这一理由。

当旅行者于 7 月 5 日返回时，酋长还没有回到阿布-辛贝尔。但两天后，达乌德·卡奇夫派来了一位信使，问他们是不是哈桑·卡奇夫向他们许下承诺的英国人。幸运的是，贝尔佐尼没有忘记送上从开罗带来的头巾作为礼物。卡奇夫一周后抵达时，他慷慨地赠送了更多的礼物——一把枪、一顶头巾和一些小物件。

起初挖掘工作进展缓慢，因为这 50 个人花了很多时间唱一首努比亚歌曲，这首歌宣称他们将获得尽可能多的基督徒的钱财。贝尔佐尼与卡奇夫达成的协议是，支付 300 比索来打开这座神庙，贝尔佐尼估计这项任务需要四天时间。他很快就意识到，这样下去的话，绝对打不开这座神庙。卡奇夫向他们要钱，这些人花了一天时间抢劫一辆大篷车，然后斋月开始了。酋长和队员都不断地向每个人索要礼物；食物供应不足，且无处购买。

所以贝尔佐尼决定自己挖掘。7 月 16 日下午 3 点，这些欧洲人悄悄地溜到神庙里，打着赤膊。一小时后，一些船员出现了，惊讶地发现基督徒们在工作。他们窘迫地加入了进来。到天黑的时候，这个小队挖了40 个当地人一整天才能挖完的坑，代价是起了很多水泡。

在接下来的两周里，这项工作从黎明前开始，一直持续到 9 点钟炎热的太阳变得无法忍受。六小时后，这小队发掘者又开始劳动，直到日落。大多数情况下，他们进展稳定，不过有时也会有总找麻烦的船员加入，有时也有当地人加入。酋长还多次试图解除他们的武器和装备。尼罗河对岸两个村子的酋长前来威胁并以高价提供援助。厨师向一个要钱的人扔了一壶水，这是一种"真正的像厨师一样的攻击方式"，导致剑拔弩张甚至几乎发生流血冲突。食物再一次出现短缺，并且他们买不到更多的粮食。一个工头试图通过扣交工资单来欺骗他们。但是坚持是有回报的。7月的最后一天，发掘者来到一个遭到破坏的门道上角。到了黄昏，他们挖了一个洞，洞大到可以容许一个人的身体通过，但他们决定第二天早上再进入神庙，因为他们不确定里面有多少沙子，空气也可能是有毒的。

第二天天亮之前，贝尔佐尼和他的同伴们带着充足的蜡烛赶往入口。队员们留在后面，但很快，"蓝色魔鬼"哈桑引起了一场骚动。贝尔佐尼不理会有关工资的强烈抱怨和马上离开的威胁，随之，队员们带着长棍、剑和生锈的手枪抵达现场。这场骚动在一连串荒谬可笑而又一再重复的抱怨声中持续着，直到有人注意到，在争吵期间，翻译乔万尼·菲纳蒂已经悄悄地溜进了神庙。[10]很快，每个人都好奇地跟上了他，忘记了吵闹。

发掘者们快速地筑起了一堵墙，用以阻挡流沙和石块。当太阳升起，一千多年来第一次短暂地照过神庙的入口，贝尔佐尼看到了他最重要的发现之一。他发现自己在一个高大的有柱廊的大厅里，拉美西斯二世的八个巨大的奥西里斯形象的雕像面对面立在中廊里。雕像后面的方柱上装饰着法老在众神面前的绚丽夺目的彩绘浮雕。在大厅的里面，还有一个较小的房间、一个前厅和一个敞开的圣殿。冉冉升起的太阳光短暂地照亮了圣殿里的众神和法老的坐像：阿蒙-拉、霍拉赫提、普塔赫和拉美西斯本人。

参观者惊奇地注视着巨大的雕像和画在大墓室墙壁上的战斗场景，这些场景描写了拉美西斯在卡代什战役中征服了赫梯人。贝尔佐尼对可以带走的文物进行了彻底的搜寻，但除了"两个体型和真的动物一样大的鹰头狮子、一个坐着的小塑像，以及一些门上的铜制装饰品"外，几乎找不到其他东西。[11]

两位海军士兵坐下来，按照 1/25 英寸比 1 英尺的比例(0.6 厘米比 0.3 米)*绘制神庙的比例图。与此同时，比奇和贝尔佐尼收集了可以带走的物品，并试图记录神庙中最重要的绘画。比奇的画册很快就被汗水浸湿了，因为神庙里的空气就像是最热的蒸汽浴。但他们有足够的时间记录下了关于战场和处决囚犯的长篇描绘。"在它们的几个特征当中，对于痛苦和绝望的表现是令人钦佩的。"曼格尔斯记载道，他对壁画中展示的一些"完美的黑色"的囚犯的服装感到激动和着迷。[12]

在最后一次瞻仰这些雕像并进一步加强了庙门的隔挡之后，探险家们把他们找到的东西带往他们的小船，不顾哈桑的极力劝阻，把它们装上了船。1817 年 8 月 4 日，他们出发前往下游。直到 18 个月后，这座神庙的内部才被完整地记录下来，为世人所知。英国旅行家威廉·班克斯、比奇和一位名叫路易·利南的法国绘图员在阿布-辛贝尔工作了几个星期，记录了这些铭文和绘画，并将沙子从神庙正面最南边雕像上清理干净。这样，后来的游客便可以更完整地欣赏拉美西斯二世最大的神庙。这一历史遗迹变得如此著名，以至于在 20 世纪 60 年代，为了防止纳赛尔湖不断上涨将其永久淹没，在国际社会的努力下，它被移到了地势更高的地方。

返回菲莱的旅途很顺利，只是与队员发生了又一次激烈的争吵，哈

---

* 此处比例计算有误。——译者注

桑试图用刀刺向贝尔佐尼，而厄比在混乱中割伤了他的手。萨拉在伊西斯神庙耐心地等待着，但是贝尔佐尼一年前仔细做好标记的美丽的石雕已是残缺不全的碎片。有人故意砸碎了雕刻，并在石头上用木炭写下了嘲笑的话语——"行动取消"（*opération manquée*）。贝尔佐尼大发雷霆，怀疑是德罗韦蒂的代理人所为。但损失已经造成，他把注意力转向了其他的项目。

资料来源：Stapleton Collection Corbis and the National Trust。

图 7.1 威廉·比奇描绘的 1819 年发掘阿布-辛贝尔的场景

回到底比斯后，贝尔佐尼发现自己每时每刻都会受到德罗韦蒂的代理人的阻碍。他发现他最讨厌的两个人在他不在的时候来到了库尔纳，他们"全方位地挖掘",并发现了大量的木乃伊。由于其中一个皮埃蒙特探险家朱塞佩·罗西格纳尼已经威胁要割断他的喉咙,所以贝尔佐尼决定把精力集中在帝王谷,几个月前他已经在那里取得了可喜的成果。

帝王谷与库尔纳之间被一系列石质山丘隔开,从古典时期起,人们就知道这里是法老的墓地。贝尔佐尼根据古代的传闻知道,山谷里至少有18座王室墓穴。拿破仑的学者记录了11个,并发现了第12个,而这位意大利人自己在前一年就发现了维西尔、后来的法老阿伊的简朴的坟墓。一直有传言说,山谷范围内有更多的王室陵墓——可能多达40座。到那时,贝尔佐尼已经形成了一种发现的本能,一种基于广泛的实地经验的寻找新遗址的"嗅觉",以及一种无形的本能,它引导考古学家在相当长的一段时间内仔细考察一个地区,并且知道,坚持和经验将产生回报。他主动退隐到帝王谷,经过深思熟虑,选择在西部展开发掘工作。

贝尔佐尼派了一个20人组成的队伍,在距离阿伊墓入口大约91米的地方发掘。在地面以下几米处,这些人遇到了几块大石头,很明显是一条岩凿通道的入口。第二天,贝尔佐尼用一根装在横杆上的棕榈树干做了一只粗壮的撞锤。"墙面抵挡住了这些阿拉伯人的撞击,因为他们不是罗马人,撞杆的头上也没有青铜的端头。"但最后还是撞开了一个缺口,一个楼梯露了出来。八口绘有图案的木乃伊木椁躺在台阶的底部,上面覆盖着一块大布。[13]

他对这个保存完好的发现并不满意,更决心要找到一座王室墓葬。10月6日,工人们同时在几个地方挖掘。三天后,他们找到一座巨大但未经修饰的坟墓的入口,"墙上的彩绘人物非常完美,它们是我见过的最适合使人对埃及人的审美有一个正确和清晰概念的作品"。我们现在知道这是拉美西斯九世的长子蒙图赫尔赫佩舍弗王子的坟墓。同一天，10月9日，在这座有彩绘的坟墓附近发现了另一座巨大但没有绘画的坟墓。它在古代曾被盗掘过，里面有两具完全赤裸的女性尸体，留着长发，这些头发"稍微拉一下就可以很容易地从头上分离下来"。[14]

这座身份不明的王室陵墓刚刚被发现的时候，贝尔佐尼需要带领三位重要的英国游客参观底比斯神庙，所以不得不中断他的研究。参观者对王室陵墓感到非常兴奋，他们很幸运地见证了贝尔佐尼的队员在山谷中发现了另一座坟墓——拉美西斯一世的坟墓。[15]墓室里还有一个红色花岗岩石棺和两具木乃伊，这两具都不是法老的。国王的一个巨大的木质雕像占据了整个墓室，这是守护石棺的两尊覆盖着金箔的雕像之一。这座坟墓距离图坦卡蒙墓仅18米，幸运的是，贝尔佐尼错过了图坦卡蒙墓。*

10月16日，贝尔佐尼再次开始独立挖掘。他让他的手下去一个地方工作，在那里他曾发现一些疑似地表痕迹，雨水从一个光秃秃的斜坡流进山谷的谷底。他没有明确地告诉我们他为什么选择这个地方；事实上，他的手下对古墓建造者的习惯非常熟悉，认为他是在做徒劳的搜索。就在第二天工作结束前，一块人工切割的岩石出现了，贝尔佐尼的怀疑得到了证实。地下5.5米处，一座坟墓的入口映入人们的眼帘。入口被巨石以及雨水从上面的斜坡冲下的碎石堵住。工人们艰难地从瓦砾中挖出一个小洞。贝尔佐尼蠕动着身子进入了一个半阻塞的通道，通道竟然超过11米长。墙壁和天花板上装饰着华丽的绘画。通道尽头的楼

---

* 一百多年后，即1922年，英国考古学家霍华德·卡特才发现图坦卡蒙墓。如果当时贝尔佐尼发现了这座墓葬，它难以避免地会遭到破坏。——译者注

梯通向另一条装饰精美的长廊。两条通道都有倾斜的地面，这样雨水就可以排入末端的一个巨大的坑中，坑深9米，宽4.2米，这挡住了进一步的去路。一些木头和绳子的碎片——一碰就碎成了尘土——显示了一些早期的造访者已经越过了大坑，接触到了洞穴另一边的抹着灰泥、装饰精美的墙壁。

第二天，贝尔佐尼和比奇带着结实的横梁回来，在坑上建起了桥，检查了另一边一个参差不齐的洞口。原来洞口是盗墓贼造成的，他们没有被漂亮的假墙欺骗。贝尔佐尼挤过这个小洞，发现自己置身于一个宏伟的大厅里，大厅里有四根装饰精美的柱子，柱子上装饰着在众神面前的法老肖像。有三个台阶通向另一个装饰着未完成的绘画的房间，这是让盗墓贼相信墓穴没有完工的另一个手段。但是，他们还是敲开了墙壁，露出了一个隐藏的入口，通向下面的走廊。在这条走廊的尽头，贝尔佐尼来到了一个更大的大厅，绘画也很漂亮，人和神的画像甚至更加精美，有六根色彩华美的柱子和一个深蓝色的顶棚，新油漆闪闪发光。

两位探险家在闪烁的烛光下，凝视着一幅难以置信的景象：一座半透明的、上面刻着象形文字的雪花石膏石棺，超过2.74米长，但只有5厘米厚。他们在里面放了一盏灯。这座装饰华丽的石棺，正好能容纳法老的身体和头饰，在黑暗中发出柔和的光。数百个小的、精致的画像装饰着内部。裸露胸膛的女神涅特躺在石棺的底部，等待着迎接死去的国王。[16]可惜的是，石棺是空的。古代盗墓贼把尸体和盖子都拿走了。贝尔佐尼在墓穴入口附近的废墟中发现了后者的碎片，上面装饰着国王的卧像。

埋葬区有五个墓穴被打开，其中最大的一个墓穴里有一头制作成木

图 7.2　伦敦约翰·索恩(John Soane)爵士博物馆塞提一世雪花石膏石棺展览(现在仍可看到)

乃伊的公牛和大量的沙布提，还有几座巨大的木制雕像，"里面有一个圆形的空洞，好像是为了容纳纸草，我毫不怀疑他们是这样做的"[17]。石棺掩盖了一条地下通道的入口，该通道在山腰处向山里延伸了 91 米。

贝尔佐尼发现了拉美西斯二世的父亲塞提一世（公元前 1291—前 1278 年）的宏伟的陵墓。[18]古代盗墓贼已经把墓穴挖了个底朝天；除了很多沙布提——当然还有那座雪花石膏石棺——之外，他们几乎没有留给贝尔佐尼什么可以搬走的物件。贝尔佐尼有理由声称，这座石棺值得"最特别的关注"，它比从埃及运到欧洲的其他任何东西都与众不同。幸运的是，坟墓墙壁上的绘画和浅浮雕仍然和原来一样崭新。

在贝尔佐尼时代，没有人能读懂墙壁上成千上万的象形文字，但他们可以欣赏这样的场景：法老被众神拥抱，秃鹫盘旋在墓穴蓝色顶棚上，国王和母牛女神哈托尔穿着华丽的服装。乔万尼·贝尔佐尼可能对古董情有独钟，但他本质上是一个擅长戏剧表演的人，是一位气势恢弘、与众不同的场面的编导。他立刻意识到，这座装饰华丽的墓穴是他最伟大的发现，如果展示得当，这个发现连同其华丽的装饰，将给他带来名望和成功。如果他要展示他非凡的发现，那就需要事先进行数周甚至数月的费时费力的复制工作。

与此同时，贝尔佐尼惊人发现的消息迅速传播开来。沙漠的空气中，传来武器发出的响声。一大群骑在马上的土耳其人疾驰进山谷。原来是来自基纳的哈米德·阿迦*，他听到了关于宝藏的传言，就跳上马来要他的那一份，在短短 36 小时内完成了为期两天的行程。贝尔佐尼对这种武力的展示略显惊慌，但阿迦却满脸笑容。他和他的士兵几乎看都不看那些壁画，但他们"像猎犬一样"搜查了房间的每个角落和过

---

* 穆斯林国家中，尤指在奥斯曼帝国统治时期，对军队长官或官员的尊称。——译者注

道。他们什么也没有找到。最后，阿迦转向贝尔佐尼，问他把"一只大金鸡，肚里装满了钻石和珍珠"的宝藏放在了哪里。贝尔佐尼几乎没有掩饰住自己的笑声，他把阿迦的注意力转移到了空空如也的坟墓里的那些华丽的壁画上。这位失望的官员只是瞥了它们一眼，说："这对女眷居室来说是个好地方，因为女人们有东西可看。"说完这些，他以一种贝尔佐尼所说的"非常烦恼"的状态离开了。[19]

在发现后的三个星期里，人们都很忙，因为墓穴必须得到保护，山谷里的大量活动也都停止了。贝尔佐尼正忙着准备工作的时候，搭载英国游客的三艘大型豪华船只抵达了底比斯。亨利·索尔特亲自带队，随行的还有一位北爱尔兰贵族贝尔莫尔伯爵、他的妻子和家人以及包括伯爵的私人牧师在内的各种官员。[20]他们的目标是第二瀑布。伯爵打算在他的旅途中私人收藏一些精美的古董。贝尔佐尼很快就在底比斯和帝王谷为这些尊贵的游客担任向导。贝尔莫尔在贝尔佐尼的帮助和联络下，收集了大量的纸草文献、木乃伊和其他物品，后来都被运往英国。游客们被这些绘画迷住了。索尔特对塞提一世的坟墓如此兴奋，以至于他放弃了贝尔莫尔的队伍，花了四个月的时间发掘，想要发现一座王室墓穴，但没有成功。

法国旅行家爱德华·德·蒙蒂莱在乘船溯流而上的旅程中经过这里。他在库尔纳停了下来，这里的盗墓贼和他们邪恶的贸易使他着迷。文物破坏的场景让蒙蒂莱感到惊讶，但并没阻止他获得"一具女性木乃伊，它用宽亚麻布条缠绕着，并被封闭在一个双人木椁里，其中的绘画保存得很好"。不久，这位法国人就在健谈的贝尔佐尼的陪同下，漫步于塞提一世的坟墓中。这些绘画引人入胜，但德·蒙蒂莱的良心因为劫掠和破坏——如果不是因为贝尔佐尼的极端方法的话——而感到困扰。"如果还有任何完美的坟墓，"他随后写道，"我真诚地希望它们能逃脱那些好奇的古董收藏者的研究；对它们来说，学识渊博的人变成了像冈比西斯一样可怕的对象，因为他们所获得的石棺和木乃伊，必然会走上通往伦敦或巴黎的道路。"[21]他哀叹埃及没有一个国家博物馆来存放所有"领事战利品"，这一想法领先于其时代几十年。

贝尔佐尼这时正处于人生顶峰。他在失败多年后的 12 天内，在帝王谷发现了不少于四座新的坟墓。塞提一世的石棺是他成功的象征，但他是否得到了他应得的全部荣誉或经济利益是值得怀疑的。问题是，他与英国领事的业务关系从未得到确切的澄清。他最初承诺将门农巨像带到开罗，并为索尔特收集其他文物，但除了食物和挖掘的基金外，他最近一次旅行没有得到任何薪水或报酬。两者间的关系很快紧张起来，尽管索尔特答应从 10 个月前贝尔佐尼离开亚历山大港的那一天起，每月为他支付 1 000 比索的服务费。贝尔佐尼难以理解这种关系：自己累死累活地工作，荣誉和文物却归了别人。

但还有工作要做。这位永不停息的意大利人把他珍贵的文物藏品装在船上，并于 1817 年 12 月 21 日带着他那壮观的货物抵达开罗。贝尔莫尔一行人在回访底比斯的时候遇到了前往下游的领事德罗韦蒂。他们给他看了塞提一世的坟墓，在那里，他"赞美和钦佩到词穷。他极度恭敬地进入坟墓，每件东西都是那么地出色、壮丽、至高无上、令人震惊，以至于当他遇到一件真正需要用称赞和钦佩来表述的物件时，他的词汇量便捉襟见肘了。他站在那里，震惊得说不出话来，这让旁观者忍俊不禁"[22]。

注释

1　乔万尼·巴蒂斯塔·卡维利亚(1770—1845 年)是一位精力充沛的热那亚水手,他在马耳他拥有一艘商船,并涉足考古学。索尔特雇用他在吉萨挖掘狮身人面像,在那里他发现了通向雕像的台阶及其两只爪子之间的步道。他还探索了金字塔,在那里他获得了关于大金字塔内部的新的信息。1835 年至 1836 年,他在吉萨与霍华德-维斯上校短暂共事后(见第 12 章,注释 15),在巴黎退休。

　　亨利·威廉·比奇(? —约 1870 年)的职业是画家,是一位著名的肖像画家的儿子。1815 年到 1820 年间,他担任索尔特的秘书,陪同贝尔佐尼和阿塔纳西两人前去探险,并绘制了阿布·辛贝尔的地图。他和他的兄弟在 1821—1822 年对北非大部分海岸进行了一次成功的调查。比奇 1855 年移民新西兰。

2　Belzoni, op. cit.(1820), 152—153.

3　Ibid., 155.

4　Ibid., 156.

5　Ibid.

6　这两段的引用出自 ibid., 156—157。

7　Ibid., 157.

8　Ibid., 181.

9　1815 年,查尔斯·伦纳德·厄比(Charles Leonard Irby, 1789—1845 年)因健康不佳,作为海军上尉半薪退休,并开始四处旅行。詹姆斯·曼格尔斯(James Mangles, 1786—1867 年)也于 1815 年从海军退役,军衔相同。他们在 1817 年出版了《1817 年和 1818 年的埃及、努比亚、叙利亚和小亚细亚之旅》(*Travels in Egypt, Nubia, Syria and Asia Minor in 1817 and 1818*, 私人印刷)。曼格尔斯是伦敦皇家地理学会(Royal Geographical Society of London)的创始人之一。

10　乔万尼·菲纳蒂(Giovanni Finati, 1787—? 1829 年)在离开法国军队后进入穆罕默德·阿里的军队,改信伊斯兰教,然后成为欧洲旅行者的口译员和翻译,这些欧洲人中就包括贝尔佐尼和威廉·班克斯。

11　Belzoni, op. cit.(1820), 213.

12 Irby and Mangles, op. cit.(1821), 125.

13 Belzoni, op. cit.(1820), 223.

14 Ibid., 227—228. 蒙图赫尔赫佩舍弗（Montuherkhepeshef）王子的坟墓
   是 KV-19 号墓，在帝王谷的第二条东部分支的一端，被凿进悬崖里。
   拉美西斯-蒙图赫尔赫佩舍弗是第二十王朝法老拉美西斯九世（公元前
   1098—前 1070 年）的儿子。贝尔佐尼之后，KV-19 号墓曾多次有人造
   访，但直到 1906 年美国人西奥多·戴维斯赞助的发掘者爱德华·艾尔
   顿（Edward Ayrton）才对其进行清理。这是帝王谷里唯一一座向公众开
   放的王子墓。

15 拉美西斯一世（公元前 1293—前 1291 年）曾是一名士兵和维西尔，接替
   他的好友霍连姆赫布（Horemheb）成为法老。他的家族来自三角洲的阿
   瓦利斯（Avaris）。拉美西斯在位不过两年。他的坟墓显示出许多匆忙埋
   葬的迹象，还有一个未完成的墓室，原计划作为一个更大房间的前
   厅。失望的盗墓贼在古代就抢劫了他的坟墓。他们把镀金的小雕像在
   涂着灰泥的墙壁上摔碎——金箔的碎片仍然粘在墙上。他的木乃伊在
   19 世纪 60 年代被卖给美国，最近由亚特兰大的埃默里大学（Emory
   University）返还埃及。

16 涅特（Neith）是女神尼特（Nit）的希腊语名字，意为"开路人"，是狩猎
   和纺织的庇护者。

17 Belzoni, op. cit.(1820), 229.

18 新王国法老塞提一世的坟墓（公元前 1291—前 1278 年），今天被称为
   KV-7 号墓 *。KV-7 号墓是帝王谷中最长、最深的王室墓葬。装饰华
   丽的走廊下降超过 100 米，通往同一深度的地下墓室，并设有一个假
   墓室，以迷惑盗墓贼（并没有成功）。真正的墓室有一个特别的天象顶
   棚，显示了北方天空中的星座。石棺上覆盖着象形文字，曾经用蓝绿
   色油漆描绘过。

   塞提的木乃伊比盗墓者提前一步迁走，在戴尔-埃尔-巴赫里的秘
   窖中幸存下来，如第 13 章所述。国王的面部保存得非常完好，显示出

---

* 此处注释有误，应该是 KV-17 号墓。——译者注

法老坚定的性格。

　　拉美西斯一世的儿子塞提一世在登上王位之前曾担任维西尔和军队指挥官。他 13 年的统治见证了埃及艺术和文化的最高峰，这个国家进入了繁荣的帝国时代。在塞提执政初期，他曾多次率领军队成功远征叙利亚。他还发动了对游牧的利比亚人的远征。法老在阿拜多斯为奥西里斯建造了一座富丽堂皇的神庙，里面的装饰表现了法老以祭司的身份献祭的场景。他和他的儿子——后来的拉美西斯二世，站在记载着埃及最早的国王的长长的王名表前。塞提还开始建造卡尔纳克著名的多柱大厅及其巨大的柱子，后由他儿子完成，成为一项杰作。在埃赫那吞统治时期的混乱之后，塞提在他的整个统治期间都在努力使埃及恢复昔日的伟大。

　　沙布提(有时被称为"沙乌布提"或"乌布沙布提")是被称为"答应"(answerers)的随葬雕像。他们陪伴死者在来世为他们服务。

19　关于这一发现的引用和描述参见 Belzoni, op. cit.(1820), 231—248。

20　贝尔莫尔第二伯爵(second earl of Belmore, 1774—1841 年)来自北爱尔兰的一个地主家庭。贝尔莫尔负债累累，乘着游艇逃往国外，过着更低劣的生活。1828 年，他成为有争议的牙买加总督。

　　贝尔佐尼将坟墓命名为"阿匹斯之墓"，后来改为"普萨美提斯"(Psammethis)。在象形文字还没有被破译的时代，没有人能够正确地识别坟墓的主人。

21　Edouard de Montulé , *Travels in Egypt During 1818 and 1819*(London：J. Murray, 1823), 26ff.

22　Robert Richardson, *Travels Along the Mediterranean , 1816—1818*, 2 vols.(London：T. Cadell, 1822), 1：307. 也可参考 Belzoni, op cit. (1820), 357。理查森(1779—1847 年)曾跟随贝尔莫尔伯爵的队伍一起旅行。

第8章 "金字塔大脑"

> 像英国这样一个伟大的国家，不应错过招揽一个如此有才能的
> 人的机会。他以惊人的程度掌握了安抚阿拉伯人的秘密，完全可以
> 让他们按自己的意愿行事。
>
> ——查尔斯·菲茨克拉伦斯中校:《跨越印度，穿过埃及，
> 前往英国的旅程日记，1817—1819年》，对贝尔佐尼的描述

乔万尼·贝尔佐尼一直是一个擅长主持演出的人，他为开罗的拖延而烦恼，而他的心还惦记着帝王谷和塞提一世的坟墓。他资金短缺，但仍设法雇用了一位名叫亚历山德罗·里奇的年轻意大利画家，他"非常擅长画画"，并通过练习成为一名能够誊抄象形文字的能手。贝尔佐尼派他前往尼罗河上游，指示他开始复制。很快他就形单影只了，因为萨拉已经厌倦了尼罗河，想前往圣地，而他计划在完成挖掘墓葬的工作后去那里与她会合。1817年圣诞节后的几天，她穿着青年男子的服饰去了耶路撒冷。忠实的詹姆斯·柯廷和翻译乔万尼·菲纳蒂陪着她，还有一名土耳其士兵，要去耶路撒冷与阿卡港的威廉·约翰·班克斯会合。[1]

一个悲惨的消息在开罗等待着贝尔佐尼等人。布克哈特在他们在外期间死于痢疾,而他去西非的任务还没有完成。但至少他知道"年轻的门农"正在去往英国的路上,也该瞑目了罢。贝尔佐尼在职业生涯的关键时刻失去了一位有价值、有影响力的朋友。贝尔佐尼四处寻找资金,意识到他唯一的收入来源是索尔特分给他的少数文物。其中有两尊塞赫迈特女神的狮头人身雕像,他设法将其卖给了法国皇家收藏品总监德·福尔班伯爵,价值 7 000 比索。[2]

这段时间,贝尔佐尼住在英国领事馆,招待了很多经常路过开罗的欧洲游客。他收藏的古董——或者更确切地说,是索尔特的收藏——已经成为开罗的一个旅游景点。他的发现经常在法国和英国的报刊上受到热烈讨论。1818 年,贝尔佐尼写给卢浮宫的一位朋友的信在一本法国期刊上发表。他的主张和发现很快被《古埃及记述》的天才编辑、伟大的埃德米·若马尔所驳斥。他完全不相信贝尔佐尼对塞提一世石棺的描述。但是,布克哈特和索尔特都曾在《季度评论》和其他有影响力的伦敦期刊上热情赞扬了贝尔佐尼的发现和利用机械的才能,按照亨利·索尔特的说法,"这使他在底比斯和其他地方都取得了巨大的成功,能够发现最具悠久历史价值的物品,它们曾长期阻碍了学者的研究"[3]。不管法国人喜欢与否,贝尔佐尼很快就获得了天才考古学家的声誉。

贝尔佐尼偶然间将他的藏品展示给了爱德华·穆尔少校,他是一位对古董感兴趣的军官,当时带着来自印度的信件前往英国的途中路过开罗。穆尔是伦敦文物协会的成员,和现在一样,当时是英国一个有影响力的考古协会。他去亚历山大港的旅行被大风耽搁了,所以这位信使跟随贝尔佐尼去了吉萨。这两位考古学家对第二大的哈夫拉(胡夫的儿子)

金字塔内部进行了简单的推测，这座金字塔从未被打开过，尽管有法国和英国特派代表曾进行尝试的说法。

穆尔的到来重新点燃了贝尔佐尼对吉萨的兴趣。亨利·索尔特本想让他在第二次旅行前到那里发掘，但这位意大利人拒绝了。一位同乡——那位反复无常的船长乔万尼·卡维利亚，在那里工作很努力，不想在他手下工作。德罗韦蒂和索尔特都在上埃及，所以这里没有人来捣乱。在穆尔游览吉萨几天后，贝尔佐尼和另一群欧洲人再次游览了吉萨。当他的同伴参观胡夫大金字塔时，贝尔佐尼独自走了出去，坐在一块巨石的影子下，沉思着："这么多年来，这种巨大的东西一直让古代和现代作家困惑不解。"[4]他绕着金字塔走来走去，寻找入口的蛛丝马迹。在库尔纳和帝王谷工作了几个月后，他有了一双锐利的眼睛。在北边，他注意到金字塔的底部堆着沙子和碎石，比任何一扇门的门楣都高。他所有的本能都示意他，当时的地面下有一个不易察觉的入口。

第二天，他回到开罗，没有告诉任何人他的计划，这在情理之中。有很多人都在谈论在欧洲开始一项公开募捐以打开金字塔，如果必要的话，可以使用火药。人们提到德罗韦蒂可能会成为这一计划的领导者。一些权势人物可能会阻碍贝尔佐尼的计划。幸运的是，贝尔佐尼利用走后门的手段，从帕夏的副手那里获得了一份许可证。

贝尔佐尼带着一个小帐篷和一些食物，悄悄地离开开罗，表面上是在前往城市东部的穆卡塔姆山进行考察。他口袋里只有200英镑，他担心他的法国对手会试图阻止他的挖掘，或者至少会在公共场合嘲笑他们。在吉萨，他顺利地招募了80人，并让他们在两个地点进行挖掘，一个在金字塔的北侧，另一个在金字塔的东侧，在这一面仍然可以看到

掠夺尼罗河

坐落在金字塔前的哈夫拉丧葬神庙的遗迹。

　　起初挖掘工作进展缓慢，因为坚硬的石头和砂浆把工人的锄头弄弯了。但是，神庙附近那一队人很快就挖到了地下 12 米处，工人们在那里发现了一条石砌路面，现在人们知道这是围绕金字塔的一条路。经过 16 天的艰苦挖掘，发掘者揭开了金字塔原来的表面，并移走了很多大石头，在两块巨石之间发现了一个小缺口。这个裂缝可以毫无阻碍地插入一根长的棕榈树枝，深入其中接近 2 米。第二天，他们移走了一块松动的石头，露出一个被堵住的小的入口，但这并不是什么通道。又过了一无所获的几天，贝尔佐尼给他的工人们放了一天假，回来对金字塔陷入了沉思。

　　这时，贝尔佐尼令人难以置信的对历史的"嗅觉"得到了充分发挥。他漫步回到胡夫金字塔，突然发现这个入口从基线的中心向东边偏

图8.1　哈夫拉第二大金字塔的入口

移。他急忙回到那座没有打开的金字塔，测量了同样的距离，发现了一条线索——这些沉积物显然没有很好地压实，因此金字塔表面有一个轻微的凹陷，他估计入口就在那里。"我的金字塔大脑又重新燃起了希望。"他说。[5]他意识到堆积在北面的垃圾比胡夫金字塔同一面的入口要高，把它掩埋住了。

新的挖掘工作进展缓慢，因为地面非常坚硬。很快，三块巨石出现了，两边各有一块，顶部有一块，都朝着金字塔的中心倾斜。然后，1818年3月2日，贝尔佐尼第一次看到入口。事实证明，通往金字塔的倾斜通道高1.2米，由巨大的花岗岩构成。经过两天的疏通，贝尔佐尼发现现在水平的狭窄通道被一块嵌在墙上凹槽里的巨大的花岗岩挡住了。

幸运的是，在石头和地面凹槽之间的底部有一个小间隙，这使得贝尔佐尼能够测量出吊闸巨石的厚度。他发现它有38厘米厚。通过仔细地用大麦茎进行探测，他们发现顶棚上有一个可以容纳巨石的空间。他们缓慢而费力地用杠杆把巨石举起来，并用小块的岩石把它支撑住。一个身材矮小的阿拉伯人拿着蜡烛钻了进去，并告诉大家这条通道是畅通的。不久，贝尔佐尼就把这个闸门提高到了可以容纳他那高大身躯的高度。

开始工作一个月后，贝尔佐尼进入了墓室的内部。他发现地面下倾并延伸到一条低处的通道上，这条通道在北面的第一条通道的下方向后、向下延伸。通道的墙壁结了一层盐壳，尽头是一个有山墙顶棚的巨大的墓室，长14米，宽4.8米，高7米，由坚硬的岩石雕刻而成。一个巨大的红色花岗岩石棺陷在地面上。石棺被砸开了，被垃圾填满了一半。从开罗带来的一个科普特人翻译了一段阿拉伯语铭文，铭文证实，在贝尔佐尼之前已经有其他人来过这里。

贝尔佐尼立刻清理了通向北面的主通道下面那条倾斜下降的通道。他发现了另一个墓室和第二个闸门，并确定真正的入口位于基底外面。与此同时，队员在石棺里的垃圾中翻找，发现了一块骨头碎片。贝尔佐尼兴奋地把它寄给了格拉斯哥亨特利安解剖学博物馆的馆长，馆长称它来自一头公牛。被鉴定为公牛似乎让贝尔佐尼非常沮丧，并引起了一些人的耻笑。贝尔佐尼形容取笑他的人非常小气，"没有对文物的品位"。

这时，亨利·索尔特已经回到开罗，他一直在帝王谷挖掘王室墓葬，但没有成功。紧随其后的是查尔斯·菲茨克拉伦斯上校——一位像爱德华·穆尔一样的贵族军官，他正把印度总督黑斯廷斯勋爵的急件送往伦敦。菲茨克拉伦斯从红海走陆路前往埃及，到了领事馆，累得要死，天黑之后，他被"我周围靠墙而立的令人惊奇的雕像"吓了一跳。他以为自己在地下墓穴里，"我都不记得我是在一个锲而不舍、最成功的文物研究者的至圣所里了"。上校来的时候索尔特正在吃饭，但是他们的会面因为贝尔佐尼的出现而黯然失色，贝尔佐尼身着土耳其服装，引人注目地出现在他们面前，"这是我见过的最英俊的男人"。[6]

两天后，菲茨克拉伦斯和索尔特跟随这位意大利人前往哈夫拉金字塔。菲茨克拉伦斯对贝尔佐尼的成就及其本人留下了深刻的印象。"我和贝尔佐尼谈了很久，"他写道，"他表示，他最渴望的是要让欧洲的文物研究者都了解他。他说，他将我途经埃及视为一个非常好的机会，他相信我应该会在英国提到他，以便把他的优点带到一个他宣称自己最热爱的国家面前。"很快，菲茨克拉伦斯就承诺发表一篇贝尔佐尼亲笔撰

图 8.2　打扮成土耳其人的乔万尼·贝尔佐尼

写的关于进入第二大金字塔的报道。

　　贝尔佐尼与索尔特的私人关系并不那么亲密。这位领事马上提出支付金字塔发掘的全部费用，大约 150 英镑。但是贝尔佐尼拒绝了，并且小心翼翼地保护着他的最新发现，在某种程度上对这位急于求成的文物收藏者深恶痛绝。这时候，领事馆里到处都是令人兴奋的和独一无二的雕像和数百件稍微小一些的古董，其中很多都是极为罕见的。贝尔佐尼获得的仅有的回报是门农巨像的钱和他卖给法国人的两座雕像的钱。他很遗憾地发现，他的很多发现都被别人侵占了，"除了向我提供资金以外，这些人做的还不如西伯利亚总督做得多"[7]。他觉得自己没有因自己的非凡发现而获得个人荣誉，他如此渴望的名望并没有实现。只有回来的旅行者口口相传，才透露出事情的真实情况。

一系列冗长而旷日持久的争论拖拖拉拉地进行下去。贝尔佐尼和索尔特似乎都无法与对方沟通。最终，他们起草了一份协议，根据该协议，贝尔佐尼下一年度将获得500英镑，这是塞提一世的雪花石膏石棺出售时价格的一半。他还可以在底比斯地区为自己收集藏品时获得协助。对于他来说，贝尔佐尼承诺协助领事搬运仍在上埃及的一些石棺，并尽可能地帮助现在领事在那里的代理人比奇。该协议于1818年4月20日在开罗签署，然后两人友好地道别。于是，贝尔佐尼出发前往底比斯，踏上他第三次也是最后一次尼罗河之旅。

旅途中贝尔佐尼只停下来一次，让地方长官为他的许可证延长期限，这位官员在他之前的行程中给他带来了很多麻烦。贝尔佐尼在帝王谷与亚历山德罗·里奇会合，这位勤奋的艺术家在塞提一世的坟墓里已经工作了两个多月。复制工作进展顺利，因此贝尔佐尼这时开始进行另一项艰巨的任务，为重要的浮雕制作蜡像。这个夏天，贝尔佐尼和里奇大部分时间都住在墓穴里，这是一个比山谷灼热的地面更凉爽的地方，但对于复制象形文字和制作蜡像的工作来说，这里仍然是一个酷热且不舒服的地方。光是蜡就很容易融化，还必须与树脂和细土混合，才能形成一种可以使用的混合物。最困难的工作是在不损坏壁画的情况下做出蜡印模。他们需要制作大量的铸件："我发现和真人一样大小的雕像总共有182个：那些小尺寸的，从1到3英尺，我没有计数，但不会少于800个。这座坟墓里的象形字符有将近500种。"[8]在非常艰苦的条件下，复制工作是一项需要耐性和技巧的惊人壮举。

塞提一世的坟墓此刻被一扇坚固的木门保护着，在 1818 年夏天的大部分时间里，这座坟墓一直困扰着贝尔佐尼。尽管他的许可证完全允许他进入库尔纳的尼罗河两岸，但他几乎没有时间进行挖掘。不幸的是，德罗韦蒂的代理人已经监视了尼罗河两岸。此外，亨利·索尔特在前往开罗之前，悄悄地划占了大量有发掘价值的地盘。贝尔佐尼并没有冒起冲突的危险，而是隐退到了底比斯的他临时居住的"他的坟墓"*里，他第一次自费前往，但却无法为自己挖掘。"无论我在任何地方指出任何地点，其中一方，我指的是德罗韦蒂先生的代理人或索尔特先生的代理人，都会认为这是有价值的场地，并且声称他们很久以前就占有了这里。我真的相信，如果我指向其中一座沙丘或者坚硬的岩石，他们也会说他们正打算第二天破门而入。"9

贝尔佐尼的竞争对手已经采取了有效措施，以确保这位最成功的考古学家被排挤掉。贝尔佐尼在一些地方进行了一些毫无成效的挖掘工作——他早就发现这些地方不会有什么成果，其他人也没有索要这些地方——之后，贝尔佐尼不顾代表索尔特的比奇的抗议，在英国领事划占的尼罗河漫滩上的两个巨像后面的一个地方展开发掘工作。德罗韦蒂已经在那里挖掘过，只发现了一些破碎的雕像。但是贝尔佐尼有他一贯的运气。在挖掘的第二天，他发现了一座华丽的黑色花岗岩坐像，这是法老阿蒙霍特普三世的雕像，几乎完好无损。以令人钦佩的克制，他把所有权让给了亨利·索尔特，只是满足于在底座上刻上自己姓名的首字母。这座美丽的雕像现在可以在大英博物馆里看到。

---

* 指贝尔佐尼发现的塞提一世的陵墓。——译者注

在这次偶然发现之后，贝尔佐尼放弃了挖掘工作，集中精力在他的坟墓上。但他确实设法收集了一些东西，他谦虚地称之为"我自己的一点收藏品，其中有些我可以自诩为好东西，特别是手稿等。"[10]他的库尔纳盗墓贼朋友都乐于把最好的发现卖给他，因为他，在当时所有的挖掘者中，似乎真正地努力去了解他们的社会和生活方式——当然，这在一定程度上是出于完全的利己主义。

由于底比斯几乎对他禁止开放，所以贝尔佐尼的兴趣开始转移。他知道他在埃及的日子即将结束，作为一名擅长戏剧演出的人，丰富的机遇正在欧洲等着他。现在是时候利用他日益增长的盗墓者的名声了，所以他把大部分精力集中在复制塞提一世的坟墓和它壮观的墓室上。同时，他也密切关注了帕夏对红海和尼罗河之间的沙漠潜力突然产生的兴趣。

一段时间以前，两名科普特人在从红海艰难穿越沙漠抵达埃及之后，拜访了帕夏。他们告诉他，他们在俯视大海的库赛尔附近的山上看到了一些古老的硫磺矿。有点兴趣的帕夏四处寻找一位经验丰富的欧洲旅行者去探查这些矿藏，并根据领事德罗韦蒂的建议，任命了法国年轻的矿物学家兼考古学家弗雷德里克·卡约。卡约早在贝尔佐尼之前就来到埃及，曾多次为德罗韦蒂工作，担任政府矿物学家。

卡约于1816年在亚历山大港学习阿拉伯语时遇到了德罗韦蒂。随后，他们一起广泛旅行，尤其是在西部沙漠。[11]按照当时的标准，卡约是一位非常敏锐的地质学家。他证实了硫磺矿是无用的，但也探访了扎巴拉山，这是托勒密时期著名的绿宝石矿床遗址，曾被古典作家描述过，然后就湮没无闻了。两个月后，这位年轻的法国人带着绿宝石矿床的热情洋溢的报告返回。他很快又被派出去，这次是和一伙叙利亚矿工在一起。几个月后，卡约带着4.5公斤的绿宝石原石回来了，讲述了一个有着800间房子和几座神庙的废墟城市的迷人故事。尽管这些遗址距离大海至少有18公里，开罗的不切实际的古董商们立即声称，它们是古代城市贝雷尼丝的遗迹，这是法老在红海上的主要贸易港口，也是与阿拉伯、印度和波斯湾（尤其在托勒密统治下）蓬勃发展的商业中心。在开罗古董商的眼前出现了又一个庞贝城的景象，因为卡约写了一篇关于他的发现的热情洋溢的报告。

几个月后，一名叙利亚矿工在前往埃及购买给养时生病。听说一位基督教徒医生住在帝王谷，他就去拜访贝尔佐尼和里奇求医。贝尔佐尼听到了有关卡约的发现的传言，并仔细询问了这个人。矿工很快提出要带他去那个地方。由于塞提一世坟墓的发掘工作现在几乎已经完成，在底比斯似乎没有什么需要做的了，贝尔佐尼抓住了这次新探险的机会。没几天，9月16日，一支小型探险队便整装待发。探险队的八个人中包括那位矿工、贝尔佐尼、里奇（他的艺术才能可能会派上用场）、比奇和几个仆人。

探险队雇了一艘小船把他们带往上游的埃德弗，在那里他们将横穿沙漠前往红海地区。在路上，他们目睹了一场悲剧的发生。这是洪水创纪录的一年。尼罗河已经超过了前一年的洪水水位1米，淹没了数个村庄，淹死了几百人。所有能用的船只都被用来把宝贵的粮食运到地势高的地方。他们造访的一个村庄已经低于河水平面1.2米。村民们日夜在周围的堤坝上警戒。如果土坝决堤的话，村里没有船，也没有棕榈树可以爬。上游更远的地方，情况更为严峻。整个村庄都被冲走了。人们带着自己的粮食和牲畜聚集在高地上。饥荒近在眼前，因为洪水至少在两周内不会退去，船只也很少。有些人趴在水牛背上或者成捆的芦苇上逃到安全地带。贝尔佐尼什么也帮不上，如果帮的话，他的小船会被那么多人压沉。但在更往上游的阿尔门特，他们花了将近一天的时间将人们运送到河对岸的安全地带。第四次也是最后一次穿越泛滥的尼罗河，才把妇女们带到了安全的地方，"这是他们的财产中最后也是最微不足道的，丢掉她们还不如丢掉牛的损失更令人遗憾"[12]。

图 8.3 乔万尼·贝尔佐尼：《尼罗河泛滥》

在埃斯纳，他们拜访了地方长官易卜拉欣·贝，他非常客气地接待了贝尔佐尼，并且很轻易就给他们颁发了许可证，但有严格的指示：他们不能开采绿宝石。和往常一样，这个土耳其人不明白为什么会有人对废墟或石头感兴趣，并怀疑他们有更多的贪图钱财的动机。矿工领班穆罕默德·阿迦也有同样的怀疑，他在贝尔佐尼抵达后来到埃德弗。这时，当地的酋长已经安排好了骆驼和骑手，还有阿贝达酋长，他是沙漠部落的首领，通往矿区的道路要穿过他的领地。贝尔佐尼依靠讨价还价的技巧把骆驼的租金定在了每天 1 比索，骑手的工资也很低。但第二天他发现酋长不太配合。显然，矿工领班已经表达了他的怀疑，因为他竭力要求贝尔佐尼在半路等他回来。贝尔佐尼不同意，坚持要求趁着酋长还没有进一步拖延他之前，骆驼队也在同一天出发。1818 年 9 月 22 日下午，十六匹骆驼的商队——其中六匹驮着给养，踏上了人们经常走的沙漠古道，这条道路人们已经使用了几个世纪之久。

关于贝雷尼丝，人们知之甚少。这座城市最早凸显其重要地位是在公元前 3 世纪，当时托勒密二世把港口建在一个隐蔽的小海湾里，以抵御强劲的北风。从船长的角度来看，尽管港口本身距离尼罗河有 400 多公里，但由于经常遇到强劲的逆风，所以在贝雷尼丝港卸货，反而缩短了红海上的航程。法老还修建了一条从贝雷尼丝到尼罗河上的科普特斯的道路。一条南部支线在埃德弗与尼罗河相接。随着红海地区对大象、贵金属、外来石头、香料以及诸如"阉人歌手"等奢侈品贸易量的增加，特别是在公元前 1 世纪印度洋季风贸易将亚历山大港与阿拉伯半岛和南亚联系起来之后，这两条道路都变得更加重要。[13]

贝尔佐尼选择了南部路线。旅程的第一段经过平坦但干旱的乡村，那里长满了矮小的埃及榕和茂密的骆驼刺。很快，探险队就发现了一个古老的定居点的遗迹，路边有已经被废弃的曾为早期的旅行者准备的商站，这可以从散落的巨石和填满的水井辨认出来。第二天傍晚，他们就在希阿旱谷的入口处安营，这里靠近一座小的岩凿神庙。附近有一个守卫站的遗迹，里面有骆驼围栏和供游客住宿的地方。

掠夺尼罗河

图 8.4　乔万尼·贝尔佐尼：《前往贝雷尼丝途中的神庙》

他们在 9 月 25 日破晓前重新开始他们的旅程，来到了一个沙漠化程度更高的国家，那里几乎看不到植被。这天晚上，亚历山德罗·里奇病得很重。贝尔佐尼在他病情恶化之前让他返回了埃及。他还把队伍一分为二，沉重的行李沿着主干道往东走，而他和比奇则走小路去看当地人描述的一些废墟。他们发现，这些原来是另一个路边供水的地方。

当地的阿巴德人居住在散布在沙漠中的小定居点。他们是有独立思想的游牧民族，不对任何政府效忠。有些人靠饲养和买卖骆驼过着紧巴巴的生活，但大多数人都能自给自足。他们肤色黝黑，头发乌黑卷曲，非常像贝尔佐尼在阿布-辛贝尔见过的努比亚人。大多数阿巴德人几乎光着身子走来走去，只有发型经过精心设计。他们会在头发上覆盖一小块羊肉脂肪——如果他们有肉的话。脂肪在炎热的阳光下融化，产生出"鼻子好的人能闻到的一种美妙的气味"。[14] 贝尔佐尼发现阿巴德人非常友好，也愿意出售一些羊，尽管由于长期干旱，几乎买不到羊。他对他们的忍耐力感到惊奇，因为即使在最热的季节，他们也能在没有水的情况下坚持走上 24 小时。

9 月 29 日下午两点左右，在路上走了 7 天之后，他们远远地看到了红海蓝色的海水。第二天，他们到达了那位矿工在扎巴拉山脚下的营地。营地的条件令人震惊，饥荒是经常发生的事情。从埃及用骆驼运送的给养从来没有准时到达。阿巴德人对这些矿工的到来以及他们对当地妇女的粗鲁行为感到不满。在古代的矿坑中没有发现绿宝石，而清理旧的竖井的工作非常危险。打架斗殴是司空见惯的。至少有两名矿工在反对他们头领的暴动中丧生。

贝尔佐尼急于继续前进。于是，他停下来，对这些古老的矿井进行了短暂的观察，从矿工那里打听尽可能多的（模糊的）信息，并请了一位当地的向导带他们前往卡约所描述的古城进行短暂的旅行。

这次旅行是一场干渴而且艰苦的噩梦。他们的向导带领他们穿过崎岖狭窄的山谷和陡峭崎岖的山口，这让他们的骆驼精疲力竭。在山顶上仍然看不到贝雷尼丝，不过卡约的热情描述让贝尔佐尼对高耸的柱子和精致的神庙充满了期待。

显然，卡约的描述严重地夸大其词。他们在海边遇到一些围栏和墙壁废墟，向导坚持认为这是卡约描述的城市遗址。人们不断地规劝他，因为贝尔佐尼决心继续向海岸前进。最后，他又骑上了他的骆驼，这让这只动物很恼火，它们宁愿待在原来的地方。其余的队伍不情愿地跟着贝尔佐尼，将骆驼驱赶进一个朝南的山谷。在四个多小时的时间里，他在山谷中四处寻找废墟，但一无所获。旅行者们在一块大石头下扎营。他们这时已经没有水了，只剩下能吃二十天的饼干。最近的水源在

24公里外，所以骆驼被送去喝水，并为队里的人打水。与此同时，这些欧洲人吃了些饼干和一块放了三天的羊肉，这让贝尔佐尼很庆幸自己没有嗅觉。

第二天早上，贝尔佐尼和比奇去了一个大约8公里远的小山上，去调查这里的景观。没有城市，也没有红海，贝尔佐尼意识到卡约的报告是完全错误的。他非常失望，把卡约描述的遗址比作堂吉诃德的幻想。

旅行者们现在几乎迷路了，因为他们没有地图，除了让-巴普蒂斯特·布吉尼翁·德安维尔于1766年出版的著名的《红海地图》。这张地图既不准确，比例也太小。[15]山谷排水的趋势似乎是向南，贝尔佐尼推测红海是在那个方向。当疲倦的骆驼回来时，他下令沿最不艰苦的路线继续旅行。最后，商队向东北方向出发，沿着陡峭的山谷来到了一个狭小的山口，这个山口被称为库尔姆·埃尔·盖马尔（Khurm el Gemal），贝尔佐尼将其翻译成"出租骆驼"（rent of the camels）。在那里，他们在日落时分扎营。第二天中午，他们看到了红海的蓝色海水，很快就"像鳄鱼跳进尼罗河一样"跳进大海。

贝尔佐尼现在只剩下十七天的食物，他们转向南沿着海岸行进，寻找这个难以捉摸的港口。骑手们提出了抗议。面对贝尔佐尼的决心，他们的抗议是徒劳的，因此骆驼在井边饮完水，探险队就沿着布满沙子和岩石的海岸出发了。他们很快遇到了一些渔民，渔民们乘坐粗糙的独木舟在离岸一段距离的地方插鱼，为他们捕到了一顿饭。贝尔佐尼还吃了从岩石上捡来的贝类。不幸的是，这加剧了旅行者们的口渴。

探险队这时被一分为二。行李和大部分骆驼被送到附近山里有泉水的地方，而比奇和贝尔佐尼则带着五个男人、两个男孩和五匹骆驼，带着尽可能多的水向南行进。两天后，探险队虽然不饿，但还是很渴，因为他们在一个没有人的渔民营地里自己煮了些鱼吃。比奇小心翼翼地为这顿饭留下一些钱，因为居民们一看到陌生人就逃走了，不肯回来。10月7日，他们到达了拉斯·巴纳斯，在岸边安营扎寨，只剩下少量的水能缓解他们强烈的口渴。第二天，他们来到了一座荒芜已久的城市的明显标志前。"我们进入了这座城市，"贝尔佐尼回忆说，"立刻看到了整齐的房屋、主要的街道、它们的构造，以及市中心一座几乎被沙子覆盖的埃及小神庙。"16该遗址被群山环绕，受到北边的拉斯·巴纳斯的庇护。贝尔佐尼测量了这个城镇，发现它的面积超过 609 米乘 488 米。他深信——后来考古学家也证明了他是对的——这就是贝雷尼丝的遗址。但它远不如贝尔佐尼所期待的那样壮观。

时间所剩无几，因为水的供应在减少，而且他们自从几天前吃过煮熟的鱼以后，没有吃过别的东西，只有饼干。他们的向导既口渴难耐，又焦躁不安，所以贝尔佐尼不得不保证第二天中午离开。幸运的是，当时是满月，他们可以在晚上进行勘测和描绘。其中一个埃及男孩被派去清理神庙里的沙子。由于某种原因，贝尔佐尼忘记带铁锹，所以他们只好使用一个大贝壳。男孩设法清理了一个 1.2 米深的洞，并挖出了一块浮雕和一部分铭文，这些铭文刻在一块红色角砾岩（天然胶结岩石）的小石板上。他们把它带走作为来访的证据。我们现在知道这座神庙是为塞拉匹斯神而建的，这是罗马时期尼罗河流域非常流行的阿匹斯-奥西里斯崇拜。

当这个男孩在挖掘这座神庙时，比奇和贝尔佐尼调查了整个城镇。他们发现这些房子靠得很近，最大的长 12 米，宽 6 米。很多都比较小，贝尔佐尼估计在贝雷尼丝有 4 000 栋房子。但他把这个估计减少一半到 2 000，"这样我就不会被误认作另一个卡约了"。贝尔佐尼有足够的时间来完成这些计算并测量神庙——他发现它长 39.6 米，宽 13 米。他计算出，贝雷尼丝在最繁荣的时候，大约有 10 000 人居住在那里。

他们很幸运，在第二天的午夜时分，在贝雷尼丝后面的小山上的一口井里找到了水源，这个水井名叫阿哈拉特。更妙的是他们看到一群羊，但主人很快"赶走了这些被惦记着的食物"。贝尔佐尼派他的骑手追赶，他们拦下了照看羊群的两个年轻女孩，她们正要偷偷藏起来。"为了吃上她们的羊肉，我们对她们彬彬有礼，"贝尔佐尼谨慎地说，"但是羊占了上风，占据了我们主要的注意力。"[17] 他们很快就吃上了半熟但很硬的羊肉，这是几天来的第一次。两天后，他们在阿穆苏泉重新与探险队的其他人会合，那里有大量的水源，还可以在路上观察从贝雷尼丝到尼罗河的古老的商队路线的遗迹。

贝尔佐尼现在确信他已经找到了贝雷尼丝，卡约所看到的只是一个由小房子组成的大型矿工营地。这些小房子散布在干旱多山的地带，太阳像烤炉一样炙烤着这里的土地，生活艰苦而孤独。这些荒凉的废墟激发了卡约的想象力。他在房子里来来回回地溜达了一段时间。"我心满意足，"他写道，"我向一个小镇致敬和欢呼，这个小镇至今对我们所有的旅行者来说都是未知的，它可能已经有 2 000 年没有人居住过了，几乎完整地立在那里。"[18] 贝尔佐尼显然很轻视这个地方。他数了只有 87 所房子，而卡约估计有 800 所。

返回的旅途又累又渴。当他们到达尼罗河河边的山脉时，骆驼累得几乎爬不动了。有四头死在路边。旅行者们深受坏了的水井和口渴的困扰。五天后，当他们到达希阿旱谷神庙时，他们口渴得很。最后一口井里的水，去程时味道非常糟糕，"我们回来的时候喝起来如此甘甜"。

10 月 23 日，外出一个多月以后，贝尔佐尼和比奇重新登上了他们的船，并付清了他们的疲劳的骑手的工资，小心地把袖珍手枪赠送给帮了大忙的当地的酋长。这时尼罗河的洪水已经退去了。"以前在水下的土地现在不仅干涸了，而且已经播上种子；急流冲走的泥泞村落都获得了重建；篱笆打开了；那些在田里干活的农夫，都有了不同的面貌。"[19]

贝尔佐尼有充分的理由感到满意。他在困难的条件下进行了一次艰苦的沙漠旅行，回来时没有失去一个人。他解开了贝雷尼丝的谜团，从一个更理智的视角重新审视卡约的发现。他现在可以回到他的考古研究中去了，他知道，他已经在这些激动人心而又与众不同的发现中建立起了可靠的名声，这正是贝尔佐尼最珍视的。

注释

1　萨拉·贝尔佐尼的旅程对于一个独立旅行的女人来说是一个相当大的成就，不过她在伊斯兰国家有丰富的旅行经验。当时女性在没有丈夫陪同的情况下旅行是很危险的，这件男式服装是明智的预防措施。

　　威廉·约翰·班克斯（1786？—1855 年）是一位旅行者、收藏家和古董商，出身于一个富裕家庭，在英格兰南部多塞特郡拥有金斯敦-莱西庄园（Kingston Lacy）。在半岛战争期间，他曾作为威灵顿公爵的一名副官，在近东地区，特别是埃及四处旅行。他强烈反对商博良对象形文字的破译方法，但对这个问题始终保持着终身的兴趣。班克斯后来成为国会议员，再后来因为同性恋被迫离开英国。他大量的埃及藏品仍保存在金斯敦-莱西庄园。最近出版的传记有帕特里夏·乌西克的《埃及和努比亚历险记：威廉·班克斯（1786—1855）的旅行》［Patricia Usick, *Adventures in Egypt and Nubia：The Travels of William Bankes (1786—1855)*, London：British Museum Press, 2002］。

2　对应的精确的现代价值不太可能确定，但可能是大约120美元，这在当时是一个相对比较大的金额。埃及货币是以土耳其比索为基础的，直到1834年穆罕默德·阿里重新估价并重组货币体系。

3　Belzoni, op. cit.(1820), 255.

4　Ibid., 266.

5　法老哈夫拉（公元前2558—前2532年）在位时间相当长，他在比他父亲的金字塔地势高一些的地方建造了第二座吉萨金字塔。这让人产生了一种错觉，即它比大金字塔高，实际上它要矮一些，有136.4米。两个入口的通道连接起来，通向墓室。贝尔佐尼留下了他来访的永久记录。他用炭黑把自己的名字写在了墓室南面的墙壁上，直到今天都能看到。

　　狮身人面像是哈夫拉陵墓的一部分，由坚硬的石灰石雕刻而成，是一头蹲着的人头狮子，在太阳从东方升起的那一刻，代表着太阳神拉-霍拉赫提。出处同上，第256页。

6　本段和下一段的引用出自查尔斯·菲茨克拉伦斯的《跨越印度，穿过埃及，前往英国的旅程日记，1817—1819年》（Charles Fitzclarence, *Journal of a Route Across India，Through Egypt to England，1817—1819*, London：John Murray, 1819, 66ff.）。

7　Belzoni, op. cit.(1820), 252.

8　Ibid., 294.

9　Ibid., 290.

10　Ibid., 294—295.

11　弗雷德里克·卡约（Frédéric Cailliaud, 1787—1869年）是一位技艺精湛的艺术家、地质学家和矿物学家，他绘制了多幅西部沙漠绿洲的地图，其中的哈尔加使得法国学者能够编写《古埃及记述》来完善自己的研究。卡约还探索了努比亚博尔戈尔山(Jebel Barkal)的阿蒙神庙，是第一批描述白尼罗河东岸的麦罗埃城(Meroe)的古物学家之一。麦罗埃在今天的苏丹喀土穆以北大约200公里。麦罗埃在公元前593年到公元350年红海贸易中兴旺发达，也是一个重要的铁加工中心。卡约继续在埃及和周边沙漠四处旅行，直到1822年，他回到法国，再也没有前往埃及。随后，他出版了一部四卷本著作《麦罗埃和白尼罗河之旅》(*Voyage à Méroé et au Fleuve Blanc*, Paris: Imprimerie Royale, 1826—1827)。有关传记，请参阅米歇尔·肖韦的论文《一位博物学家在埃及和苏丹的冒险》(Michel Chauvet, "Les adventures d'un naturaliste en Égypte et au Soudan: 1815—1822," *Toutanhamon Magazine* 8 (1999):1—6)。

12 关于洪水，贝尔佐尼有生动的描述，参见他的《故事》一书[*Narrative*, op. cit.(1820), 299ff.]。19世纪90年代在埃及工作的英国灌溉专家威廉·威尔科克斯(William Willcocks)写道："尼罗河使每个埃及人有充分的理由心中充满恐惧。"他描述了村民们为将水从他们的村庄导入水库所做的疯狂努力，这是一项全年都需要维护灌溉工程的艰巨工作。参见威廉·威尔科克斯的《东方六十载》(William Willcocks, *Sixty Years in the East*, London: Blackwood, 1935), 本条引用出自第111页。由于洪泛平原的平均高度只有2米，所以高水位和低水位洪水之间、饥饿和灾难性洪水之间的差别非常小。

13 贝雷尼丝后来的繁荣很大程度上归功于一位名叫希帕鲁斯(Hippalus)的亚历山大港希腊船长发现了印度洋的季风，他是公元前1世纪的一位航海专家。他乘着西南季风从阿拉伯直接航行到印度，并且乘着东北季风在一年的时间里返回。在相当短的时间内，罗马、亚历山大港和印度之间的贸易量呈指数级增长。

14 阿巴德人是一个古老的贝都因部落。关于贝雷尼丝旅程叙述的引用，出自Belzoni, op. cit.(1820), 316ff.。

15 让-巴普蒂斯特·布吉尼翁·德安维尔(Jean-Baptiste Bourguignon d'Anville, 1697—1782年)成为他那个时代最受尊敬的制图家，他的地图以其精确性而闻名。他的非洲地图，包括红海地区，在19世纪大规模勘察之前一直是标准的参考资料。

16 拉斯·巴纳斯现在是一个重要的潜水胜地。引文出自 Belzoni，op. cit. (1820)，332。

17 Ibid., 335.

18 Frédéric Cailliaud，*Voyage à l'oasis de Thèbes et dans les deserts et situé à l'orient et à l'occident de la Thébäid*，2 vols.（English edition，London：Phillips，1822），134.

19 Belzoni，op. cit.(1820)，346.

第 9 章　菲莱的闹剧

> 我现在必须与邪恶进行新的斗争；尽管我做了所有的研究以避
> 免把污秽的恶行带到公众面前，但我发现我难以避免把它们写入这
> 本书中。
>
> ——乔万尼·贝尔佐尼：《埃及和努比亚的金字塔、
> 神庙、坟墓中的文物搜寻、最新发现和考古发掘的故事》，
> 关于他的敌人的描写

沙漠引诱着乔万尼·贝尔佐尼。有一段时间，他渴望独自探险，也许是为了逃避底比斯的内部斗争。他一到尼罗河谷地，就开始计划返回贝雷尼丝，或者去西部沙漠中的哈尔加大绿洲旅行，卡约也去过那里。但是库尔纳的进展让他没有成行。

亨利·索尔特这时就住在这个村子附近，有一大群有钱的旅行者陪同。这些人中包括普鲁士贵族阿尔贝特·冯·萨克男爵，他是一位专注于热带环境的博物学家；威廉·约翰·班克斯，他是一位喜欢旅行和畅谈的年轻的文物爱好者。班克斯和诗人拜伦勋爵一起上过大学，在一些方面和他有同样的自由主义品位和价值观。[1]他们的探险队正以高调的

方式进行，希望悠闲地前往尼罗河第一瀑布，主要目的是搬运贝尔佐尼在他的第一次旅行中以索尔特的名义宣布占有的那座美丽的方尖碑。

索尔特现在把自己对方尖碑的权利转让给了班克斯，当贝尔佐尼接受将它运到开罗的任务以后，班克斯显然非常高兴。贝尔佐尼欣然加入了探险队，因为过了最近几个月的苦日子之后，这种奢华令人难以置信。这位领事搭乘一艘大船，两艘小一些的船载着班克斯和男爵，一条喧闹的小船载着"绵羊、山羊、家禽、鹅、鸭、鸽子、火鸡和驴子"跟在后面，"为船队伴奏着一场永不停歇的音乐会"。贝尔佐尼并没有被这种奢华的浪费所感动。"即使是在餐桌上，"他挖苦地写道，"在吃完难以消化的饭菜之后，我们也没有冰来给自己降温，饭后我们会吃点水果，只有两种酒喝。总之，由于疲劳和危险的旅行方式，我们的生活受到了困扰。"[2]

在库尔纳的停留给了贝尔佐尼和索尔特在一起的一些时间。贝尔佐尼抱怨说，他没有机会为自己收集文物，因此，一项新的、更令人满意的协议达成了。他以后可以在英国占有区的尼罗河两岸由索尔特出资挖掘，1/3 的发现物将归他所有。令人惊讶的是，贝尔佐尼和索尔特没有在更早之前达成这样的协议，因为这才是迄今为止最公平的安排。

不久之后，贝尔纳迪诺·德罗韦蒂来到底比斯。他立即提出要购买塞提一世的雪花石膏石棺，但被一口回绝。贝尔佐尼和索尔特陪同德罗韦蒂参观了卡尔纳克遗址，检视为英国保留的各个地区。这次会面表面上是热诚的，关于敌对主张的误解很快就被消除了。德罗韦蒂虽然态度友善，但一直在讲述一个穿着像贝尔佐尼一样的人的故事，他躲在废墟中，想要给人造成意大利式的伤害。所以他就警告了当地酋长关于那个陌生人的事。索尔特对这个故事一笑了之，但贝尔佐尼很担心："如果我碰巧去了废墟中——这是我经常会做的事情——有人给了我一枪，他们可能事后会说，他们误以为我是那个在衣着和身材上假扮成我的人。"[3]这件事使贝尔佐尼处于戒备状态，这也许是幸运的。

参观结束后，德罗韦蒂在遗址中的小屋里用冰冻果子露和柠檬水款待他的客人。人们一直在谈论贝雷尼丝和各种古董，直到贝尔佐尼无意中说出他计划搬走在菲莱的方尖碑，尽管这个季节已经很晚了。德罗韦蒂立即装出惊讶的样子。他说，阿斯旺的无赖欺骗了他，因为他们曾多次许诺要把方尖碑带给他。贝尔佐尼指出，他在第一次访问努比亚时，就代表索尔特宣布占有了它，并支付了警卫的费用来保护它。他很快解释说，索尔特把方尖碑给了班克斯，而他，贝尔佐尼，代表班克斯，要把它搬运到亚历山大港。德罗韦蒂于是以非常礼貌的态度把所有权让给了班克斯，而不是像几个月前他把花岗岩石棺"送给"贝尔佐尼那样。他有可能认为这座方尖碑永远无法移动。但他仍然若无其事地询问英国的探险队计划什么时候出发。[4]

两天后，11月16日，这个人数众多的旅行队便动身前往第一瀑布。六天后，他们来到了埃德弗神庙，在那里他们发现德罗韦蒂的代理人正在拼命挖掘。[5]他们还听说其中一名代理人在收到下游的紧急消息后，便匆匆忙忙地赶往菲莱。再往上游一些，他们就赶上了皮埃蒙特人安东尼奥·莱波洛，他是德罗韦蒂的代理人之一，非常憎恨贝尔佐尼，他乘小船快速地沿着尼罗河向上游驶去。他拒绝停船回应他们的大声招呼。贝尔佐尼十分担心地在考姆-翁布离开大部队，租了一艘特殊的船只，尽快把他带往阿斯旺。

　　　　　　　　　　　　　　　　　掠夺尼罗河

他到达阿斯旺时，闹剧已经结束了。莱波洛试图说服当地人不要让贝尔佐尼获得方尖碑。这里的地方长官曾受惠于贝尔佐尼，他指出英国人在三年前就占有了方尖碑，并一直付钱请警卫看管。这个狡猾的皮埃蒙特人这时候便诉诸贿赂。他来到菲莱，假装释读方尖碑上的铭文，并告诉那些容易上当受骗的当地人，象形文字表明这座纪念碑是属于德罗韦蒂的祖先的。通过贿赂和在当地官员面前的"宣读碑文"，莱波洛完成了他的卑鄙伎俩。他随即消失了。

贝尔佐尼来得太晚，无法阻止莱波洛，但他设法说服了阿斯旺地方长官相信自己的主张是合法的。时间显然是至关重要的。方尖碑必须立即运走，否则尼罗河水位会降得太低，无法安全穿过大瀑布。因此，贝尔佐尼决定无视莱波洛虚假的所有权声明，而是相信占有者在诉讼中总占上风。幸运的是，他和当地人的关系比德罗韦蒂苛刻的代理人要好得多。他厚着脸皮向地方长官赠送了一块漂亮的手表，并提前把自己一半的钱都给了船长，作为运送方尖碑穿过瀑布的贿赂。这是贝尔佐尼说服力的一个有趣的表现，两个月前，也是这位船长，因为水位已经太低而拒绝为德罗韦蒂执行同样的任务。

这位大力士不失时机地把他的专长发挥出来。他装配了一套拖曳滑车，然后将船停泊在靠近方尖碑的河岸上。他最大的困难是找到合适的木棍把纪念碑移到岸边几米处，因为木材供应不足。但在接下来的几天里，终于有了足够的木材可以用来移动方尖碑，其方法与搬运"年轻的门农"所用的方法相当类似。就在行动即将开始的时候，地方长官亲自带来了一封德罗韦蒂的信，信中说，除了他自己，任何人都不允许移动方尖碑。索尔特让贝尔佐尼向德罗韦蒂致意，告诉他英国人无论如何都会搬走它。

与此同时，工人们在河岸外修建了一条粗糙的石堤，而贝尔佐尼则去探查穿过大瀑布的河道。然后灾难发生了。当方尖碑沿着堤道滚动出来时，地基石陷入泥浆中。这座无价之宝慢慢滑入尼罗河。贝尔佐尼惊呆了。只有方尖碑的尖顶还可以在旋涡的水面上看到。

探险队仅留下贝尔佐尼解决他的问题，其余成员继续向上游航行进入努比亚。通过对方尖碑的仔细检查，这位意大利人确信，两三天内就肯定能看到方尖碑。幸运的是，菲莱的工人都很强壮，而且非常愿意工作。他们把大量多余的石头运到河边，然后把它们放在水下靠近方尖碑的地方。现在贝尔佐尼有了自己的想法。他在纪念碑下安置大的杠杆系，然后逐渐地把它抬到陆地上，当它转向岸边时，在下面堆了一层石头。两天之内，方尖碑就矗立在了陆地上。

与此同时，德罗韦蒂的代理人把整个阿斯旺镇闹得沸沸扬扬，并把阿迦带到菲莱，试图阻止行动。但无论是地方长官还是当地人，似乎都不想阻止贝尔佐尼，他们认为这场争吵是英国人和法国人之间的问题。贝尔佐尼坚定不移地继续装船，利用棕榈树干搭成的桥把方尖碑移到了在一旁等候的船上。

第二天早上，贝尔佐尼把船和它上面珍贵的货物带到大瀑布最陡峭的长约375米的边缘。他为下降做了仔细的准备。他把一根粗绳系在急流上游的一棵大树上，另一端放在船上，这样，留在船上的五个人就可以控制船在急流中穿行。与此同时，贝尔佐尼在大瀑布两边的岩石上派驻了一些人。他们也抓住绑在船上的绳子，这样他们就可以拉动或松开绳子，防止船被岩石撞扁。一切都取决于河工们的技术，因为只靠系在

　　　　　　　　　　　　　　　　　　掠夺尼罗河

大树上的绳子并不能使船停下来。只需检查一下急流中急速下降的速度就能使船主忧心忡忡。他泪流满面地求贝尔佐尼把船还给他。最后，他倒在地上，把脸埋在沙子里，拒绝亲眼目睹他最宝贵的财产即将被毁。

当一切就绪，人员就位后，贝尔佐尼发出信号，放松缆绳：

> 这是我见过的最壮观的景象之一。这艘船行走的过程，大概可以按每小时 12 英里的速度计算。根据船行的速度，陆地上的人放松缆绳；在 100 码远的地方，船碰到了一个漩涡，漩涡拍打着一块岩石，向船折返回来，这在很大程度上帮助船停了下来。岸边的人把船拉离那块石头的方向，船继续前进，速度逐渐减慢，直到到达瀑布的底部；看到它脱离危险，我高兴极了。

即使工人们也为安全通过而激动不已。船主"脸上带着喜悦的表情来到我面前，这是很容易料到的"[6]。

接下来还有两三个危险点需要穿越。这些危险点没有造成什么麻烦，珍贵的货物当天安全抵达阿斯旺。贝尔佐尼最大胆、最棘手的一项壮举以辉煌的成功告终。因为不知道什么时候还会回来，所以他很仔细地把当地人和地方长官的钱还清，让每个人都满意，并尽快动身前往下游的底比斯。逆风拖延了航程，所以贝尔佐尼通过陆路前行，终于重新住进了塞提一世墓里的旧居中，在那里他发现萨拉正在等他。

萨拉也经历了一场去巴勒斯坦的冒险之旅，在挫折和危险方面可以与贝尔佐尼的艰辛之旅相媲美。在詹姆斯·柯廷和乔瓦尼·菲纳蒂的陪同下，她及时赶到耶路撒冷过复活节，在约旦河沐浴，并访问了拿撒勒。大多数时候，她都打扮成马穆鲁克青年男子，独自旅行，在 19 世纪初巴勒斯坦的混乱时期，这是一件危险的事情。当意识到她丈夫不会和她会合时，萨拉乘坐一艘气味难闻的邮轮回到亚历山大港。她订的小屋里满是甜瓜，甲板上挤满了阿尔巴尼亚士兵。很快她就得了严重的胃热。几年后，她写道："我从未在海上经历过像这样毫无价值的航行。"倒霉的邮轮用了不少于 13 天的时间，才从雅法到达埃及。[7]

她订了一艘船带她去底比斯，只有一个马穆鲁克年轻人陪同。旅途很不舒服，因为大雨浸湿了她的被褥和财物。同样的暴风雨把泥土冲进了塞提一世的坟墓，湿气导致一些墙壁开裂。她找人把泥巴清除掉，然后坐下来等她丈夫。他于 12 月 23 日归来，他们在一起度过了一个安静的圣诞节，"隐居在这些幽静的地方，不被人类的愚蠢所干扰"。[8]这是一次美妙的休憩和团聚。

圣诞节后的第二天，贝尔佐尼和他的希腊语翻译骑上驴子，在两个阿拉伯仆人的陪同下去了卡尔纳克。圣诞节前夜，方尖碑已经安全抵达底比斯。在卡尔纳克，船主相当糊涂地把船停泊在德罗韦蒂和他的代理人的眼皮底下。"这激怒了他们。"贝尔佐尼回忆说，愤怒导致了一场暴力冲突，根据这位意大利人的说法，这是法国人故意策划的。

贝尔佐尼在前往卡尔纳克的路上时，遇到一个阿拉伯人，他警告他不要靠近其他欧洲人。他忽视了这个警告，然后很快遇到了一伙工人，他们正在搬运索尔特宣布占有的东西。尽管他的翻译提出反对，贝尔佐尼仍装作没有看到他们，他认为这本来就是一种挑拨的策略。于是，他继续走过卡尔纳克的大神庙——那里有德罗韦蒂工人的住所，并检查了附近的索尔特宣布占有的一些东西。然后，他动身前往底比斯，再次路

　　　　　　　　　　　　　掠夺尼罗河

过那座大型神庙建筑附近，在那里他遇到了一个阿拉伯人，这个阿拉伯人大声喊叫道，他因为为英国人工作而被殴打。贝尔佐尼再次无视这种挑拨，继续上路。

很快，他注意到德罗韦蒂的代理人安东尼奥·莱波洛、朱塞佩·罗西格纳尼和大约 30 名全副武装的阿拉伯人正朝他奔来。不一会儿，愤怒的人群包围了贝尔佐尼和他的翻译。安东尼奥·莱波洛大声质问他为什么把德罗韦蒂的方尖碑从菲莱那里搬走，因为它不是贝尔佐尼的财产。说完这些，他一只手抓住了贝尔佐尼的驴子的缰绳，另一只手抓住了他的马甲。这些阿拉伯人解除了这位意大利人的仆人的武装并殴打他们。罗西格纳尼愤怒地用他的双管步枪指着贝尔佐尼的胸口。他说，是时候让贝尔佐尼为他的行为付出代价了。"我的处境不容乐观，周围是一群像他们一样的恶棍，"贝尔佐尼轻描淡写地描述，"毫无疑问，如果我试图下马，这些胆小鬼会把我杀死，说他们这样做是为了保护自己的生命，就好像我才是挑衅者一样。"于是他决定待在驴背上，轻蔑地对待它们。这却激起了他们的怒火。

德罗韦蒂和另一伙全副武装的阿拉伯人这时来到了现场。这位领事怒气冲冲地要求贝尔佐尼制止他的手下挖掘，并命令他从驴子上下来。贝尔佐尼回答说，他不知道有这种情况，并抱怨他所受到的无礼对待。"这时，有人在我背后开枪，但我不知道是谁。我本来决心忍辱求全，尽量不和这些人干仗，这些人根本不会因为群起攻击我而感到脸红；但当我听到手枪在我背后开火时，我觉得是时候和他们拼命了。"于是他怒气冲冲地下了驴子。

此时此刻，德罗韦蒂显然意识到事情做得太过火了，于是试图缓和局面。除此之外，当地的阿拉伯人前来帮助贝尔佐尼，并威胁式地包围了罗西格纳尼。这件事以贝尔佐尼的下述言论而告终："通知德罗韦蒂先生，我已经受到了他的代理人的各种各样的攻击，但我没想到他们会到这种地步，现在是我离开这个国家的时候了。"他又回到帝王谷，心里惊惶不安，而萨拉染上了"严重的胆汁热"。[9]

贝尔佐尼花了一个月的时间才把塞提一世墓中珍贵的蜡像和记录整理好。易碎的雪花石膏石棺被小心地用滚杠从其很多个世纪的"老房子"里穿过 4.8 千米崎岖不平的地带，运到了贝尔佐尼的船上。贝尔佐尼甚至挤出时间修复洪水对陵墓造成的一些损坏。1819 年 1 月 27 日，贝尔佐尼等人最后一次离开底比斯。"我必须承认，"他写道，"离开这么一个对我来说如此熟悉的地方，我感到非常悲伤。"[10]

贝尔佐尼等人把他们贵重的货物一路运往亚历山大港，打算立即乘船前往欧洲。但是，索尔特的一封信使贝尔佐尼推迟了时间，因为这位领事建议他对这些不法分子提起诉讼。李先生是英国驻亚历山大港领事，已经代表他向法律部门和法国领事提出交涉。德罗韦蒂这时已经回到亚历山大港，为了他的代理人的利益进行了干预。因此，双方同意在亨利·索尔特从上埃及回来之前，先搁置问题。贝尔佐尼本人并不愿意进行一场法律斗争，因为他非常清楚对手的政治影响力。此外，一位曾经在闹剧中帮助过贝尔佐尼的意大利"陌生人"，带着德罗韦蒂的代理人让他在欧洲转卖的文物，来到了亚历山大港。在这一点上，他很难被称为潜在可靠的证人。在等待法律事务时，贝尔佐尼别无选择，只能把萨拉安置在亚历山大港一位英国商人提供的房子里，四处寻找他的紧张情绪的发泄途径。他想过在下埃及挖掘，但得出的结论是，那里离"我

掠夺尼罗河

们敌人的源头"太近了。故此，他决定去西部沙漠寻找朱庇特-阿蒙神庙。

𓈖𓀀𓃀𓈖𓊖𓏏𓈖𓅓𓏏𓈖�
（此处为埃及象形文字图案）

西部沙漠中的西瓦绿洲以其神谕而闻名。公元前331年，亚历山大大帝曾来这里请示神谕。在那里，神庙的祭司宣布亚历山大为"阿蒙之子"，在他随后在孟菲斯加冕为法老之前，给予他神圣的认可。在此之前两个世纪，波斯国王冈比西斯曾派遣五万人的军队，在他蹂躏埃及的过程中，前去摧毁发布神谕的地方。这些人再也没有回来。根据希罗多德的记载（他曾经和西瓦的亚扪人有过对话）："波斯人已经走到半路，正当他们吃午饭的时候，南方刮起了一股强烈而致命的大风，裹挟着巨大的旋转沙柱，完全掩埋了军队，使他们完全消失了。"[11] 贝尔佐尼四处寻找一座著名的神庙。

英国旅行家威廉·乔治·布朗曾于1792年来到西瓦绿洲，在那里发现了大量的古代遗迹和神庙。[12] 但他并不认为其中的大神庙属于朱庇特-阿蒙神。没有人确切知道他发现了什么。贝尔佐尼，当然并没有意识到布朗发现的重要性，一开始在法尤姆洼地寻找神庙。因此，他从来没有接近过西瓦绿洲或者朱庇特-阿蒙神庙，不过他享受了一次最愉快的旅行。

贝尔佐尼的最后一次埃及之旅更像是独自完成的考察，不同于他早先的旅行。他的主要兴趣似乎是发现和研究这座大神庙，而不是把另一批文物带回家。我们可以发现这位意大利人的兴趣发生了变化，这是由于底比斯的压力和他最近在金字塔、贝雷尼丝和帝王谷的发现所造成的。曾经是一名表演者的他，现在意识到，作为一名盗墓者，自己的声誉在很大程度上取决于他作为一个探险家的能力。朱庇特-阿蒙神庙很可能是一个伟大的发现，将使他声名远扬。

这次的探险队人很少——贝尔佐尼、一个西西里仆人以及一个从麦加回来的朝圣者，他恳求随船前往，并且证明了自己"非常有用"。1819年4月29日，他们在开罗上游大约130公里处的贝尼-苏韦夫停船上岸，继续骑驴进入法尤姆。前往大洼地的旅程中，他们"沿着一条古老的水渠，穿过一片广阔平坦的耕地，这条水渠将水引入了法尤姆"。当晚，经过仔细观察之后，他们在中王国时期的法老森沃斯莱特二世*的砖砌金字塔旁安营扎寨。像往常一样，贝尔佐尼躺在他特制的床垫上，"折叠起来的时候薄到可以当马鞍，但是铺在垫子上或地上的时候，能提供一张任何旅行者所期望的最好的床"。[13]

第二天，贝尔佐尼爬上金字塔，凝视着周围的乡村，寻找着古老的阿尔西诺遗址和神奇的"迷宫"，希罗多德把它描述成比金字塔更伟大的奇迹。尽管他在哈瓦拉金字塔附近发现了一个古镇的线索，但他没有发现"迷宫"的痕迹。直到70年后，英国人弗林德斯·皮特里才发现了"迷宫"，这时的"迷宫"里除了一堆石灰石碎片外，什么也没有留下。[14]

这时，旅行者们来到了以玫瑰香水闻名的国度，玫瑰香水被用来让居民们娇弱的鼻子不会闻到开罗的恶臭。在这里，贝尔佐尼获得了一份

---

* 古希腊人所称的塞索斯特里斯二世。古埃及经历第一中间期的萧条之后，到中王国开始重新采用金字塔的形式为国王建造坟墓。但是金字塔的规模变小，建筑材料也由以前的石质改为泥砖材质。——译者注

掠夺尼罗河

许可证和一些引导。他避免像在亚历山大港或开罗那样行事，因为担心他的对手会扰乱他的计划。他们经过古代阿尔西诺的遗址，将其留待返程时考察，随后向北行进到荒凉的比尔克特-卡伦湖，这是一个位于海平面以下 36.5 米的半咸水湖。贝尔佐尼很难找到能把探险队向西送到湖远岸的船只；当真有一艘船到达时，他惊呆了。"它完全变形了，"他写道，"外壳或船身是由几乎没有连接的粗糙木板构成的，用其他四块木板固定，上面再包上四块木板，形成甲板；里面或外面既没有焦油，也没有沥青，唯一能防止进水的是一种浸湿了的杂草，而这些杂草已经在木头的接合处生根发芽了。"[15]

贝尔佐尼还在寻找"迷宫"，他确信"迷宫"就在湖的另一边。虽然疯狂，但这是一次浪漫的旅程。他们在荒芜的岸边扎营，吃着新鲜的鱼。"这里的景色很美——夜晚的寂静、照在平静的湖面上的灿烂的月光、这个地方的孤寂、我们的船上的景象、一群渔民，使我想到了冥河、巴里斯船，还有冥河的老渡船夫。"[16]贝尔佐尼后来回忆，这一夜的停留是他最快乐的时刻之一。

他们在湖的西南角上岸，考察一片废墟和神庙的建筑群，现在被称为卡伦城堡。废墟并不壮观，但贝尔佐尼被一条鬣狗吓得魂不附体，当时它从一座小神庙里冲出来向他扑去。[17]幸运的是，这只动物跑掉了，因为贝尔佐尼没有带武器。尽管在比尔克特-卡伦湖北岸进行了两天的搜索，仍然没有发现"迷宫"。贝尔佐尼有一些关于这个湖的记述，还有一幅不可靠的地图，这幅地图使他相信，到离湖较远的那些山上冒险是值得的。在离海岸只有 3 公里的地方，他们遇到了另一座荒废了的城镇，"由很多的房屋和泥砖砌成的高墙组成，其中包括一座神庙的废墟"。[18]幸运的是，渔民们带了他们的斧头，所以他们得以挖掘出两三座房子。在倒塌的屋顶下，垃圾堵塞了房间。其中一个有一座壁炉。这也不是"迷宫"。我们现在知道，贝尔佐尼偶然发现了一个托勒密王朝时期的小镇，叫作尼索斯-索科诺帕约。

这些旅行者这时放弃了寻找"迷宫"的工作，来到了湖的东边。贝尔佐尼到处都能看到柱子碎片和古代建筑石材，都被用于建造阿拉伯小屋。"我毫不怀疑，"他总结道，"通过追踪这些材料的来源，可以发现'迷宫'的所在地，即使在它被毁坏的状态下，这座'迷宫'也一定是最壮观的。"这次无果之旅包含了一次有趣的味觉体验：贝尔佐尼吃到了一顿鹈鹕肉，他形容这些肉"总体上非常嫩，口感很好"。[19]

探险者们这时离开这个湖泊，前往麦地那-埃尔-法尤姆和玫瑰香水制作厂。他路过了费德明-埃尔-哈奈西斯，在那里他听说传说中的三百个科普特教堂就位于那里。据说教堂被埋在了城镇的地下。但是，贝尔佐尼说："运河穿行于城镇中，在穿过城镇的开凿过程中，没有一座传说中的教堂出现，如果城镇是建在传说中的三百座教堂上的话，教堂一定会出现的。"[20]

第二天，贝尔佐尼到达麦地那-埃尔-法尤姆，立即出发前往附近的阿尔西诺，在那里他欣赏到了"最有品位的雕塑"，并在镇中央的一个古代水库里挖掘。但他真正感兴趣的是探访莫埃利斯湖西部的绿洲。他费了很大劲才找到一个向导，因为除了贝都因人以外，没有人知道这个地区。最后，他的老朋友哈利勒·贝——以前是埃斯纳的总督，现在驻扎在贝尼-苏韦夫，给了他一个许可证，并安排了一个名叫格鲁马尔的酋长来给他做向导。贝尔佐尼把格鲁马尔描述为"一个6英尺3英寸

掠夺尼罗河

高、身材魁梧的人，脸上的表情显示出坚定的意志和追求成功的强烈渴望"。[21]

5月19日，六匹骆驼组成的旅行队从格鲁马尔的营地出发——贝尔佐尼已经在那里度过了几个被跳蚤困扰的不眠之夜。他们沿着法尤姆的南边向西行进，进入沙漠，穿过一个曾经的人口稠密地区，这里有一些大型的坟墓，贝尔佐尼（错误地）认为它们属于冈比西斯的军队。六天后，旅行队到达巴哈里亚旱谷，他们在那里的绿洲给骆驼饮水，并接触到了当地居民。[22]他们遇到的第一个人是一个侏儒，他用枪威胁贝尔佐尼。幸运的是，格鲁马尔会讲当地方言，避免了一场灾祸。贝尔佐尼利用咖啡和烟草——这两种都是沙漠中罕见的奢侈品——说服了当地的酋长向他展示了该地区两个村庄附近的遗址。

绿洲周围的废墟远远谈不上壮观，但包括一些大型墓葬和一些赤陶棺椁，这些棺椁的盖子上有模型化的盖头。贝尔佐尼打碎了几个并且带走了盖头。在另一个村庄，酋长的父亲是一个富有的椰枣商人，人们都认为，他把自己的财富埋在定居点附近的废墟中，因此贝尔佐尼只能进入离罗马神庙废墟45米处。但他立即拿出袖珍望远镜，拉近欣赏了墙上的图像。附近有一口冷热水井，贝尔佐尼以洗澡为借口去过好几次。他发现井水的温度是不断变化的，他认为这种现象是空气温度相对于井水温度的变化范围很大引起的。他把这个泉井错误地认作古典作家提到的著名的朱庇特-阿蒙神庙太阳喷泉。这使他相信，他已经找到了这座神庙，而它实际上位于南方的西瓦绿洲。

尽管贝尔佐尼多次恳求，这位贝都因人格鲁马尔仍然拒绝带他到西瓦，贝尔佐尼听说，布朗和其他人在那里发现的废墟，可能实际上就是那座难以捉摸的神庙。后来他们才发现，他在西瓦以其抢劫者的勇猛而闻名。如果他在没有自己人跟随的情况下探访这个地区，可能会招致报复。因此，贝尔佐尼只好探访了埃尔-法拉弗拉，这是一个在西南方有三天路程的绿洲。那里所能看到的只有一座废弃了的科普特教堂和一些疑心很重的村民。旅行队一度被迫在夜间赶路，以避免遭到袭击。

贝尔佐尼这时动身回家，但被酋长扣留在巴哈里亚旱谷。酋长告诉他，酋长和他的父亲同意贝尔佐尼应当改信伊斯兰教，并和他们住在一起。他们会给他土地以种植农作物，还会给他四个女儿做妻子。如果他放弃寻找古老的石头，他会在那里过得很幸福。贝尔佐尼很难摆脱这种局面，他答应在开罗处理完自己的事务之后再回来。

回家的路上很平静，除了有一次他从骆驼背上摔了下来。这只动物被一块石头绊倒，沿着陡峭的斜坡滚下去约 6 米。贝尔佐尼摔得很重，严重擦伤，可能折断了几根肋骨。他痛苦地躺在扎布酋长的家里。他的床搭在房子旁边的一条狭窄的通道里，人和动物经常会经过这里。路人会不小心踢到他的头。当动物经过的时候，"我有理由害怕我这种处境的后果"。一场葬礼正在进行中，哀悼声和来来往往的人群扰乱了他的睡眠。总而言之，这是一次令人不舒服的探访，尤其是因为死者的遗孀乞求贝尔佐尼给她两张"魔法符咒"，保佑她得到一个新丈夫并保护他免遭死亡。贝尔佐尼试图说服她自己不是一个魔法师。"我忍不住想，如果我有让寡妇获得丈夫的技能，我就可以在欧洲获得足够的就业机会，而不必为了这个目的来陌生的地方旅行。"[23]

三天后，贝尔佐尼伤口愈合，可以继续旅行，骆驼们开始了穿越沙漠的艰难旅程。他们喝了一些相当咸的水，在穿越沙漠的最后阶段引起

掠夺尼罗河

了极度的口渴，以至于贝尔佐尼的嘴唇结上了一层厚厚的盐。5月14日，旅行者们非常庆幸到达了尼罗河。

一天后，贝尔佐尼乘船前往开罗。这时亨利·索尔特已经回到基地，两人在夜间会面，以防瘟疫肆虐。他们结清账目，以良好的关系分道扬镳。这时只剩下卡尔纳克暴力事件的问题需要解决。亚历山大港的法律状况充满了混乱和阴谋。德罗韦蒂对法国领事约瑟夫·鲁塞尔产生了影响。当领事被召回法国后，副领事接任，但他又一次受到了德罗韦蒂的控制。贝尔佐尼被要求提前支付1 200比索的押金，作为律师前往底比斯的旅费。正当他要绕过这个要求时，莱波洛和罗西格纳尼来到亚历山大港，公开吹嘘他们的所作所为。最后，副领事裁定这两名被告是皮埃蒙特人，而不是法国人，所以只能在都灵审判，这件事就不了了之了。

贝尔佐尼感到厌恶，而且自从在扎布那里摔倒后一直疼痛。他确信德罗韦蒂的行为是出于嫉妒和怨恨。到9月中旬，他已经受够了，而且把事情都安排好。乔万尼和萨拉怀着相当庆幸的心情启航前往欧洲，"不是因为我不喜欢我所处的国家，相反，我有理由心怀感激；我也不抱怨土耳其人或阿拉伯人，我抱怨的是一些在那个国家的欧洲人，他们的行为和思维方式是人性的耻辱"。[24]

注释

1　阿尔贝特·冯·萨克男爵(Baron Albert von Sack)是一位著名的博物学家，在来到埃及之前，他在苏里南和委内瑞拉进行了广泛的旅行。他是普鲁士国王的内臣。

　　关于威廉·班克斯，参见第1章，注释1。

2　Belzoni, op. cit.(1820), 351.

3　Ibid., 349.

4　埃及人称方尖碑为泰赫努(*tekhenu*)，它被人们认为是属于拉神和其他太阳神的神圣的东西。菲莱方尖碑高6.7米，用希腊语和象形文字刻着法老托勒密七世(公元前116—前81年)、他的妻子和妹妹克里奥帕特拉(与后来的女王无关)的名字。商博良曾用这些铭文来辨认托勒密这个名字的象形文字形式。菲莱方尖碑1821年被运抵英国，但被损坏，在金斯敦-莱西庄园的房子前的草坪上躺了六年。1827年，班克斯说服来访的威灵顿公爵为方尖碑奠基，但它直到1839才被立起来。两年后，班克斯被迫出国，再也没有回来。有关这些非凡纪念碑的一般性讨论，可参阅菲克利·哈桑的论文《埃及方尖碑的帝国主义愿景》(Fekri Hassan, "Imperialist Aspirations of Egyptian Obelisks," in Jeffreys, op. cit.(2003), 19—68)。

5　关于埃德弗，参见第3章，注释1。

6　引文出自 Belzoni, op. cit.(1820), 362。

7　萨拉关于她的旅程的"无足轻重的记载"见于 Belzoni, op. cit.(1820), 441ff.。该引文出自第471页。

8　事后看起来，贝尔佐尼对坟墓的发掘确实造成了不可估量的破坏——绘画在复制时遭到严重破坏，暴发的洪水淹没了很多开放的陵墓，数以百计的汗流浃背的参观者导致了艺术品褪色。

9　这一事件记载在 ibid., 365ff., 本段和上面两段的引用都可以在其中找到。Ridley, op. cit.(1998), 85ff. 对这一事件进行了透彻的分析。

10　Belzoni, op. cit.(1820), 372—373.

11　Herodotus, op. cit.(1987), 241.

12　关于威廉·乔治·布朗，参见第3章，注释20。

13　Belzoni, op. cit.(1820), 377—378. 中王国第十二王朝的法老森沃斯莱特二世(Khakheperre, 公元前1879—前1878年)监督了法尤姆重要的垦荒工程，将数千公顷的沼泽地变成了良田。古王国末期，埃及曾遭遇饥荒，导致经济、社会和政治的混乱，这些垦荒工程是饥荒推动的产物。

14　"迷宫"（Labyrinth，这是遗址的希腊语名称）是由第十二王朝（公元前1844—前1797年）的阿蒙涅姆赫特三世在哈瓦拉建设的带有庭院和柱廊的神庙建筑。

　　　　哈瓦拉是现在已遭严重损毁的阿蒙涅姆赫特三世丧葬神庙建筑群的一部分。

　　　　阿西诺是阿尔西诺特诺姆的首府，法尤姆的行政中心。

15　Ibid., 380—381.

16　Ibid., 381.

17　这个遗址有两座神庙，大的一座是两层结构，可追溯到后王朝时期，较小的索贝克神庙可追溯到罗马时代。

18　Ibid., 385. 这个定居点是一个绿洲小镇，在公元前的几个世纪里发展起来。

19　本段引用内容均来自 ibid., 388。

20　Ibid., 390.

21　Ibid., 395—396.

22　最近发现的一个可追溯到公元1至3世纪的罗马统治时期的埃及人坟墓，使得这一地区在考古界声名鹊起。参见第16章。

23　这些段的引文出自 ibid., 428ff.。

24　Ibid., 437.

第 10 章 "大量附属的奇珍异宝"

> 以荷鲁斯的权威:兴起于底比斯的强壮的公牛,他维系着两土
> 地;以两女神的权威:重获新生,无敌的利剑,击败九弓之地……
> 以上下埃及之王的权威:门玛拉;以拉神之子的权威:塞提,普塔
> 赫所爱之人,被赐予永恒的生命……他在他的父辈们、上埃及诸
> 君、下埃及诸君、人民的统治者面前,发号施令:埃及的领袖啊,
> 你们要听我的话,愿别人也听你们的话。
>
> ——法老塞提一世在东部沙漠的米亚旱谷神庙的布告,
> 转引自米丽娅姆·利希海姆编:《古埃及文献读本》[1]

乔万尼·贝尔佐尼离开埃及的时候,正是人们对古埃及有着狂热兴
趣的时期。欧洲的古董商和无所事事的绅士们以惊奇和狂热迎接《古埃
及记述》的出版。穆罕默德·阿里对外国人很有好感,英国和法国的领
事对帕夏有着强大的影响力。游览尼罗河和遗址对于富裕的游客来说更
加容易了,在此之前,只有探险者或者官方的访问者才能到达这些地
方。但几乎没有人能赶上这位高个子意大利人的功绩和成就。在短短的
三年时间里,他打开了吉萨的哈夫拉金字塔和阿布-辛贝尔神庙,发现

了一座宏伟的法老陵墓，并为英国领事和他自己发现了"年轻的门农"和大量精美的文物。

贝尔佐尼在去伦敦之前只在意大利作了短暂的停留，1820 年 3 月底抵达伦敦。在那个月的最后一天，有着强大影响力的伦敦《泰晤士报》宣布："著名的旅行家贝尔佐尼先生在阔别十年后来到了这座首都，其中五年他受雇进行艰苦的研究，在埃及和努比亚寻找珍奇的古代遗迹。"报纸报道还宣布，贝尔佐尼计划在找到一个合适的大厅后，尽快展出他从底比斯带来的"美丽的坟墓"。[2]

这位新来的人是一位在伦敦受欢迎的宾客。著名的社交女主人对这位有着深色卷发和迷人的、不流利的英语口音的高个子探险家崇拜不已。他的第一个目标是出版一本关于他的旅行的书。最合适的出版商是阿尔伯马尔街的约翰·默里，他很可能是 19 世纪最有影响力的英国书商，专门从事出版探险家们从远方回来后撰写的旅行游记。（他的家族后来出版了戴维·利文斯通和其他非洲探险家的作品。）这是一个出版关于埃及的书籍的好时机。贝尔佐尼的事迹在非常有影响力的《季度评论》中被广泛宣传。"年轻的门农"在大英博物馆吸引了大量的观众，人们对埃及文物的兴趣空前高涨。贝尔佐尼的书似乎写得非常快，因为它在 1820 年底之前就出版了，一共有两卷。

《埃及和努比亚的金字塔、神庙、坟墓中的文物搜寻、最新发现和考古发掘；以及前往红海海岸寻找古代贝雷尼丝的旅程；以及朱庇特-阿蒙绿洲的另一个旅程的故事》（简称《故事》）很快受到了广泛阅读。然而，这是一本冗长而带有私心的书，充满了矛盾和奇怪的文体用法。贝尔佐尼拒绝了所有编辑的帮助，以他大量的日记为基础写作了这本书。他在前言中写道："也许公众会从我叙述的真实性中得到他们在优雅中所失去的东西。"³有时，《故事》一书会引起激烈的争论，尤其是针对他的法国对手。但故事令人信服地打动着人们，仿佛读者站在贝尔佐尼一边，分享他非凡的经历，吸取同样的精神能量。

《故事》及其昂贵而罕见的对开本，受到了评论家们的好评，他们钦佩作者的勇气和对英国事业的奉献精神。约翰·默里给诗人拜伦勋爵寄了一份副本，拜伦评论道："贝尔佐尼是一个伟大的旅行者，但是他的英语却有点糟糕。"《季度评论》恭维之至，用 30 页篇幅的文章讨论了这本书。《季度评论》写道："尽管他本人并不是学者，但他应该被公认为是古代研究的先驱者，并且是最有影响力和最有帮助的一个；他指明了道路，使其他人更容易前去旅行。"⁴这是一个有预见性的表述。《故事》很快就被翻译成法语、德语和意大利语，英文第二版也很快被印刷厂订购了。

贝尔佐尼在皮卡迪利的埃及展厅举办了他的展览，这座建筑在 1812 年被设计成展览馆。⁵恰巧，大厅的正面装饰着埃及风格的线条。该展览于 1821 年 5 月 1 日开放，并立刻获得成功。第一天就有 1 900 人花费半个克朗前来参观展览。贝尔佐尼利用其高超的吸引观众的手腕，邀请了一群重要的医生在展览开幕前见证了一个精致的"各部分都非常完美的"年轻人木乃伊的开封仪式。

塞提一世墓中两个最漂亮的房间的全尺寸模型占据了陈列室的主要位置——一个展示了带柱子的大厅，另一个展示了五个人物雕像。这些熟石膏模型是用贝尔佐尼制作的蜡像塑造的，并根据亚历山德罗·里奇的精美绘画准确地涂上颜色。在这里，参观者可以看到一座王室陵墓的

资料来源：Hulton Deutsch Collection/Corbis。

图 10.1　伦敦皮卡迪利埃及展厅

所有辉煌。奥西里斯、塞提一世本人、荷鲁斯、阿努比斯和其他神灵的精美绝伦的塑像矗立在大厅的墙壁旁，生动地描绘了可怕的死后世界。贝尔佐尼还以模型的形式复制了阿布-辛贝尔神庙。哈夫拉金字塔的横截面图揭示了尼罗河最伟大的纪念碑的神秘之处。狮子头的塞赫迈特神雕像、木乃伊、纸草，以及《泰晤士报》所称的"大量附属的奇珍异宝"也随同这些模型一同展览。[6]

这次展览使贝尔佐尼站在了他那个时代旅行者的最前沿，主要是因为他拥有看得见摸得着的旅行成果可以展示，这些都是从数千英里外的异域得到的。这次展览获得的成功是如此之大，以至于贝尔佐尼开始为在巴黎和俄罗斯圣彼得堡的展览制定计划。伦敦展览一直持续到 1822 年，直到其展品，包括模型，被拍卖给热切的买家。一位客户花了 490 英镑购买了墓穴的复制品和其他一些模型。[7]

贝尔佐尼的大部分时间都花在了与大英博物馆就塞提一世墓中的雪花石膏石棺进行的令人沮丧的谈判上。亨利·索尔特忙得不可开交，因为他正把他第一批精美绝伦的埃及文物转交给大英博物馆，希望董事会能买下它。他之所以这样做，是因为他得到了外交部的威廉·汉密尔顿

资料来源：Bettman/Corbis。

图 10.2　大英博物馆埃及展厅

掠夺尼罗河

爵士和仍然是大英博物馆董事的约瑟夫·班克斯爵士的鼓励。但他发现博物馆态度冷淡，而董事们对他藏品的要价感到愤怒——价格大约是8 000英镑。即使是不经意的旁观者，也能明显地看出来，他是为了一笔可观的利润。贝尔佐尼也必然被当成是一路货色。

董事会刚刚花35 000英镑从帕特农神庙购买了埃尔金大理石雕塑，受到公众的强烈抗议。他们没有心情再在外国文物上花更多的钱。当塞提一世的石棺随戴安娜号护卫舰抵达伦敦时，谈判重新开始。贝尔佐尼这时代表他自己进行了干预，并指出，索尔特已经承诺，不管石棺的价格高于2 000英镑的底价多少，他都可以得到多出来的一半。他们在董事们的会议桌上反复争论、筹划了很多个月，这让贝尔佐尼感到沮丧，也让索尔特感到厌恶，因为这位领事现在需要钱来继续他的收集工作。他急于收回开支，赚些钱，使他有一个合适的时机退休；"否则，"他给威廉·汉密尔顿写信说："我只好永远留在这里，这是你允许的，但并不是多么称心如意的命运。"8

索尔特后来将他剩余的任期都用来收集文物，并将其出售牟利，实际上他已不再履行领事职责。然而，最后，他不得不以区区2 000英镑的价格将他的第一批藏品卖给大英博物馆。尽管索尔特和贝尔佐尼都声称他们从德罗韦蒂和其他买家那里得到了更高的报价，但董事会还是断然拒绝了石棺的报价，因为他们感觉到法律上存在问题，而且价格过高。最终，石棺以2 000英镑的价格卖给了富有的伦敦建筑师和艺术收藏家约翰·索恩。所有的钱都归了索尔特，一分钱也没有给贝尔佐尼等人。

索恩把石棺放在了自己房子的地下室里展览，他打破了一堵墙来安置它。"这个国家众多地位显赫、学识渊博的人物"参加了三个晚上的家庭招待会,在他们眼前,这座石棺里面放着一根孤零零的蜡烛,石棺在烛光的映照下发出轻柔的光。萨拉参加了招待会,并受到了"每一位客人的关注"。[9]这时,她已经是一个寡妇;贝尔佐尼在他最后一次也是最雄心勃勃的旅行开始之前,悲惨地死去了。

无休止的焦躁不安折磨着乔万尼·贝尔佐尼,导致了他兴趣和命运的突然转变。他对大英博物馆感到愤怒,厌倦了城市生活,厌倦了成为名人,他渴望改变。1822年初的某个时候,他决定离开欧洲,到西非寻找尼日尔河的源头。尼日尔河问题当时仍是非洲探索最具争议的问题之一,也是英国政府日益关注的问题之一,因为这条河流是北非撒哈拉商队贸易的终点站。很多雄心勃勃的探险家在探查过程中遭到抢劫或谋杀。[10]政府因此计划将个人旅行者安置在穿越撒哈拉的商队中,以提高他们生存的机会。

贝尔佐尼忽视了潜在的危险。他独自出发,认为自己根据在埃及的经验足以独立旅行。他本来计划从摩洛哥出发穿越撒哈拉沙漠,但阿拉伯政治局势的不断变化,使他在最后一刻失去了最重要的许可证。最后,他来到了西非,搭乘英国海军"歌手号"军舰前往黄金海岸,进行最后一段旅程。1823年10月15日,他到达黄金海岸,一个月后到达贝宁河河口。他在一个名叫休斯敦的商人的陪伴下开始了前往内陆的旅程。两人很快就到了贝宁,在那里他们受到了友好的接待。但是贝尔佐尼染上了严重的痢疾。一周后,这位勇敢的旅行者便与世长辞了。

掠夺尼罗河

贝尔佐尼很快被葬在一棵大树下。他的坟墓上树起了一块木牌，记录了他死亡的日期和情况，并且表示希望有人能把坟墓清扫干净并用栅栏围起来。但是四十年后，维多利亚时代的旅行者理查德·伯顿爵士却找不到坟墓的踪迹，尽管当地人仍然记得在他们中间死去的大胡子探险家。对于一个比大多数人二十辈子的经验和精力都要更加丰富的生命来说，这是一个可悲的结局。埃及学的一个时代凄惨地结束了。

文物研究者和收藏家都很钦佩贝尔佐尼在埃及的工作成果，但英国和法国领事实际上垄断了尼罗河沿岸的所有挖掘。亨利·索尔特继续收集文物，他写信告诉他的一个朋友，他在担任领事的大部分时间里都在"彻底搜查坟墓，钻研古老的铭文，学习破译文字，在这些方面我可以肯定地告诉你，我成了真正的专家"。他对贝尔佐尼一直怀恨在心，直到最后，他觉得这位杰出的意大利人抢占了所有的考古发现的荣誉，而这些都是他——索尔特——所资助的，并且大英博物馆也没有因为他收集的文物而给予他公正的对待。他年轻的妻子死于产褥热，自己身体又不好，这使他的严重的怨恨情绪更加恶化。"我只有一个愿望，"他写信给他的伦敦代理人，"永远不要把我的名字和他的名字联系在一起。"[11]更重要的是，索尔特破译象形文字的很多工作都被法国碑铭学家让-弗朗索瓦·商博良所超越。

索尔特后来的收藏活动是由希腊人扬尼·阿塔纳西经营的，他曾与贝尔佐尼合作过，并对这位意大利人深恶痛绝。[12]另外两批主要的收藏品在欧洲找到了现成的买家。第一批是在1819年到1824年间收集整理的，以1万英镑的价格卖给了法国国王。这是在让-弗朗索瓦·商博良本人的建议下购买的，他也是索尔特所钦佩却又嫉妒的学者。最后一批藏品是索尔特最大的一批，1835年，他去世8年后，在伦敦苏富比拍卖行拍卖。共有1 083件，成交额超过7 000英镑。在11年的领事工作中，索尔特以低廉的成本收集了一批藏品，从中他净赚了2万多英镑。他没有能够活着享受这些收益，1827年10月，他因肠道感染去世，死时仍然是一个孤独的领事，并没有获得他在整个外交生涯中所渴求的退休金和学术认可。

德罗韦蒂还活了很多年，1821年被重新任命为法国驻埃及总领事。在尼罗河河谷居住和收集文物的27年之后，1829年，他因健康问题退休。多年来，他把文物卖给了很多游客，收集了一批引人注目的收藏品，并试图卖给法国政府。像索尔特一样，他在如何处置他的文物的问题上有相当大的困难。法国政府拖延了时间，主要是因为基于原教旨主义的教权主义者的反对。虔诚的教士担心德罗韦蒂的收藏会显示埃及文明比公元前4004年更古老，这个时间是17世纪的大主教詹姆斯·厄谢尔根据经文计算出来的创世时间，被认为是神学信条。当神职人员和官僚们争论不休，英国人和德国人都竞相出价时，德罗韦蒂最终以13 000英镑的价格把他的发现卖给了撒丁国王。这位法国领事后来还收集了两件收藏品，其中第一件以25万法郎的价格卖给了法国的查理十世；它现在被收藏在卢浮宫。德罗韦蒂的最后一批文物被德国学者卡尔·里夏德·莱普修斯为柏林博物馆买走。

德罗韦蒂于1852年去世。他从来不是埃及学的伟大先驱或专家，他的兴趣纯粹是商业性的。他和他的代理人在挖掘和收集文物的时候都是不择手段。但是他的劳动成果，以及他的外交同僚的成果，装饰了欧洲的博物馆，并使受过良好教育的欧洲人对古埃及产生了极大的兴趣。

然而，令人感到惊奇的是，三位互相竞争的文物收集者——贝尔佐尼、德罗韦蒂和索尔特——在底比斯的墓地和神庙展开如此长期的竞争，最后却丰富了对手家乡的国家收藏。意大利人贝尔佐尼为大英博物馆的埃及展厅提供了展品。德罗韦蒂的文物构成了都灵博物馆精美绝伦的藏品的基础，而亨利·索尔特的努力大大加强了卢浮宫的收藏。所有人都获得了声誉、恶名或经济利益的回报。唯一的输家是埃及。

注释

1 塞提一世在埃德弗东面修建了米亚旱谷神庙（Wadi Mia temple），以纪念一条古老的沙漠之路的重新开放，道路的重新开放是通过他打了很多口井才得以实现。

2 *The Times*，March 31，1820；Mayes，op. cit.(2003)，249.

3 Belzoni，op. cit.(1820)，v.

4 Samuel Smiles，*A Publisher and His Friends*：*Memoir and Correspondence of John Murray*，*with an Account of the Origin and Progress of the House*，*1768—1843*，condensed by Thomas MacKay（London：John Murray，1850），56；Quarterly Review，October 1820；Mayes，op. cit.(2003)，256.

5 埃及展厅是由当时著名的艺人威廉·布洛克（William Bullock，约1770—1849年）开发的。作为一名博物学家和旅行家，布洛克推广了一种流行于伦敦学术界和艺术界的埃及时尚。他的伦敦博物馆位于皮卡迪利街12号，有两座伊西斯和奥西里斯的大型雕像，还有狮身人面像和象形文字。正面基于德农对丹德拉的哈托尔神庙的绘画。这个博物馆不可避免地被称为埃及馆。在展示完滑铁卢战役中俘获的拿破仑战车之后，布洛克于1819年以埃及风格改造了它的内部。巧合的是，贝尔佐尼的展览是最早的大型展览之一。参见理查德·D.奥尔蒂克的《伦敦展览》(Richard D. Altick, *The Shows of London*, Cambridge, Mass.: Belknap Press, 1978)。

6　J. S. Curl, *Egyptomania*: *The Egyptian Revival* (Manchester: Manchester University Press, 1994).

7　按照现代同等价值计算的话，这相当于数千镑。

8　Mayes, op. cit.(2003), 289.

9　本段引文均出自 ibid., 290。

10　1805 年至 1806 年，苏格兰探险家芒戈·帕克(Mungo Park, 1771—1806 年)曾深入尼日尔河上游，但在试图定位源头时溺水而亡。

11　Halls, op. cit.(1834), 157; Mayes, op. cit.(2003), 290.

12　扬尼·(乔万尼·德)阿塔纳西[Yanni(Giovanni d') Athanasi, 1799—约 1850 年]是开罗一位希腊商人的儿子。他成了英国领事欧内斯特·米塞特上校的追随者，然后又成了亨利·索尔特的追随者。他为很多埃及旅行者所熟知，先是为索尔特挖掘，后来又自己单干，积累了两大批埃及文物，这些文物在伦敦的苏富比拍卖行出售。

第三部
一门科学的诞生

　　总之，公认的科学利益并不要求停止挖掘，因
为科学需要通过这一工作每天获得新的真相和意想
不到的启示；但科学要求挖掘者受到这样一种管
制，即让现在和将来发现的坟墓可以得到充分的保
护，防止遭到无知或者盲目贪婪的侵袭。

　　　　——让-弗朗索瓦·商博良1829年致埃及帕夏，

　　　　转引自莱斯莉·阿德金斯和罗伊·

　　　　阿德金斯:《破解古埃及》

第11章 文字的破译

至于这个被伊斯兰破坏者和欧洲投机商摧毁的埃及，上流社会现在像野蛮的侵略者一样来到这里，搬走(它)所剩无几的令人赞叹的遗迹。

——埃米尔·普里斯·达文尼，转引自伊丽莎白·大卫的

《马里耶特·帕夏，1821—1881》

乔万尼·贝尔佐尼是领路人，其他人紧随其后。他和他的竞争对手开始了对埃及文物的争夺，这种争夺很快就扩大到大规模的暴力掠夺。贝尔佐尼离去后的二十年里，数以百计的收藏家、业余古董爱好者和好奇的游客来到尼罗河。他们中的很多人满足于参观和欣赏。其他人则是为了掠夺、寻宝或仅仅是为获得个人私利。最活跃的寻宝人的名字都是通过他们的收藏品流传下来的，这些收藏品分散在世界各地的博物馆里，列在拍卖目录中，或者为个人所占有。19世纪的一些最贪婪、最成功的埃及古董商被记录在一本令人钦佩的著作《埃及学名人录》中，它是对埃及学的圣贤和罪犯的详尽汇编。[1]

其中一位收藏家是安东尼·查尔斯·哈里斯(1790—1869年)——

一位居住在亚历山大港的英国商人。他买卖精美的文物，尤其是纸草文献。大英博物馆于1872年获得了他的藏品，大大小小有上百件，这都是在从贝尔佐尼去世到19世纪末的80年间收集的。纸草文献、木乃伊、圣甲虫，甚至整座神庙都被从埃及运走。这些人渴望迅速获得利益，或者想满足某位收藏者获得埃及历史有形遗迹的欲望，这是一种病态。1922年，一位法国学者亨利·科代将其描述为"一种非常粗暴的热情，它次于喜爱或者欲望，目的很卑鄙"[2]。

问题是寻宝实在是太容易了。穆罕默德·阿里没有理由立法反对移走文物，因为埃及没有国家博物馆来保存它们。埃及的土耳其统治者对古老的历史没有兴趣，和它也没有任何联系。对他们来说，尼罗河的文物是一种重要的政治工具，有助于讨好古怪但有权势的游客，或有着奇怪的收集习惯的外交官。古埃及有形的遗址仅仅是一种建筑石材的来源，或者只是地势比每年的洪水高一些的现代村庄的地基。

欧洲的博物馆这时非常渴望获得埃及文物，所以他们已经做好了搬运整个房间、饰带或坟墓的准备。在贝尔佐尼的发掘工作45年之后，法国哲学家约瑟夫-埃内斯特·勒南写道：

> 博物馆的供应商像破坏者一样遍布全国；为了得到一个头像、一块铭文，珍贵的文物被切割成碎片。这些贪婪的破坏者几乎总是能提供领事文书，把埃及当作自己的财产。然而，埃及文物的最大敌人仍然是英国或美国的旅行者。这些蠢货的名字会遗臭万年，因为他们都仔细地把自己的名字刻在了著名的纪念碑上和最精美的绘画上。[3]

到 19 世纪 40 年代，古埃及的秘密至少在一定程度上由于象形文字的破译而被解开，一些人开始认识到所造成的破坏的严重程度。但为时已晚。埃及迫切需要政府的坚定领导和立法行动，但令人遗憾的是这些都很缺乏，尽管《古埃及记述》已经出版。

𓏏𓋴𓆑𓂝𓆓𓇳𓏏𓊖𓏺𓇋𓏤𓈖𓇋𓀭

19 世纪 20 年代至 40 年代，学术界围绕古埃及的年代学和人类出现的年代展开了激烈的争论，这一争论围绕着天文学和展示天空的黄道十二宫展开。一位法国文物爱好者和收藏家塞巴斯蒂安·路易·索尼耶听说了丹德拉神庙里的黄道十二宫浮雕。[4]他雇用了一个代理人让-巴普蒂斯特·莱洛伦，把它从神庙的屋顶上拆下来，运到了法国。这一环形的黄道十二宫浮雕的历史可以追溯到托勒密王朝末期，或者更晚。它代表了天国上的埃及，埃及人把它看作人间的埃及的复制品，具有相同的行政区划和特征。

索尼耶和莱洛伦认为，黄道十二宫浮雕是在法国远征期间由德塞·德·威古克斯将军发现的，"在某种程度上已经成为了一座国家纪念碑"，因此应该从丹德拉搬到巴黎。莱洛伦于 1820 年 10 月抵达亚历山大港，准备以任何可能的方式运走黄道十二宫浮雕。他小心地隐瞒了自己的真实意图，宣布打算在底比斯进行一些发掘。即便如此，他还是不得不把一个"观察员"逐出他的船，这是一名由亨利·索尔特安排的间谍，来监视他的活动。

当莱洛伦第一次看到黄道十二宫浮雕的时候，一些英国游客正在丹德拉写生。于是他逆流而上前往底比斯，在那里他买了几具木乃伊和其

资料来源：取自《古埃及记述》。

图 11.1　拿破仑的学者描绘的丹德拉黄道十二宫浮雕

他古董来掩盖他的行踪。当这个法国人回到丹德拉时，写生的游客已经离开了，因此莱洛伦得以自由地开始他的行动。黄道十二宫浮雕在三间房屋中间的屋顶上，位于拿破仑的士兵们非常钦佩的那座宏伟的神庙附近的一座小建筑里。[5]搬迁工作是一项艰巨的任务，因为黄道十二宫图雕刻在两个 0.9 米厚的巨大石块上。莱洛伦身上只有凿子和锯子，所以他需要用火药在神庙顶上炸出洞。幸运的是，他精心控制的爆炸并没有使屋顶坍塌下来。他安排了一大批工人日夜劳作，以锯穿该石灰岩。

22 天后，就像贝尔佐尼在拉美西斯二世陵庙的场景中一样，莱洛伦把黄道十二宫浮雕沿着填满房屋的斜土坡上拖了下来，并抬到了特制的木头滚杠上，准备将其运到 6.4 公里外等待着的船上。滚杠很快就磨损了。莱洛伦只好重新使用杠杆和蛮力，用雪橇拖着石头朝尼罗河边挪动。这位法国人不具备贝尔佐尼搬动大型物件的技巧。他试图用倾斜的木板把雪橇撬上船，但雪橇滑了下来，黄道十二宫浮雕掉进了河边的软泥里。对莱洛伦来说幸运的是，他给工人的报酬非常高，所以他们和他一样希望看到货物安全上船。他们费了很大的力气，成功地挽救了这些石板，并把它们安全地装上了船，但是船只这时开始严重漏水。人们拼命封堵漏洞，最后终于摆脱困境。

然后船长又拒绝开船。一个过路的美国人看到了忙活着的莱洛伦并告知了亨利·索尔特，索尔特安排了一次及时的贿赂。莱洛伦付给船长 1 000 比索的报酬，终于开始顺流而下。在去开罗的半路上，索尔特的一名欧洲代理人向这个法国人出示了一项来自帕夏的大维西尔的命令，禁止莱洛伦搬走黄道十二宫浮雕。莱洛伦升起了法国三色国旗，大胆地反对这个英国人登上他的船。他大胆的计谋奏效了，这位代理人在毫无效果的愤怒中驾船驶走了。索尔特大发雷霆，他一直打算为自己和拥有方尖碑的威廉·班克斯搬运这套黄道十二宫浮雕。他尾随莱洛伦到亚历山大港，向帕夏求情，声称甚至在这个法国人还没有听说丹德拉之前，他就在这个地方开始挖掘，因此浮雕属于自己；但这些都无济于事。

最终，黄道十二宫浮雕到达巴黎，受到了热烈的欢迎。索尼耶和莱洛伦赚了不少钱。他们以 15 万法郎的价格把黄道十二宫浮雕卖给了国王路易十八。现在人们可以在卢浮宫看到这套浮雕。而去丹德拉的游客只能参观到一套石膏复制品。

莱洛伦和索尔特的无耻把戏不过是当时文物收集者品行的典型，因为像索尼耶、德罗韦蒂和阿塔纳西这样的人，一定程度上是好奇心驱动，但主要是因为贪婪。没有人能够了解他们所看到的或搬走的东西，因为没有人能够读懂象形文字。

早在 1799 年罗塞塔石碑被发现之前，埃及象形文字就已经让几个世纪的学者为之着迷。这种迷恋开始于文艺复兴时期，这时人们开始复兴古典知识，并且认为很多学问来自古埃及人。1582 年至 1589 年间，有六座埃及方尖碑被重新架设在罗马，每座方尖碑上都有精美的象形文字。威尼斯学者皮耶里乌斯·瓦莱里安努斯是第一个撰写关于象形文字的著作的人。他破译象形文字符号的尝试，充其量是幻想。

1666 年，德国耶稣会会士阿塔纳修斯·基歇尔（1601—1680 年）受委托发表了方尖碑上的一篇象形文字铭文，这座方尖碑根据教皇亚历山大七世的命令竖立在罗马的密涅瓦广场上。他针对铭文创造出了一套复杂的读法，但仅仅在发音上读出了法老普萨美提克的名字！基歇尔是一位才华横溢的学者，有着绚丽而富有想象力的头脑，像他的同时代人一样，相信这些象形文字是图画文字。当在中国的耶稣会传教士写道，汉字和象形文字没有相似之处时，象形文字的神秘感更加深了。在 19 世

掠夺尼罗河

纪90年代，一位名叫约根·索伊格的丹麦学者猜测，这些文字可能实际上是表音的，这是迈向释读成功的重要一步。[6]

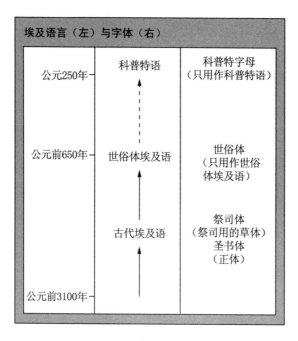

图 11.2 古代埃及语言与字体概况

1799 年罗塞塔石碑的发现极大地改变了竞争环境。拿破仑的学者们从一开始就知道，这篇以三种文字书写的平淡无奇的铭文，将成为破解象形文字的钥匙。这块石碑的蜡制副本在欧洲广为流传，人们普遍相信古埃及文字的秘密很快就会大白于天下。但是专家们就是搞不懂这些规整的象形文字的"图画符号"的意义。他们试图把它们翻译成单独的概念，而不是发音，这完全是错误的做法。同时，他们正确地假设了世俗体铭文是正体文字的字母形式。

如果这一理论是正确的，那么显而易见的突破口就是世俗体文字。一些著名学者，比如法国著名的东方学家西尔韦斯特·德·萨西和瑞典人约翰·奥克卜勒，试图破解世俗体字母，结果喜忧参半。托马斯·扬是一位英国医生，他在医学、自然哲学、数学和语言方面都具有广泛的研究天赋。当听说他对朋友给他的一份纸草文献产生了兴趣之后，所有人都感到气馁。他在1814年获得了一份罗塞塔石碑铭文的副本，并开始比较世俗体文字和希腊文字。他还注意到一些世俗体字符和相应的象形文字有着惊人的相似之处。扬的结论是，世俗体文字是字母符号和象形文字符号的混合体。拿破仑的学者曾提出，在埃及文字中，国王的名字会写在椭圆形的圈中。罗塞塔石碑铭文中有六个这样的王名圈，里面包含了托勒密的名字，他认为这个名字是用字母拼写的——因为这是一个外国人的名字。[7]通过将象形文字与托勒密的希腊语写法的字母相对照，扬确定了很多符号的发音。其中很多是正确的。然而，他作出了一个错误的假设，即用于书写埃及语言的其余的象形文字都不是表发音的。结果，他一直没有完全破译象形文字。

　　扬的主要竞争对手是一位法国人，一个性格急躁的语言天才。1790年12月23日，让-弗朗索瓦·商博良出生于法国菲雅克的一个穷困的书商家庭。他直到8岁才正式开始上学，但是很快表现出了超常的语言和绘画能力。他的哥哥雅克-约瑟夫监督他在格勒诺布尔接受正规教育，在那里他对埃及产生了兴趣。这使得他在11岁的时候，就受到了数学家让-巴普蒂斯·约瑟夫·傅立叶的注意。傅立叶是拿破仑的赴埃及考察学者之一，这时正在写作《古埃及记述》的史学导论。[8]傅立叶和他的收藏品刺激年轻的商博良渴望破解象形文字的奥秘。从这时候起，他们相互之间产生了深刻的影响。正规的学校教育使得商博良倍感无聊，他开始痴迷于埃及，并且确信研究古代史最好是通过语言的途径。到17岁的时候，商博良就已经学习了希伯来语、阿拉伯语、梵语、波斯语和其他东方语言，以及英语、德语和意大利语。他还把科普特语列入了自己的学习日程中，相信这种基督教时期的埃及语言可能会保留下古代埃及语言中的某些成分。

1807年，商博良和他的哥哥来到巴黎，当时巴黎是欧洲的文化中心，到处都是拿破仑远征掠夺来的战利品。让-弗朗索瓦的生活极度贫困，他在东方学家德·萨西的指导下学习，参加埃及考察团对《古埃及记述》的编写工作，学习语言课程。这位年轻的语言学家获得了与顶尖的东方语言文化学者接触的宝贵的机会。虽然身体不好并且穷困潦倒，但是他沉浸在他能找到的所有科普特文本中，认为科普特语字母与占埃及语是一致的。后来，他认识到他的这种推测是错误的。科普特语是古代埃及语言在后期的发展阶段，而象形文字并不是简单的字母文字。他同样将注意力转移到了罗塞塔石碑上。

几个月之后，商博良利用他的科普特语知识，结合希腊语铭文弄清楚了一些世俗体埃及语单词的读音。他的发现和瑞典学者约翰·奥克卜勒在几年前发表的成果意见相一致。他还注意到了写有祭司体埃及语文字的纸草文献，但是并没有认识到世俗体和祭司体是两种不同的文字。

他对罗塞塔石碑研究了数月，显然没有什么进展。七年之后，他出版了两卷关于古埃及地名的著作，突然宣布他能够释读出石碑上的世俗体埃及语铭文。这时他已经接近成功了，因为他相信，科普特语是现存的最接近古代埃及语的近亲。这一研究工作难度很大，充满挫折，并且

第 II 章 文字的破译

到处都是死胡同。商博良却沉醉于科普特语中，他将自己的想法翻译成这种语言，并以此为乐。这时候，他坚信，破译象形文字是他的使命。

在两年徒劳无功的研究之后，商博良返回格勒诺布尔，这时他被新建的大学聘为教师。他继续致力于研究象形文字，摒弃了各种破译文字的理论，并且继续研究埃及地名。他的《法老统治下的埃及》于1811年出版。嫉妒他的竞争对手很快便开始指责他剽窃。

政局的变动和君主制的复辟使得商博良丢掉了他的教职，研究工作也中断了，直到1818年，他收到了一些来自伦敦的更完整的罗塞塔石碑副本。即便是这时候，教学等分散精力的事情仍然妨碍了他的研究工作。

1819年，《大英百科全书》发表了托马斯·扬的一篇关于古代埃及的长篇论文，文中他总结了自己释读象形文字的尝试，文末有他所谓的"象形文字词汇入门"，即一些关于发音和短语的资料，以及一个遗迹目录。[9]这个词汇表指出了托勒密的名字是如何在世俗体铭文*中出现六次的。扬还相信，他已经破译了卡尔纳克和菲莱的其他一些王名。他认为，他已经破译了象形文字字母表中的14个字母；不过实际上，只有5个是对的。

这一时期，扬的研究成果要远超商博良，似乎在文字破译竞赛中遥遥领先。他还认为，除非有更多双语对照的铭文面世，否则难以有更大的进展。而那位法国人则被格勒诺布尔的政治事件所分心，导致他丢掉了图书管理员的工作。他受到叛国审判的威胁，但指控被驳回。等到他

---

　　* 指罗塞塔石碑上的世俗体铭文。——译者注

　　　　　　　　　　　　　　　　　　　　　　掠夺尼罗河

读到扬的论文并且提出不同意见，已经过去了一段时间。这时候他和哥哥已经返回巴黎，居住在距离碑铭与文学研究院不远的出租屋里。他很快便被主流的学术界所接纳，但是却独自一人研究世俗体埃及语，与科普特语相互对比。他的学院同事则专注于研究埃及的黄道十二宫，尤其是新近从丹德拉送来的黄道十二宫浮雕。这被认为是判断埃及文明年代和世界源起年代的途径，在教会界是一个广受争论的议题。[10]

商博良不同意扬的关于象形文字是字母文字的观点。1821 年 12 月 23 日，他决定对罗塞塔石碑上的文字进行数量分析。他发现，1 419 个象形字符对应的是 486 个希腊语单词。他无法建立起希腊文字与象形文字之间的数量关系，这使他意识到，象形文字至少有一部分是表音的，而且比以前认识的要复杂得多。他试着将较晚出现的世俗体文字转写为较早的祭司体，然后进一步转写为圣书体，尽管他还无法读懂它们。这种转写使他对于这些文字如何起作用，以及它们是如何相互关联的，有了初步的理解。他不像扬一样依赖于双语文本来切入，而是检视埃及语书写体系的各个方面，之所以能这么做，是因为他有非常广博的相关的语言知识。

一系列幸运的发现出现了。一些来自阿拜多斯的希腊语纸草文献使他认出了托勒密的王名圈，以及另一个很可能是克里奥帕特拉的王名圈。商博良将后者转写成推测性的象形文字的版本，但是，直到一位同事带来一份带有克里奥帕特拉王名圈的菲莱方尖碑拓本，他才发现真正的象形文字和他推测的版本非常接近。他这时对工作激动不已，因为他能够推测出那些与科普特语类似的古代埃及语单词的可能的含义。

1822 年 9 月 14 日，商博良收到了建筑师让-尼古拉斯·于约精确复制的阿布-辛贝尔神庙象形文字的副本。他仔细研究了上面的王名圈，很快就认出了拉美西斯这个名字，然后又认出了另一个法老的名字——图特摩斯。王名圈向他展现出了象形文字的基本原理。他仔细地检查了一下他的结果，然后冲出阁楼跑到街上，告诉在附近的法兰西研究院中的哥哥。他激动得喘不过气来，冲到雅克·约瑟夫跟前，大喊着："我明白了！"然后昏倒在地。他发现了象形文字复杂的发音规则："在同一段话、同一个短语甚至同一个单词中，一个字符有时表示形象，有时表示意义，有时表示发音。"[11]

几天之内，他又努力地撰写了那封著名的《关于表音象形文字的字母表致皇家铭文与文学研究院秘书长达西耶先生的信》，在1822年10月底发表，信中宣布了他的发现。他在9月27日的碑铭与文学研究院会议上宣读了这篇论文。碰巧托马斯·扬也在观众席上，并且慷慨地赞扬了他。这一发现被认为是如此重要，以至于国王本人也知晓了。

商博良开始努力获取尽可能多的象形文字文本，而大多数可用的材料都正在被运往英国，扬可以很容易得到它们，但他不能。他甚至前往巴黎拍卖行，在成交之前把象形文字复制了下来。他利用将文本先译成科普特语，然后再译成法语的方法，使得释读工作变得越来越容易。这不是一个完美的方法，但在当时已经足够行之有效。1824年，他出版了他的《古埃及语象形文字体系概述》（简称《概述》），在这本书中，他比他在《致达西耶先生的信》中所写的要详细得多。书中有对象形文字符号的解释，与托马斯·扬一致和不一致的观点的讨论，以及关于国王的名字、王室头衔和不同类型的埃及字体的论述。《概述》一书是一部令人震惊的杰出著作，受到了商博良支持者的赞誉，也受到了他的敌人的轻视，他们中的大多数人都在英吉利海峡的另一边。象形文字的破译很快成为一个民族主义问题，对法国人来说是民族自豪感的显著体现。同年5月，这位年轻的法国人来到伦敦，第一次看到了罗塞塔石碑。但是，正如他所知道的，这块石碑作为真正的文字破译的象征，其用途是有限的。上面的象形文字铭文损坏得太严重，没有太大用途。

让-弗朗索瓦·商博良当时专注于解读和教别人翻译象形文字。他前往意大利，在都灵为德罗韦蒂的藏品编目，在那里他对纸草文献进行研究，认出了都灵王表上的埃及国王的名单。他已是名声在外。教皇利奥十二世正式接见了他，并提议让他成为红衣主教。感到震惊的商博良拒绝了，因为他有妻子和女儿。于是，教皇说服法国国王任命他为荣誉勋章骑士。与此同时，反对他的释读的声音在很多方面开始出现，商博良不能容忍任何形式的批评又使得事态恶化。亨利·索尔特曾经是扬的解读方法的狂热支持者，他现在宣称扬是错误的，这位法国人才是正确的，这让商博良很高兴。这一时期，商博良是卢浮宫埃及展区的馆长，在那里他整理了德罗韦蒂和索尔特收集的藏品，这些藏品将卢浮宫变成了欧洲最好的博物馆之一。他用他对象形文字的了解把这些材料按正确的顺序进行了整理。

这个解开古埃及秘密的人还没有去过埃及。1828年，他在宫廷中有影响力的支持者说服国王，使他支持在国王和托斯卡纳大公的赞助下，由商博良领导，进行一次法国和托斯卡纳的联合考察。在拿破仑的学者们泛舟于尼罗河上三十年之后，商博良、意大利埃及学家伊波利托·罗塞利尼，以及包括画家、绘图员和建筑师在内的12人，在亚历山大港登陆。[12]他们被延误了几个星期等待许可证，可能是因为德罗韦蒂担心会出现他控制不了的挖掘行为。商博良警告他说，这次探险得到了法国国王的全力支持，他也得到了宫廷的支持。几天后，他便收到了许可证。与此同时，探险队也得到了为旅行而准备的舒适的土耳其服装。

　　商博良的考察是一次胜利的旅程。这对探险队的负责人和其他成员来说都是一次激动人心的经历。这是他们第一次能够读到神庙上的铭文，并理解这些世界上最古老的纪念碑的重大意义。商博良脑海中涌现的观点和很多关于埃及纪念碑的意义和背景的令人惊奇的创新性的假设，得到了他的实地考察的一再验证。

　　伊波利托·罗塞利尼站在坐着的商博良左侧。探险队几乎没有发现什么东西，但集中精力对之前发现并幸存下来的东西进行了记录。
　　资料来源：Scala/Art Resource, New York。

图 11.3　让-弗朗索瓦·商博良和在埃及探险的同伴，虚构的姿态

　　　　　　　　　　　　　　　　　　　　　　　　　掠夺尼罗河

探险队乘坐两艘名为"伊西斯"和"哈托尔"的船逆流而上，快速驶向第一瀑布，然后进入努比亚，到达第二瀑布。在评估了不同的地点后，旅行者们慢慢地向下游行驶，进行更细致的研究。在前往南方的路上，他们参观了孟菲斯和萨卡拉、吉萨金字塔和贝尼·哈桑的墓葬群。早些时候的旅行者错误地报告说，它们没有什么重要性，然而用湿海绵擦了一会之后，引人入胜的壁画便显现出来。[13]但最重要的经历是在丹德拉，也就是拿破仑的士兵在1799年致敬的那个丹德拉。

在一个月光皎洁的夜晚，考察队员们无法克制自己，他们从船上奔上岸来，极为兴奋地冲进神庙。"月光明媚……我们没有带向导，但我们装备精良，我们穿过田野……我们像这样走着，唱着最新的歌剧中的进行曲。"他们迷了路，然后看到一个村民，他一看到他们，就急忙逃跑。商博良抓住他，说服了他给他们当向导。"我不会试图描述巨大的入口，尤其是这座伟大的神庙的门廊给我们的印象……这是优雅和威严同时出现的最高境界。"[14]两个小时里，旅行者们兴高采烈地在月光明媚的神庙里漫步，陶醉在狂热和欢喜当中，直到凌晨三点才回到船上。第二天，他们在白天考察了这座神庙。商博良能够读懂足够多的象形文字来证明丹德拉是一座托勒密王朝时期的神庙，专门供奉哈托尔女神。

从丹德拉出发，他们前往卡尔纳克和底比斯。在那里，商博良徜徉在"一个又一个奇迹"中，在卡尔纳克的一根柱子的高处刻下了自己的名字。最后，他们航行到了第二瀑布下游的哈尔发旱谷，再向南行进就意味着要在陆地上穿越饥荒肆虐的沙漠地带。他们向上游航行的路上在阿布-辛贝尔作了短暂的停留，清理了神庙入口的沙子。商博良趴着从门上狭窄的缝隙中滑进了深邃的内部，一看到这些美丽的浮雕，他的大脑一片眩晕。在返回的旅程中，画家和绘图员在"土耳其蒸汽浴般"高温的环境下把一切都画了下来。商博良和罗塞利尼专注于象形文字，在将其副本委托给绘图员之前，对所有内容都进行反复的检查。复制工作花了十三天时间。

在菲莱待了六天之后，他们在帝王谷法老拉美西斯四世的空墓的前三个墓室里安顿下来，这里是旅行者最喜欢的露营地。[15] 探险队记录了16座能够进入的王室墓葬的绘画和铭文，并从塞提一世的墓穴中移走了有装饰带的灰泥区域，造成了破坏。经过四个多月似乎没完没了的复制，每个人都筋疲力尽，但在库尔纳周围和麦地那-哈布的神庙里，这项工作又继续进行。在这里，商博良最终证明了古埃及艺术的发展没有受到古典希腊的影响，正如他在给他哥哥的一封信中所说，这"只归功于它自己"。在底比斯和卡尔纳克短暂停留后，他们的船只在洪水中驶向开罗和亚历山大港。1830 年 1 月，39 岁的商博良回到巴黎，一直疾病缠身。1832 年 3 月 4 日，他死于中风。他挚爱的哥哥在 1841 年至1844 年间出版了他的象形文字字典。

商博良在尼罗河河谷度过的 17 个月是一个非凡而富有成效的职业生涯的高潮。这并不是因为商博良挖掘遗址并使古埃及重见天日。相反，他满足于观察遗址本身，并将它们置于一个按实际的时间顺序排列的视域下。让-弗朗索瓦·商博良将有文字记载的历史的范围扩展了数千年，直至未知的时代，在那里可以找到埃及文明的源头。

科学调查的前景是广阔的，然而商博良所能看到的只是破坏和掠

掠夺尼罗河

夺。他同样建议把底比斯的一座方尖碑移到巴黎作为对拿破仑军队的纪念，穆罕默德·阿里最终同意了这一要求，尽管他最初把底比斯的方尖碑给了英国人。1830 年，在花费巨资之后，底比斯神庙前的两座方尖碑中的一座搭乘一艘名为"单峰骆驼"的特殊驳船被运送到巴黎。1836 年 10 月 25 日，在法国国王和 20 万观众的见证下，它被竖立在协和广场。

与此同时，破坏还在继续。因黄道十二宫浮雕而闻名的文物收集者塞巴斯蒂安·路易·索尼耶发现，埃及被贝尔纳迪诺·德罗韦蒂和亨利·索尔特一分为二。地面上的情况更为复杂，有时会从神庙中间划出界线。领事们的代理人来往于尼罗河两岸，时刻警惕着闯入他们宝贵领地的入侵者。他们在帕夏身边都有耳目。他们都沉迷于收集文物，并把古埃及视为他们的专属财产。索尼耶把他们比作相互竞争的君主："他们缔结了和平条约。就像国王，为了化解他们的分歧，想要排除一切可以使分歧再现的原因，他们把一条河作为自己在埃及所占有的财产的边界。两三年以来，是尼罗河的流动把他们分开了。"[16]

还有一些较小的经营者，其中包括出生于的里雅斯特的冒险家朱塞佩·帕萨拉夸，他本来是到埃及做贩马的生意，后来转而去盗墓。1832 年，他在底比斯西岸库尔纳附近的德拉-阿布尔-纳加偶然发现了一位名叫蒙图霍特普的王后的坟墓。他发现这个坟墓的时候，墓穴刚刚被盗掘过，但他还是发现了王后的木乃伊和一个曾属于她丈夫的彩绘坎诺匹克箱。[17]帕萨拉夸把王后沉重的木棺留在了坟墓里。大约十年后，英国人约翰·加德纳·威尔金森记录下了木棺上的十列铭文——这是首次对"亡灵书"的科学记载。这位从前的马贩子还有其他惊人的发现，其中包括在悬崖上凿出的一条长约 46 米的通道，里面挤满了木乃伊，其中一些还有自己的行业工具作为随葬品，比如书吏的调色板和猎人的武器。

到 1820 年，多年的无节制的文物搜集破坏了埃及的神庙和坟墓。底比斯墓地仍然是抢掠者和寻宝者的战场。博物馆和私人收藏中有数千件文物，没有关于发现它们的地点或者环境的记录。只有少部分可以确定大概的区域，或者某一个特定的墓地。古埃及只不过是一个用来挣钱的工具，一种以盈利为目的，为收藏家、博物馆和学者提供艺术品的方式。

深入阅读指南

安德鲁·鲁宾逊的《书写的故事》（Andrew Robinson，*The Story of Writing*，London and New York：Thames and Hudson，1995）是关于文字破译和早期手稿的出色的著作。同样还有理查德·帕金森等人的《破解密码：罗塞塔石碑和文字的破译》（Richard Parkinson and others，*Cracking Codes：The Rosetta Stone and Decipherment*，Berkeley and Los Angeles：University of California Press，1999）。前文提到的莱斯利·阿德金斯和罗伊·阿德金斯的《破解古埃及》（2000）将商博良置于一个更广阔的埃及学的背景下，讨论了他和托马斯·扬之间的竞争，并提供了一个出色的传记。我利用了他的很多记述。让·拉库蒂尔的《商博良：光明的生活》（Jean Lacouture，*Champollion：Une vie de lumières*，Paris：B. Grasset，1988）也是一部有用的传记。

注释

1　Warren R. Dawson and Eric P. Uphill，*Who Was Who in Egyptology*，

3d ed., revised by M. L. Brierbrier（London：Egypt Exploration Society，1995）.

2 Karl Meyer，*The Plundered Past*，2d ed.（Baltimore：Pelican Books，1992），23.

3 约瑟夫·埃内斯特·勒南（1823—1892 年）写作了很多关于《圣经》的令人钦佩的批评和历史著作。他访问了埃及，对这里遭到的破坏感到震惊。引文出自弗朗索瓦-马里·吕泽尔编：《勒南的来信》（François-Marie Luzel，ed.，*Correspondance de Renan*，Rennes：Presses Universitaires de Rennes，1995，178）。

4 塞巴斯蒂安·路易·索尼耶（1790—1835 年）资助了对埃及的考察，并委托莱洛伦移走黄道十二宫浮雕。他还对公路和铁路感兴趣。

让-巴普蒂斯特·莱洛伦是一位法国工程师，他对埃及学的唯一贡献就是偷了丹德拉的黄道十二宫浮雕。

5 黄道十二宫浮雕（现在展示的是一件复制品）位于希腊罗马时期的哈托尔神庙里。

6 基歇尔也因其对太阳黑子的研究而出名。虽然饱受非议，但他对科普特语的理解贡献了相当多的知识，常被后来的学者所使用。

约根·索伊格（1755—1809 年）是一位备受尊敬的考古学家和钱币专家，曾在罗马工作，担任丹麦驻罗马领事。

7 托马斯·扬（1773—1829 年）是一名内科医生和语言天才。14 岁时，他已经对 11 门语言有了一定的了解，包括阿拉伯语、波斯语和埃塞俄比亚语。他是第一个认识到眼睛散光的人，并发表了关于光的波动理论的论著。1801 年，他被任命为伦敦皇家学会自然哲学教授后，开始研究象形文字。扬写了 16 部关于象形文字的作品，包括 1821 年出版的贝尔佐尼的《游记》第二版的附录。可参考亚历山大·伍德和弗兰克·奥尔德姆的《托马斯·扬》（Alexander Wood and Frank Oldham，*Thomas Young*，Cambridge：Cambridge University Press，1954）。

王名圈 "*cartouche*"（意为子弹壳）这个单词是由法国学者造出来的，他们觉得这种椭圆形的圈很像他们枪里的子弹壳。

8 让-巴普蒂斯·约瑟夫·傅立叶男爵（1768—1830 年）不仅是一位天才的

数学家，而且是一位在埃及委员会的工作中起主导作用的老练的管理者。拿破仑后来任命他为伊塞尔（Isère）的省长，在那里他委托完成了很多重要的公共工程。傅立叶是商博良的一位重要的导师。

9 Thomas Young, "Egypt," supplement to *Encyclopaedia Britannica*, 1819.

10 相关讨论见于 Adkins and Adkins, op. cit.(2000)，pp. 166—167。

11 让-尼古拉斯·于约(1780—1840 年)在文字破译方面发挥了关键作用，但最让他出名的是巴黎凯旋门的建造。有关商博良如何辨认出这些人名的更多详细信息，参见 ibid., 180—181。引文出自第 183 页。

12 尼科洛·弗朗切斯科·伊波利托·巴尔德萨尔·罗塞利尼（Niccolo Francesco Ippolito Baldessare Rosellini, 1800—1843 年）是比萨大学东方语言学教授、意大利埃及学创始人。在商博良探险之后，他分三部分(1832—1844 年)出版了他的巨著《埃及和努比亚的纪念碑》（*Monumenti dell'Egito e della Nubia*），这部作品仍然具有重要意义。1827年，罗塞利尼与著名作曲家凯鲁比尼(Cherubini)的女儿结婚。

13 贝尼-哈桑位于赫麦努——"八镇之地"（赫尔摩波里斯）以北，是现代的埃尔-阿舒宁(el-Ashunein)。它是第十五诺姆的权力中心，也是书吏之神托特的崇拜中心。商博良所看到的坟墓壁画属于十一、十二王朝（公元前 2134—前 1782 年）的诺玛尔赫（*nomarchs*，行省长官）。

14 商博良给他哥哥雅克·约瑟夫的信。引文出自 ibid., 254。

15 拉美西斯四世(公元前 1151—前 1145 年)在他父亲——战功显赫的拉美西斯二世去世后仅统治了六年。他的坟墓在罗马时代被打开，但装饰华丽的墙壁和石棺幸存下来。

16 M. Saulnier, Fils, *Notice sur le voyage de M. Lelorrain en Égypte：Et Observations sur le zodiaque circulaire de Denderah*（Paris：Chez L'Auteur, 1822），16. Translation by Thompson, op. cit.(1996), 25.

17 朱塞佩·帕萨拉夸(1797—1865 年)发现盗墓比卖马更赚钱。他主要从底比斯获得了大量埃及文物；他将其提供给卢浮宫，卢浮宫拒绝了这些文物；然后他以 10 万法郎的价格将其卖给普鲁士的弗里德里克·威廉四世(Friedrich Wilhelm IV)，这些文物被存放到了柏林博物馆。作为这笔交易的一部分，他成为埃及藏品的保管人。他担任这个职位一直到他生命的尽头。关于蒙图霍特普陵墓的发现，有一个有意思的故事。1996年，随着一位英国私人收藏家的去世，英国出现了一个至今不为人所知的第十七王朝的王室葬礼王冠。它发现的时间可以追溯到19世纪早期，库纳地区。有可能它就是属于蒙图霍特普王后。

关于这个发现的描述，可以参考 Reeves, op. cit.(2000)，27。也可参考 Manniche, op. cit.(1987)关于墓地的一般性讨论。

第12章　艺术家和考古学家

在底比斯所有有挖掘潜力的地点中，威尔金森选择了最令人兴奋的那一个。他低下头，望着黄褐色的沙漠，沙漠遍布着混乱的古墓废墟。他的正下方就是拉美西斯陵墓，贝尔佐尼正是从这里夺走了巨大的头像。右边是西方人称之为门农巨像的两座雕像，以及庞大而不规整的麦地那-哈布神庙……然后，变幻莫测、引人入胜的尼罗河在陆地上切割出了它不断搏动的航道。放眼朝河的另一边看去，有卢克索神庙的柱子和卡尔纳克高耸入云的方尖碑。

——埃及学家约翰·A.威尔逊：《法老的神迹和奇观：
美国考古学史》，关于从约翰·加德纳·威尔金森在
底比斯的坟墓住所里看到的景致

让-弗朗索瓦·商博良认为自己是象形文字的唯一破译者，是解开古埃及秘密的人。像所有文字的破译一样，没有一个碑铭研究家独自取得所有的进展，获得所有的线索。商博良借鉴了其他人的成果，以及拿破仑的学者和其他旅行者复制的资料。然而，毫无疑问，正是他的决定性的进展，在很大程度上促成了对古埃及人研究的新时代。在这个新时

代，艺术家和文物研究者花费数月甚至数年的时间来复制和记录，而不是破坏性地挖掘和掠夺。寻宝仍在继续，但现在已经有了一些反对破坏神庙和坟墓的声音。

商博良亲自写信给帕夏，对考古遗址的大规模破坏和文物交易表示强烈反对。他指出，现在有那么多游客来埃及仅仅是为了参观纪念碑和瞻仰过去的奇迹。游客意味着金钱，从长远来看，这比从破坏和劫掠活动中获得的利润更大。他建议控制挖掘，禁止从神庙中采掘石材，并严格管制文物出口。

商博良措辞强烈的请求对穆罕默德·阿里的思想产生了影响，并促成了1835年8月15日颁布的具有里程碑意义的政府法令。该法令的序言指出，博物馆和收藏家对文物非常渴望，以至于有一种危险：所有古代建筑的痕迹都将从埃及的土地上消失，充实别的国家。该法令禁止一切文物的出口，授权在开罗兴建一座博物馆，以存放政府拥有的或者在政府主导的挖掘中发现的文物，禁止毁坏古迹，并支持保护文物的努力。与此同时，穆罕默德·阿里任命了一名博物馆督察官，前往上埃及视察重点的遗址。当然，这项法令是难以实施的。虽然帕夏的博物馆起步不稳，其中的大部分文物甚至都被阿里和他的继任者出售或赠送给了外国政要，但这是朝着正确的方向迈出的一步。

幸运的是，这一时期的一些旅行者，是出于对世界上最早的文明的强烈好奇和热情来到埃及寻求知识，而不是文物。到1821年，少数对埃及有着浓厚兴趣的文物研究者意识到，文字的破译工作迫在眉睫，其中包括古典考古学家和旅行家威廉·盖尔爵士，他与托马斯·扬互通有无，并指导了一位有前途的年轻学者约翰·加德纳·威尔金森（1797—

1875 年)。威尔金森注定要成为埃及学的一位重要人物。[1]

威尔金森的父母很早就去世了，没有给他留下多少私人财产。他计划参军，但在等待任务的时候，他按照传统方式，乘船开始了一次穿越地中海世界的大旅行。他的行程中包括了使他从小就着迷的埃及。在罗马，他遇到了威廉·盖尔爵士，他答应会向他全面介绍古埃及。当时，盖尔对古埃及的了解可能比任何人都多。他几乎阅读了所有关于这个主题的出版作品，并定期与索尔特、扬，以及其他人保持联系。盖尔本来打算亲自前往尼罗河，但他的痛风和其他任务妨碍了他。

年轻的威尔金森于 1821 年底抵达亚历山大港，带着对阿拉伯语的些许了解和无限的热情。盖尔早就让他深入了解了托马斯·扬对象形文字的研究，指导他描画埃及的文物，使他比以前任何一个旅行者都准备得更好。亨利·索尔特在开罗迎接他，并带他去参观了吉萨的金字塔。这位领事的翻译——奥斯曼·埃芬迪，以前名叫唐纳德·汤姆森，曾是一名鼓手，他按照土耳其人和穆斯林的方式生活。奥斯曼给威尔金森穿上土耳其人的衣服，这是一个明智的预防措施，在这个欧洲人还很稀少的国家，他们的活动时刻处于危险中。

在游历过上游的尼罗河第二瀑布之后，威尔金森投身于埃及学。他对挖掘没有兴趣，只是清理过一篇铭文、为自己得到很少的几件文物，而且完全不是为了个人利益。他是铭文、纪念碑和坟墓的抄写者，他的素描都是徒手绘制，但惊人地准确。据专家称，他所复制的象形文字比当时作为信息主要来源的《古埃及记述》中的还要优秀。在接下来的

掠夺尼罗河

图 12.1　穿着土耳其服饰的约翰·加德纳·威尔金森爵士

12 年里，威尔金森在埃及和周围的沙漠中到处旅行，有时独自一人，有时与少数志同道合的文物研究者和艺术家同行。他和他的朋友詹姆斯·伯顿从生活方式到服饰穿着，都采用了土耳其人的方式，向他们的仆人和朋友传达出一种他们是穆斯林的信息。[2]这样，他们就成为当地贵族的一部分，与土著埃及人保持适当的距离。起初，他们对普遍存在的奴隶制感到恐惧，充满抵触，但后来也有了自己的奴隶作为情妇。

到 1824 年，威尔金森作为文物研究者的兴趣更加浓厚。索尔特为他从帕夏那里获得了一份许可证，准许他参观遗址、考古挖掘和干预以保护它们不受破坏。当时，没有人知道古埃及的历史或年代。他和他的同事们所能利用的只有最基本的知识，而且往往是错误的。他四处游历，曾到达底比斯下游约 480 公里处尼罗河东岸的埃尔-阿玛尔纳。很多年后，1887 年，另一位英国人弗林德斯·皮特里发现了阿玛尔纳的外交泥板，并认出这座废弃的城市是埃赫塔吞——新王国法老埃赫那吞的首都（公元前 1350—前 1334 年）。据我们所知，威尔金森是第一位探访这片大规模的遗址和它后面的墓穴的文物研究者。他对坟墓里奇异的、大多是自然主义风格的壁画感到困惑，其中"太阳光线的末端是一只只的手"，这是他从未见过的。[3]在他寄给威廉·盖尔爵士一幅现在著名的埃赫那吞和王后涅菲尔提提举起双臂伸向太阳圆盘的壁画副本后，他的导师宣称它描绘了两位孕妇正在献祭。

威尔金森几乎是一个人在工作，他翻译了几十篇铭文，第一次正确地认出了很多王名圈。威尔金森第一次尝试对埃及的王朝和国王进行排序。他在商博良和伊波利托·罗塞利尼之前，就在贝尼-哈桑精确地画下了墓中的壁画，确定了哈瓦拉"迷宫"失踪已久的遗址，并写了很多本远远领先于他同时代人的详细而准确的记录。与商博良不同的是，威尔金森在没有政府支持的情况下工作，以最少的资源创造了奇迹。

威尔金森一直在奔波辗转，复制、探访，以及思考象形文字。他用扬的方法取得了一些微不足道的成果，但他缺乏科普特语的知识，而科普特语对真正的研究进展是至关重要的。1823 年，威廉·盖尔爵士送给他商博良的《给达西耶先生的信》，但直到他读到《古埃及语象形文字体系概述》中的字符列表和更详细的分析，威尔金森才开始理解这位法国人对象形文字的理解程度。在坟墓和神庙中，他复制铭文，通过比较科普特语和古埃及语的单词，积累了一个象形文字的词汇表。很快，他开始有了自己的发现，为不同的纪念碑和整个埃及历史制作了一个年表。他发现自己在纠正商博良的"严重错误"。他因商博良对扬的蔑视感到烦恼，对这位法国人的专横和惯用高压手段感到厌烦。这也许就是他没有在 1828 年的考察中去见商博良的原因，他更喜欢在幕后谨慎地工作。他写信给盖尔："商氏可能能够读懂一面墙上的象形文字，由于没有埃及人在场，我或者其他人也可以读，但我喜欢有更好的证据……此外，他有一种不把以前的错误告诉读者就改变规则的不公平的做法。"[4] 人们普遍认为商博良破译了象形文字，这是一种夸大了的说法。他的研究为接下来数十年的研究过程提供了重要的推动力。15 年过去了，争论平息了，人们便普遍认为他是正确的。在 19 世纪 40 年代以前，没有人能翻译一段连续的象形文字。

威尔金森是第一个在埃及工作的有一定语言学背景的人。他本可以为象形文字的研究做出重要贡献，但是，一向不安分的他喜欢浅尝辄止。但他的研究和复制的副本对后来有着巨大的价值。

从 1827 年起，威尔金森大部分时间都在底比斯的西岸度过。他把新王国维西尔阿麦库那座早已被掠夺一空的 T 形墓作为他的住所。他安装了隔断来隔出房间，铺上地毯，安置好他的图书室和埃及家具，同时可以欣赏尼罗河河谷的壮丽景色，远处就是卢克索和卡尔纳克神庙。在这里，他召集聚会，招待朋友，和其他人一样在壁炉里焚烧木制的木乃伊棺椁。木头发出难闻的气味。他的客人会把自己的船绑在附近，在一个充满欢笑和美好时光的家里待上几天。一位访客写道："木乃伊的气味早就被美味佳肴的香味驱散了。"[5] 他们惊讶于威尔金森悠闲的生活习惯，上午 10 点半才开始吃早餐。然而，他完成了大量的工作，包括底比斯西部的第一幅地形图。他对帝王谷的坟墓进行了测量和编号，这是一个至今仍在使用的编号系统。他最感兴趣的是贵族墓中的绘画，因为他意识到这些绘画可以让人们深刻了解古埃及人的日常生活。威尔金森认为，具有自然主义特点的雕带是"生活的缩影"，是一个重现创造它们的社会的机会，就如同自己是墙上的事件的旁观者。威尔金森和他的同事们记录的很多坟墓很快就被人破坏，这些人把这些坟墓当作了自己的家。

古埃及的未来掌握在约翰·加德纳·威尔金森和 19 世纪二三十年代主要由英国艺术家和旅行者组成的一小群人手中。他们时而互相合作，时而独立研究，互相交流信息，互相拜访，并且非常享受生活。可惜的是，他们中几乎没有人发表过自己的作品。罗伯特·海伊（1799—1863 年）出身于苏格兰地主阶层，参加了皇家海军，然后继承了家族财产。在东地中海的一次海军巡航使他对埃及产生了长久的兴趣，所以他决定进行一次包括埃及在内的大旅行。海伊按照 18 世纪前辈们的风格开始旅行，带着一群艺术家和建筑师，其中有一位才华横溢的艺术家——约瑟夫·博诺米。他还招募了另一位苏格兰人弗雷德里克·卡瑟伍德，几年后他因绘制玛雅文明的城市而获得国际声誉。[6] 海伊的考察队尽可能精确地进行了复制，他们经常使用一台显像描绘器——一块棱镜和一套可互换的透镜，将影像投射到桌子上，以便绘图人进行复制。他的建筑师则制作立体图和平面图。海伊本人是一位天才的艺术家，他不仅创作了埃及古代纪念碑的全景图和绘画，还对伊斯兰建筑进行了细致的描绘，并在 19 世纪 20 年代对水乡村落进行了详细记载。他最终于

　　　　　　　　　　　　　　　　　　　　掠夺尼罗河

1835 年带着丰富的资料回到英国，但却对古埃及失去了兴趣，除了1840 年出版的《图解开罗》这本华丽的著作外，他没有其他出版物。他未发表的 39 卷图画现在被存放在大英博物馆。

海伊将《图解开罗》这本书作为对他的埃及朋友爱德华·威廉·莱恩的纪念，莱恩于 1825 年来到开罗。与他的其他朋友不同，莱恩住在埃及人中间，有人认为他想研究埃及人的文学。他是一个孤独的人，大部分时间都在埃及度过，回到英国后专心写作，生活得像个隐士。莱恩的重要著作是《现代埃及人的风俗习惯》，由伦敦出版商约翰·默里于1836 年出版。[7]这部杰出的作品以人类学家所称的"参与观察法"这种开拓性的模式为基础，至今仍然是一部经典之作，使他一举成名。

威尔金森本人于 1833 年离开埃及。他在库尔纳贵族墓中的几个月，教给了他很多关于古埃及人生活的知识。当他回到英国时，他脑海中形成了一个写一本关于这一主题的书的想法。他的计划很适合当时流行的文学类型，是一种对游记的延伸，更加客观，是后来种族志研究的先驱。1837 年，三卷本的《古埃及人的风俗习惯》（简称《风俗习惯》）由约翰·默里出版，稍晚于一部关于底比斯的更加详细的著作。威尔金森写下了足够五卷的材料，另外两卷很快就在这部书卖得很好的时候出版了。《风俗习惯》使威尔金森家喻户晓，为他赢得了骑士称号，并且整个 19 世纪一直都在印刷。与篇幅巨大、价格昂贵的《记述》不同的是，这本书价格适中，使得人数迅速增加的中产阶级读者很容易便能买到。

《风俗习惯》涵盖了 50 多个主题，从日常生活本身到年表和社会组织，无所不包。这种形式最适合于记录一次全面的古埃及之旅，使作者能够详细讨论诸如宴会之类的主题，其中还包括关于家具、音乐和食物的论文。威尔金森利用自己的著作和古典资料制作出了年表，判断第一位法老美尼斯的年代大约是公元前2320年，比《圣经》中的创世年代（公元前4004年）要晚，这是当时确立的神学信条。威尔金森通过他们的遗址，特别是通过他们的绘画、纸草文献和铭文，展现了尼罗河河谷的古代居民生活的丰富细节，这在以前是不可能的事情。他更加强调古埃及人的宗教、文化和日常生活，而不是他们的政治史。这是千百年来第一次超越希罗多德和传统的神话传说，对埃及人自己的资料进行研

资料来源：取自威尔金森的《古埃及人的风俗习惯》中的速写。

图 12.2　人们前来登记或者被带到书吏面前

　　　　　　　　　　　　　　　　　掠夺尼罗河

究。约翰·加德纳·威尔金森是一位极为罕见但极具影响力的学者，他有能力进行重要的基础研究，同时又具有通过对自己的发现进行更为通俗的描述，吸引普通民众的本领。[8]

约翰·加德纳·威尔金森没有再到埃及进行更为深入的研究，不过他确实在 1841 年重返埃及为一本埃及旅游指南进行了调查，这本书由约翰·默里出版，主要针对的不是富人，而是新一代的中产阶级旅行者。他气派十足地向尼罗河上游行进，他的行李需要一小队工人搬运。行李中包括一张铁床、一把剑、一件天鹅绒背心，还有"更多"。他哀叹生活费用高昂。"埃及的变化最为糟糕，已经失去了它的很多东方特色，"他在给罗伯特·海伊的信中写道，"我担心尼罗河上的游客很快就会像莱茵河上的游客一样。英国人将大量涌入埃及。"[9]这些游客正是他的《埃及旅行者手册》的目标群体。它出版于 1847 年；在很多年里，来往于尼罗河上的游客都会经常翻阅这本书。

埃及的高温这时候困扰着威尔金森。他作为一名绅士学者度过了余生，偶尔向大英博物馆提供关于埃及文物收购的咨询。他离开了埃及学的主流，因为他的兴趣是短暂的，他的工作方法更像是文学家而不是考古学家。他在全世界的声誉几乎完全建立在《风俗习惯》上，这本书一直是关于古埃及的权威性著作，直到被弗林德斯·皮特里的考古发现和芝加哥大学的詹姆斯·布雷斯特德于 1905 年出版的《埃及历史》所取代，后者是基于对铭文和纸草文献的精准翻译而出版的。[10]约翰·加德纳·威尔金森首次准确复制了埃及艺术作品、象形文字和陵墓绘画，远远超过了《古埃及记述》和商博良的作品中的内容。六十年后，新的复制者才来到尼罗河，他们是专业人士，而非满腔热情的业余爱好者。直到最近几年，埃及学家和更多的读者才意识到威尔金森的非凡成就。他影响着我们对古埃及的理解，一直持续到今天。

商博良的死，以及约翰·加德纳·威尔金森离开埃及，给象形文字的研究留下了一定的空白。不管怎样，业余寻宝者的日子屈指可数，因为博物馆和大学正成为学术调查的中心。下一个重大的行动来自普鲁士国王，他在 1842 年发起了一次大规模的埃及探险，与商博良在 1828 年的探险有着同样崇高的目标。博物学家、制图家和艺术家亚历山大·冯·洪堡是最后一位自然科学方面全能型的学者，也是这个皇家考察队雄辩的倡导者。作为领导者的不二之选是卡尔·理夏德·莱普修斯（1810—1884 年），他是柏林大学年仅 32 岁的讲师。艺术家博诺米和英国建筑师詹姆斯·怀尔德加入进来，与莱普修斯及其普鲁士队员一起对埃及的主要考古遗址进行了详尽的调查。[11]

为期三年的考察取得了巨大的成功，主要是因为莱普修斯本人花了很长时间进行了周密的准备。他参观了欧洲所有主要的埃及文物收藏，自学了商博良的语法，满意地证明了它的有效性，并在前往埃及之前学习了石版印刷术和铜版印刷术。尽管主要的目的是调查古迹和收集文物，莱普修斯却仍然在法尤姆的"迷宫"遗址进行挖掘，甚至为遗址的考古层绘制了准确的图纸，这在当时是一个惊人的创新。考察队在底比斯停留了很长一段时间，在那里，莱普修斯利用了威尔金森在阿麦库墓中的住所。

莱普修斯和他的同事们离开埃及，带走数千幅绘画作品，以及

15 000 个铸件和埃及文物，这些构成了柏林的一个埃及博物馆的核心展品。考察队记录的内容是无价的，但莱普修斯的收集方法却很粗暴。他炸毁了塞提一世墓中的一根柱子，并将其带走，还有佐塞在萨卡拉的梯级金字塔上的一片贴着瓦片的墙，这是穆罕默德·阿里为了换取一顿精美的晚餐而送给国王的。[12]

1846 年，卡尔·莱普修斯成为柏林大学的教授，最终成为博物馆埃及藏品的管理员和皇家图书馆的管理员。在接下来的十年里，他把考察的结果发表在包含 894 张插图的 12 卷本《埃及和埃塞俄比亚的纪念碑》中，这可能是迄今为止出版的最大部头的埃及学著作。1884 年莱普修斯去世后，另外五卷描述性的文本又得以出版。加在一起，莱普修斯考察队资助的出版物是关于古埃及纪念碑的一个卓越而有价值的资料来源，即使在今天仍然很有用。

普鲁士考察队为记录纪念碑和铭文制定了新的标准，这预示着后来科学家的研究可以更加系统，但他们没有进行过多的挖掘。到 19 世纪 40 年代末，上埃及的大部分主要遗址都经过了调查，至少粗略地调查过，但是下埃及和三角洲的遗址在考古学上还是未知的。几十年的不受控制的挖掘造成了严重的破坏。少数具有更高科学目标的研究人员和盗墓贼一样具有破坏性。1837 年，理查德·威廉·霍华德·维斯上校——一位对《圣经》深信不疑的军人，第一次对吉萨金字塔进行了调查。1835 年，他曾与乔万尼·卡维利亚一起工作过。1837 年，在土木工程师约翰·肖·彭宁的陪同下，他返回此地进行进一步的挖掘工作。他们在调查中使用了火药，这对大金字塔造成了严重的破坏，但这使得他们能够进入第三大的孟卡拉金字塔的墓室。维斯从金字塔中取出了华丽的花岗岩石棺，然后将其运往英国，但在航行过程中将其丢失在海上了。[13]

挖掘仍然主要是商人和盗墓贼的活动。其结果是灾难性的大规模破坏。反对大规模破坏的抗议声仍然很小，几乎起不到什么作用，因为欧洲大多数主要的博物馆和领事馆官员都忙于寻找新的发现。只有几个人起来发声，其中一个是美国人乔治·罗宾斯·格利登，他曾经是美国驻亚历山大港的副领事，后来成为一位关于古埃及的著名的作家和演说家，他演说的旅程最远到达了西边的圣路易斯。1841年，他写了一本呼吁考古学良心的书，这是一本鲜为人知、很少有人记起的回忆录，《致欧洲文物研究者关于停止破坏埃及纪念碑的呼吁书》（简称《呼吁书》），这本书似乎基本上被忽视了。[14]

格利登的《呼吁书》是一份冗长而夸张的文件，记录了拿破仑战争以来尼罗河遗迹遭到的破坏，包括破坏者和文物研究者所造成的破坏，但是最严重的是穆罕默德·阿里和他的政府造成的破坏。菲莱之所以完好无损，仅仅是因为第一瀑布的汹涌水流的保护。尼罗河水位观测站失掉了楼梯，被用来修建了宫殿。自1836年威尔金森的调查以来，底比斯的遗址被大量毁灭。火药可以用在卡尔纳克神庙上——只要肯花钱。一点小贿赂就能从门廊上卸下带有浮雕的石块。塞提一世墓的木门是由贝尔佐尼精心搭建的，在亨利·索尔特死后也被阿尔巴尼亚士兵拆除。1835年，丹德拉神庙的1/4都消失不见，变成了一家硝石工厂的围墙。只有在法国领事让-弗朗索瓦·米莫的抗议下，它才免遭彻底毁灭。"真是奇怪，"格利登担忧地写道，"哈德良时期人们为服务于宗教而树立的圆柱，现在支撑起了一座朗姆酒酿酒厂！"[15]格利登公正地指责帕夏故意坐视不管，利用神庙建造从未投入生产的工厂，以及利用许可证在政治上讨好那些有影响力的游客。

格利登的《呼吁书》出版时，公众舆论已经开始支持一些保护措施。1829 年，商博良曾控诉文物的破坏，1839 年，法国领事让-弗朗索瓦·米莫在外交离境时也曾这样抱怨*。阿尔杰农·珀西勋爵——一位贵族收藏家，在两年前就对破坏的规模发表过评论。[16] 1839 年至 1840 年，英国政府在一份给帕夏的正式报告中列出了一长串的文物破坏现象。但是英国政府推迟了对这种情况的公开曝光，可能是希望埃及政府能够采取一些措施。这份报告来源于鲍林勋爵对驻埃及外交官的领事和商业活动进行的一项重大研究，这对文物交易现象至关重要。1842 年，该报告发表时，帕默斯顿勋爵删去了一些涉及领事的考古发掘活动的内容，尽管到 19 世纪 30 年代中期，外交官们忙于其他事务，已无暇从事考古活动，而且帕夏的《1835 年文物法》已经存在——至少在纸面上如此。

有的人挥舞着锤子破坏纪念碑，"英印混血儿绅士"则将阿蒙霍特普三世坟墓墙壁上的浮雕切割下来以便于他可以在尼罗河的船上更有效地把它画下来，这位艺术家完成绘画后，浮雕原件则被扔进河里。尽管格利登对这些人恶语咒骂，但他的大声疾呼并没有对游客和寻宝者的恶行产生明显的影响。甚至莱普修斯和他的绘图员们在上埃及的时候，一个名叫埃米尔·普里斯·达文尼的古怪的法国画家和旅行家，偷偷潜入

---

* 1839 年的时间有误，米莫在 1837 年便已去世。应为 1835 年。——译者注

卡尔纳克神庙，搬走了雕刻着很多埃及法老肖像和王名圈的石块组成的精美的王表。达文尼没有许可证，公然违抗文物法令。[17]

依靠夜间工作和高度保密，达文尼成功地将这些石头打包进 18 个板条箱，但接着就被人向埃斯纳地方长官告发。这位愤怒的官员命人把他的帐篷看管起来。一个月后，他贿赂了长官，在夜幕降临后悄悄地把这些石板装上了船。在前往下游的路上，他碰到了去往卡尔纳克的莱普修斯。他用咖啡招待了这位著名的学者，而他所坐的正是那些价值连城的包装箱之一。即使是法国领事也拒绝与达文尼扯上任何关系，达文尼找到的这些东西最终被存放在卢浮宫。

那些更加体面的收藏家们则拿 19 世纪人们熟悉的一个有争议的观点作为挡箭牌，这个观点至今仍然很有市场。他们想当然地认为，最好是让学者和商人把他们珍贵的发现带到欧洲，在那里它们可以免遭掠夺和破坏。由于开罗没有博物馆，这种意见是有其立足之地的，所以，当帕夏在埃兹贝其亚花园里建立的博物馆迅速解散后，它的文物作为外交礼物被瓜分了。在当时受人尊敬的科学家中，复制、记录以及通过出口到国外进行保护的压力很大。这种出口的花费很高。商人和自由职业者在疯狂地挖掘寻找大型文物时，扔掉、烧毁或破坏了数以千计的纸草文献和小型文物。欧洲的每个博物馆都想要得到重大的发现和完美的纸草。毫不奇怪，没有人会费心研究成系统的技术来对考古遗址中的史料进行修复。

科普特语的手稿特别受欢迎，尤其受博物馆的欢迎。他们的代理人通过花言巧语和对修道院的阿谀奉承，将它们从图书馆中骗到手，这也是早期埃及学最著名的人物奥古斯特·马里耶特（1821—1881 年）来到埃及的原因。

奥古斯特·马里耶特 1821 年 2 月 11 日出生于法国布洛涅。在度过了平静但快乐的童年后，他 18 岁时去了英国，在埃文河畔斯特拉特福的一所私立学校教法语。这项工作只持续了一年，他还试着从事了一段更短时间的丝带图案设计工作。于是马里耶特回到布洛涅，在当地的一所学院当了老师，在那里他自己也接受了教育。他很快发现自己有写作天赋，并利用业余时间为报纸和杂志写作各种题材的文章。在他 22 岁之前，马里耶特没有接触过埃及或埃及学。后来在 1842 年，一位刚刚去世的艺术家和探险家内斯托尔·劳特的父亲来到布洛涅。劳特是商博良探险队的一员，在后来的沙漠旅行中去世。[18]劳特留下了大量的文件和副本，急需整理和出版。劳特的父亲是一名海关官员，与马里耶特家有亲戚关系。一个偶然的机会，他请奥古斯特检查这些文件。马里耶特被展现在他面前的新世界迷住了；他全神贯注于错综复杂的象形文字和对它的解读。

不久，马里耶特就把业余时间的每一分钟都花在了他的新爱好上，并为布洛涅博物馆里为数不多的几件埃及物件编写了一个目录。凭借这件作品，他得到了布罗涅市的支持去申请政府赞助前往埃及探险，但没有成功。马里耶特不顾一切地辞去了教书和编辑工作，搬到了巴黎。在那里，他仔细研读了卢浮宫的卡尔纳克王表，并写了一篇关于这篇铭文的长达 70 页的论证严密的论文，这篇论文给法兰西学院的校长和埃及学家夏尔·勒诺尔芒留下了深刻的印象，他在卢浮宫为这位精力充沛的年轻人找到了一份并不重要的工作。[19] 很快，马里耶特就花了几天的时间为纸草文献编目，晚上阅读有关埃及学的所有资料，并且掌握象形文字达到了专业的水准。

勒诺尔芒继续表示认可。1850 年，他指示他关照的这个年轻人去埃及收集罕见的科普特语手稿。马里耶特兴奋地乘船来到亚历山大港，联系了开罗的科普特主教，结果发现他对外国收藏家怀有深深的敌意。几年前，两个英国人——柯曾勋爵和亨利·塔坦，灌醉了修道士，偷走了整个图书馆的手稿。他不会再让任何其他书籍脱离教会的掌控。

马里耶特一时茫然，因为显然寻找手稿是徒劳的。他把目标转向挖掘，因为在他收到的指示中有一个补充条款，授权他挖掘考古遗址，以丰富博物馆收藏。到 1850 年 10 月底，马里耶特已经配备了一些设备，并在萨卡拉的墓地中扎营。他没有从帕夏那里获得许可证，没有多少钱，只有来自卢浮宫的最有限的授权。但他看到一个从沙地上突出的狮身人面像的头部之后，灵光一闪，这很像他在开罗和亚历山大港所看到的来自萨卡拉的其他雕像。马里耶特的广泛阅读得到了回报。他突然想起，希腊地理学家斯特拉波曾提到孟菲斯的一个塞拉匹斯神庙，神庙前的沙地上有一条通往阿匹斯神牛坟墓的甬道，两旁的狮身人面像经常被流沙掩埋。受此启发，他孤注一掷，召集了三十个工人在狮身人面像周围挖掘寻找塞拉匹斯神庙。

几个小时后，一座座狮身人面像从沙子中浮现出来。工人们只需沿着甬道从一座雕像挖掘到另一座雕像。他们很快就发掘出了一些坟墓、几尊坐着的雕像、一个生殖器之神，以及两座阿匹斯神庙——一座是希腊神庙，另一座是埃及神庙，后者里面有一尊华丽的雕像。[20] 马里耶特的资金很快就用完了，但法国领事阿诺·勒穆瓦纳被这个年轻人的干劲所吸引，于是他借钱给马里耶特，让他在向巴黎的上级申请更多资金时能继续工作。幸运的是，马里耶特发现的阿匹斯神庙使卢浮宫赞叹不已，后者拨付了更多的资助金。

几周后，马里耶特在一座神庙的地板下挖出了一个巨大的存放着奥西里斯、阿匹斯和其他埃及神像的秘窖，这一发现引起了埃及人和外国人的嫉妒和向往。整个开罗都激动不已，而商人们则感到嫉妒。穆罕默德·阿里的儿子阿巴斯·帕夏插手进来并试图没收这些发现，但这位法国领事以象征性的文物移交方式，运用外交手腕，平息了这场纷争。帕夏授予了马里耶特一份许可证，条件是法国宣布放弃对将来发现的所有文物的权利要求，这在巴黎引起了相当大的惊慌，因为法国政府刚刚表决通过支付3万法郎作为进一步挖掘的费用。

马里耶特继续挖掘。1851年11月，他终于挖到了阿匹斯神的坟墓，坟墓由一扇宏伟的砂岩石门密封着。这位年轻的考古学家很快就进入里面，他对巨大的花岗岩公牛石棺感到惊奇，这些石棺的盖子都被很多个世纪前的盗墓贼拆掉并丢弃在地上。但仍然保留下了大量的历史材料，这所有的材料，根据许可证的条件，都要被送往帕夏的博物馆，在那里，它们可能会被赠送给尊贵的外国游客，以换取政治利益。马里耶特狡猾地把他的包装箱放在一个深坑的底部，这里有一扇秘密的活板门通向下面的坟墓。在接下来的几个月时间里，他在白天把早期挖掘出来的运往法国的物件打包，而在晚上，他把下面的理论上还没有开封的坟墓里的东西也打包了。出土于塞拉匹斯神庙的最好的文物如期抵达卢浮宫，而马里耶特则在挖掘现场殷勤地向失望的官员们展示了他刚刚发现的空墓。

在几个月的时间里，马里耶特探察了塞拉匹斯神庙的最深处。他很幸运地发现了一个拉美西斯二世时期的阿匹斯神的墓穴。甚至连殡葬工人的脚印都保存在墓中的尘土中，而石棺中既有没有被动过的木乃伊，也有丰富的珠宝和黄金。塞拉匹斯神庙出土的文物在卢浮宫展出时引起了巴黎的轰动。马里耶特晋升为助理管理员，很快就发表了塞拉匹斯神庙的一系列图片，题为"纪念碑的选择"，这让人们预感到，关于他的发掘可能会有全面的作品出现在公众面前。[21]

资料来源：取自他的《纪念碑的选择》（1856）。

图 12.3　马里耶特发现的塞拉匹斯神庙中书吏的形象

　　　　　　　　　　　　　　　　　　掠夺尼罗河

像马里耶特这样一个闲不住的人永远不会满足于长时间待在一个地方。他这时候与埃及学家的联系非常广泛。他是一个热情而喜欢交际的人，后来成了德国埃及学家、世俗体文字专家海因里希·布鲁格施的好朋友。布鲁格施在一个偶然的机会参观了塞拉匹斯神庙，两人建立了一生的友谊。布鲁格施和马里耶特都是爱交际的人，性格和善，热爱生活。尽管马里耶特从来没有特别透露过他在埃及的个人生活，但布鲁格施填补了一些空白。他回忆起马里耶特在塞拉匹斯神庙旁的土屋，里面挤满了女人、孩子、猴子和他的工人。家具非常简朴。蝙蝠在他的卧室里飞来飞去。布鲁格施把蚊帐折进床垫下，忍受了很多个难熬的夜晚中的第一个。[22]

马里耶特也引起了杰出的外交官、有远见卓识的费迪南-马里·德·雷赛布的注意，他是建设苏伊士运河的天才。德·雷赛布被马里耶特的远大抱负和热切的干劲所吸引，并听取了他关于挽救埃及遗址的建议。他向赛义德·帕夏介绍了马里耶特。赛义德·帕夏是马里耶特的老对手阿巴斯·帕夏在1854年遇刺后埃及新的统治者。三年后，在拿破仑亲王访问埃及的时候，帕夏邀请法国政府派马里耶特前往埃及。到达埃及之后，马里耶特才发现，他需要挖掘一些精美的古董，送给王室来访者。他将前往上游，做出考古发现，然后重新掩埋它们，等待王室来访者去"发现"。马里耶特没有迟疑。资金和一艘官方的汽船都已就位。他开始在萨卡拉发掘，然后很快又到了底比斯和阿拜多斯，在那里布鲁格施很高兴和他在考古现场重聚。在库尔纳附近的尼罗河西岸，马里耶特的手下发现了一个简单的木棺，里面装着一具木乃伊。当暴露在空气中后，木乃伊裂成了碎片。裹尸布里保存下了一批非同寻常的文物，包括一把黄金和青铜做成的匕首、狮子护身符和一个刻有国王名字的王名圈形状的盒子。这位国王后来被确认为法老卡摩斯，他于公元前1570 年将亚洲的希克索斯人驱逐出埃及。马里耶特巧妙地安排帕夏将一些精美的手工艺品送给亲王，这使他得到了王室的亲善。

德·雷赛布这时介入进来并说服帕夏任命奥古斯特·马里耶特为古埃及遗址的"玛玛尔"（主管）和新建的开罗文物博物馆的馆长。这是一个迟来的任命，而且遭到涉足文物贸易的商人和外交官的极力反对。帕夏给了马里耶特横扫一切的权力，命令他逮捕任何一个踏进神庙的农民。

马里耶特的处境极其不稳定。他不得不依靠帕夏的善意资助。博物馆的建筑包括一座废弃的清真寺、一些肮脏的小棚屋，还有一座蝇虫滋生的房子，供马里耶特一家居住。但马里耶特却非常高兴，他把他的家人和忠实的管理人员都聚集在自己身边，尽情地进行发掘。劳动力既便宜又丰富，因为他可以随意征用一个村庄的全部男丁。他冷酷无情的方式不受欢迎，但确实产生了效果。在他的指挥下，人们一度同时在从三角洲到第一瀑布的 37 个不同的地点进行挖掘。

奥古斯特·马里耶特的发现非同寻常，发掘起来肆无忌惮。他主要关注引人注目的发现，他需要用它们来充实他的博物馆和满足帕夏的需求。炸药是他的技能之一；仔细的记录和观察无关紧要，只有实实在在的文物才是重要的。他仅仅在吉萨和萨卡拉就把三百多座坟墓一扫而空。在埃德弗，他把那个阿拉伯村庄从被埋的神庙的屋顶上搬迁到了平原上，很多个世纪以来，他第一次将这座宏伟的神殿完全展现在世人面前。在底比斯，马里耶特的工人清理了戴尔-埃尔-巴赫里的哈特舍普苏特王后被掩埋的神庙，而且几乎与一位英国贵族达弗林和阿娃侯爵打了一架，后者当时偷偷地从附近的蒙图霍特普丧葬神庙里搬走大量的石雕残片。[23]哈托尔大神庙、卡尔纳克的阿蒙神庙和很多其他主要的遗址都遭到了马里耶特的掳掠。他通过杂乱无章的挖掘发现了 15 000 多件文物。

文物保护是一个全新的概念，在这一时期，它仅仅意味着停止"开采"神庙的石料，并将尽可能多的掠夺和挖掘的文物移交给官方。为了达到这一目的，马里耶特禁止除他自己外的任何人在埃及进行挖掘活动，并使得文物出口成为不可能的事情。他竭尽全力筹集资金建设一座新的博物馆，但困难重重。帕夏并不是真的对考古学感兴趣。他已经任命马里耶特来安抚有权势的德·雷赛布和拿破仑三世，他觉得他们会以某种姿态对文物挖掘保持沉默。他很可能会在没有预先通知的情况下切断资金，或者把国家藏品中的某件精品送给受到优待的游客。马里耶特唯一能让他保持兴趣的方法就是源源不断地找到非常漂亮的发现物来迎合帕夏的喜好。当然，这导致了对新发现的疯狂挖掘，这样每一次的官方挖掘都破坏了考古的整个规程，后来其他埃及学家发现了他们的代价。

并不是所有的发现都落入了马里耶特的手中。1855 年，英国商人、亚历山大港的纸草收藏家安东尼·查尔斯·哈里斯获得了购买一批纸草文献的机会，这些纸草是在底比斯附近的麦地那-哈布神庙后面的一座坟墓中发现的。他买不起所有的纸草，但设法买了最好的，其中包括所谓的哈里斯大纸草，它长 40.5 米，记载了法老拉美西斯三世供奉给阿蒙神的祭品和他任命的祭司。其他的纸草还包括著名的盗墓贼审判记录，案件发生在拉美西斯六世和拉美西斯十世之间，在本书第 1 章有相关描述。哈里斯的女儿塞利玛于 1872 年将他的纸草收藏卖给了大英博物馆，这一收购刺激了董事们获得更多纸草的渴望。

图 12.4　奥古斯特·马里耶特，1861 年

1859 年初，马里耶特在开罗接到消息说，他的工人们发现了距离两年前出土的卡摩斯墓很近的另一座王室墓葬。这一次，石棺是完整的，石棺的主人是一位王后——阿赫霍特普，是卡摩斯的一位妻子。随葬品有武器和一串金蝇项链，这是对英勇作战者的奖励。在马里耶特不

　　　　　　　　　　　　　　　　　　　掠夺尼罗河

在的情况下，基纳当地的酋长接手了木乃伊，丢掉了裹尸布和遗骸，并把2公斤的黄金饰品作为礼物送给了赫狄夫。[24]马里耶特被激怒了。他乘坐一艘汽船逆流而上，随身带着官方命令，可以截停尼罗河上任何涉嫌携带文物的船只。当两艘船相遇时，剑拔弩张。双方围绕黄金饰品展开了长达半个小时的争论，直到这个法国人诉诸武力，愤怒地用拳头打了他。一名男子差点被扔进河里，另一名男子在枪口的威逼下，交出了珠宝。马里耶特匆忙去见帕夏，送给他一个圣甲虫和一条项链给他的一位妻子，避免了紧张的政治局势。帕夏对这些考古发现感到非常高兴——有人推测，这种高兴也是因为他的官员的狼狈相——于是他下令建造一座新的博物馆来存放这位女王的财物。1863年，布拉克的一座新博物馆大楼开放，里面堆满了马里耶特发现的珍宝。

马里耶特漫长的职业生涯使他不仅从事考古学，还从事外交工作。有一段时间，法国政府利用他完成外交任务，说服赛义德·帕夏就金融贷款问题访问法国。马里耶特不喜欢他的外交角色，但最终还是陪同赛义德去了法国，在那里他们参观了他的家乡布洛涅，并受到了热烈欢迎。赛义德非常高兴，授予马里耶特"贝"的头衔和一笔退休金。但六个月后，帕夏的死突然中断了这段友谊。

布拉克博物馆这时成了一个典范。马里耶特经常需要陪同外国权贵人物，并与欧洲各地的埃及学家保持着学术联系。他甚至与尼罗河河谷的政府官员、商人和地位卑微的村民有着更密切的联系，他曾利用这种联系看管他的珍贵的纪念碑。他工作时充满了激情，每天黎明时分就坐在办公桌旁或者外出考察了。不过，在午餐或晚餐时，他会放松下来，因为他的妻子埃莉诺经常举办家庭招待会，房子里总是挤满了朋友和访客。1865 年，当他挚爱的妻子死于瘟疫时，工作成了唯一的解药。也许可算得上幸运的是，1867 年，他被派往巴黎一年，为国际博览会准备埃及展品。

巴黎被马里耶特绚丽夺目的展品所吸引，这些展品看起来重现了古埃及的生活。他翻遍了布拉克的藏品，寻找它们中最精美的部分。阿赫霍特普王后的珠宝是巴黎展览的中心和亮点。珠宝激起了欧仁妮皇后等很多达官贵人的贪欲。她立刻向赫狄夫暗示，她会很高兴收到这样的珠宝作为礼物。这是埃及考古学的一个伟大时刻，赫狄夫开始向马里耶特让步。这位皇后给他提供了地位显赫的职位，甚至给他一个撰写她丈夫的恺撒传记的职务。[25]贿赂和威胁都不能动摇马里耶特，即便是要冒犯位高权重的王后或者愤怒的赫狄夫也在所不惜。珠宝最后安全返回埃及。

文物保护是马里耶特晚年主要关心的事情。"我们应该小心地保护埃及的纪念碑，"他曾经写道，"五百年后，埃及仍然能够向那些访问她的学者展示我们现在描述的那些纪念碑。"游客让马里耶特很头疼。1870 年，一位美国游客在游览上埃及时，"一只手拿着一罐柏油，另一只手拿着一把刷子，在所有的神庙里留下了擦不掉的、真正可耻的旅程记录"，这尤其激起了他的愤怒。[26]

恶意破坏也是一个严重的问题。例如萨卡拉的第五王朝官员提的坟墓，在马里耶特任职的十年里，游客所造成的破坏比它存世的 6 000 年还要严重。在这种情况下，我们可以理解为什么马里耶特会尽可能多地挖掘，来为后世拯救埃及的文物。总的来说，我们知道，马里耶特在职业生涯中雇用了超过 2 780 名劳工，这个数字远远超过任何一个人所能管理的人数。在埃德弗、底比斯、阿拜多斯和孟菲斯都建立起了工作坊，来处理新的大量涌现的文物，这一创新远远领先于其他近东国家的设施。他的批评者有很多，其中一个把他描述成落到尼罗河上的一股"旋风"。

马里耶特惊人的能量并没有完全投入文物。1869 年 11 月 17 日，随着苏伊士运河的开通，他积极参与了那场辉煌的庆典。他的老对手——欧仁妮皇后，乘坐法国皇家游艇"艾格勒"号打开了航道。马里耶特在尼罗河上护送皇后殿下，一定是进行了一些补偿。赫狄夫也利用马里耶特的文学才能完成了一项完全不同的任务，即为威尔第的《阿伊达》创作唱词，这是一部以古埃及为主题的大型歌剧，旨在纪念运河的开通。马里耶特和一位法国同胞 C.杜·洛克勒共同完成了这项令人难忘的任务。

马里耶特漫长职业生涯的最后十年是考古学上和个人生活上的一连串悲剧。财务问题困扰着他的挖掘工作，因为赫狄夫使埃及深陷债务，以至于英国和法国在 1879 年将他驱逐出境。在此前一年，洪水淹没了博物馆。很多东西都丢失了，包括马里耶特的很多书稿和关于塞拉匹斯神庙的珍贵的笔记。他的国际声誉不断提高，并受到巴黎铭文与文学研究院的褒奖。而在家里，马里耶特的孩子们一个接一个地死去，留给他一个穷困潦倒的家庭，没有生活下去的希望。1872 年，一个法国贵族留下了一幅令人难忘的上了年纪、安安静静的男人的画面："一个高个子、宽肩膀的男人，年事已高但并不显老，卓然而立，就像他所守护的巨像一样。他深色的脸庞有一种恍惚而忧郁的神色。多少次，他坐在尼罗河岸边，深情地谈起这个奇异的埃及，它的河流，它的夜空。"[27]

1872 年英国和法国接管后，生活变得更加安定。至少马里耶特的薪水能够定期支付。但是他的健康每况愈下，糖尿病削弱了他强健的体格。1880 年底，他从欧洲艰难地返回开罗，并于 1881 年 1 月 18 日在他心爱的博物馆旁边的房子里安详地死去。关于塞拉匹斯神庙的著作仍然没有出版，但潮流已经逆转。一座永久性的博物馆，存满了古埃及的荣耀，它确保了埃及学这艘大船的航向永久性地改变，确保了对尼罗河的掠夺开始减缓，纵然不能完全停止。悲伤的埃及人为他举行了国葬，把他们应该深为感激的这个人葬在了他的博物馆门口。

深入阅读指南

贾森·汤普森的《加德纳·威尔金森爵士和他的圈子》(Jason Thompson, *Sir Gardner Wilkinson and His Circle*，Austin：University of Texas Press，1996)既是一部关于早期(至今仍被忽视)主要埃及学家的杰出的传记，也是一部关于 19 世纪二三十年代在埃及工作的考古学家和艺术家群体的权威性记述。关于莱普修斯，参见乔治·埃伯斯的《理夏德·莱普修斯生平》(George Ebers，*Richard Lepsius：A Biography*，trans. Zoe Dana，New York：Underhill，1887)。关于马里耶特和他的时代，参见伊丽莎白·大卫：《马里耶特·帕夏》(Elizabeth David，*Mariette Pacha*，Paris：Pygmalion，1994)。我还参考了爱德华·马里耶特的《马里耶特·帕夏》(Edouard Mariette's *Mariette Pacha*，Paris：Payot，1904)以及加斯东·马斯佩罗的《奥古斯特·马里耶特的传记和其他著作》(Gaston Maspero's *Auguste Mariette，notice biographique et oeuvres diverses*，Paris，1904)。马里耶特自己的著作，尤其是《上埃及的遗址》(*The Monuments of Upper Egypt*，trans. Unknown，Cairo：A. Mourés，1877)也可提供很多信息。R.T.里德利的论文《奥古斯特·马里耶特：一百年后》[R. T. Ridley，"Auguste Mariette：One Hundred Years After," *Abr-Nahrain* 22(1983—1984)：118—158]提供了一个极好的评价。还可参考詹姆斯·贝基的《在法老的国度考古一百

年》(James Baikie，*A Century of Excavations in the Land of the Pharaohs*，London：London Religious Tract Society，1923）。

注释

1　威廉·盖尔爵士(1777—1836 年)因在爱奥尼亚群岛和希腊的工作而出名。他对象形文字很感兴趣，并与托马斯·扬通信。盖尔是一个才华横溢、头脑灵活、善于交流的人，他在那不勒斯和罗马的家中对许多学者产生了巨大的影响，在那里他招待了很多旅行者，他们读书、抚琴、逗狗，其乐融融。当时很少有学者对早期埃及学产生比较大的影响。关于这位杰出学者的讨论可参考贾森·汤普森的论文《"象形文字的总承办商"：威廉·盖尔爵士和埃及学的发展》[Jason Thompson，" 'Purveyor-General to the Hieroglyphics'：Sir William Gell and the Development of Egyptology," in Jeffreys, op. cit.(2003)，77—85]。

2　詹姆斯·伯顿(1788—1862 年)是一位旅行家和复制者，他保存在大英博物馆里的绘画和图纸非常有价值，因为上面有对现在已被摧毁的遗址的细节描绘。他收藏的很多文物都在 1836 年被大英博物馆收购。晚年，他把大部分时间都花在了家谱学上。

3　Thompson，op. cit.(1996)，68，其中有对威尔金森在埃尔-阿玛尔纳情况的讨论(pp. 67ff.)。

4　H. R. Hall, "Letters to Sir William Gell from Henry Salt，[Sir] J. G. Wilkinson，and Baron von Bunson，" *Journal of Egyptian Archaeology* 2 (1915)：158.

5　阿麦库是法老图特摩斯三世(公元前 1504—前 1450 年)时期底比斯的长官和大维西尔。引文出自 H.R.霍斯金斯的《利比亚沙漠的大绿洲之旅》(H. R. Hoskins，*Visit to the Great Oasis of the Libyan Desert*，London：Longman，Rees，Orme，Brown，Green，and Longman，1837，16)。

6　约瑟夫·博诺米(1796—1878 年)出生于意大利，但在英国长大，在那里他成为一名备受尊敬的雕刻家和画家。他和海伊一同来到埃及，在那里工作了八年，然后从事各种各样的工作。1861—1878 年，他成为伦敦约翰·索恩爵士博物馆的馆长。

苏格兰艺术家和旅行家弗雷德里克·卡瑟伍德(1799—1855年)曾与海伊、博诺米和其他人一同拜访圣地。他在埃及的工作不如他的图纸和绘画有名,他曾于1839年至1843年与美国旅行家约翰·劳埃德·斯蒂芬斯(John Lloyd Stephens)在中美洲探险,绘制了这些图纸和绘画。如果他的尼罗河作品被出版,他将成为描述古埃及最好的艺术家之一。

7 Edward William Lane, *An Account of the Manners and Customs of the Modern Egyptians*(London: John Murray, 1836).

8 John Gardner Wilkinson, *Manners and Customs of the Ancient Egyptians* (London: John Murray, 1837). Thompson, op. cit.(1996), chap. 10 提供了对这本书的极好的分析。

9 参见 Thompson, op. cit.(1996), 169—170。给海伊的信引自第170页。John Gardner Wilkinson, *Handbook for Travellers in Egypt*(London: John Murray, 1847).

10 James Breasted, *A History of Egypt from the Earliest Times to the Persian Conquest*(New York: Scribners, 1905).

11 亚历山大·冯·洪堡(1769—1859年)在1799—1805年穿越安第斯山脉和南美洲大部分地区,获得了科学上的不朽的名声。他发现了以他名字命名的秘鲁沿海海流,是第一个认识到海鸟鸟粪作为天然肥料价值的人。海鸟粪在19世纪成为秘鲁的重要出口物。

詹姆斯·怀尔德(1814—1892年)后来因1851年在伦敦水晶宫举办的大型展览上担任装饰建筑师而闻名于世。他在1878—1892年担任约翰·索恩爵士博物馆的馆长。

12 萨卡拉的梯级金字塔是第一个精心设计的丧葬建筑群,大约在公元前2650年由著名的建筑师伊蒙霍特普(Imhotep)为古王国法老佐塞(公元前2668—前2649年)建造。阶梯式设计是后来建筑师所建成的完美的金字塔形态的先驱。

13 传说孟卡拉(或米凯利努斯,公元前2532—前2504年)比他的前任胡夫和哈夫拉更仁慈。国王的名字刻写在金字塔中一个王后墓室顶棚的红

　　　　　　　　　　　　　　　　　　　　　　掠夺尼罗河

色赭石上。他的金字塔规模较小，可能是他的前任曾大兴土木导致的政治和经济紧张造成的。

理查德·威廉·霍华德-维斯(1784—1853 年)的军事生涯很成功，晋升为少将。他的《吉萨金字塔行动》(*Operations Carried on at the Pyramids of Gizeh*, London：J. Fraser, 1840—1842) 分为三卷，在1880—1882 年弗林德斯·皮特里调查之前一直是关于金字塔的权威著作。

14 乔治·罗宾斯·格利登(1809—1857 年)出生于英国，早年被带到埃及。从 1843 年起，他继承他父亲在亚历山大港担任美国副领事的职务，随后他就埃及问题在美国东部进行公开演讲，最西到达圣路易斯。他是美国第一位关于古埃及的畅销书作家。

15 G. R. Gliddon, *An Appeal to the Antiquaries of Europe on the Destruction of the Monuments of Egypt*(London：J. Madsen, 1841), 95.

16 阿尔杰农·珀西勋爵，普鲁多(Prudoe)第一男爵和诺森伯兰(Northumberland)第四公爵(1792—1865 年)，曾于 1859 年在埃及会见商博良，收藏了大量埃及文物，成为英国海军部第一位勋爵和大英博物馆的董事。

17 阿希尔·孔斯东·泰奥多尔·埃米尔·普里斯·达文尼(Achille Constant Théodore Émile Prisse D'Avennes, 1807—1879 年), 1836 年以前担任帕夏的工程师，后来成为一名埃及学家。他显然不是一个多么吸引人的人物，所以很少有人知道他。

18 内斯托尔·劳特(Nestor L'Hôte)以绘图员的身份陪同商博良前往埃及，后来两次返回埃及，完成了一套大部头的画册，成为卢浮宫的一份有价值的档案。

19 夏尔·勒诺尔芒(1802—1850 年)还和商博良一起去了埃及，后来在巴黎的法兰西学院担任埃及考古学教授。

20 活的阿匹斯公牛是孟菲斯造物神普塔赫神的化身。所有这些公牛都是黑色的，额头上有一个白色的菱形标记和其他特征。阿匹斯公牛在孟菲斯的普塔赫神庙里过着奢侈的生活，死后被制成木乃伊。阿匹斯是神谕和先知、智慧的源泉，因此，阿匹斯公牛的出生或死亡是一个重要的公共仪式。

21 Auguste Mariette, *Choix de monuments et de dessins découverts ou executés pendant le déblaiement du Sérapéum de Memphis*(Paris: Gide et J. Baudry, 1856).

22 海因里希·费迪南德·卡尔·布鲁格施(Heinrich Ferdinand Karl Brugsch, 1827—1894 年)在亚历山大·冯·洪堡的激励下，对埃及产生了兴趣，在很小的时候就学习了世俗体埃及语的相关知识。他因对象形文字的研究而闻名于世。1870—1879 年，布鲁格施曾担任帕夏建立的昙花一现的埃及学学校的主任。

埃米尔·布鲁格施(1842—1930 年)是他的弟弟。他起初是海因里希的助手，后来在加斯东·马斯佩罗手下工作，再后来成为开罗博物馆的管理员，他担任这个职位 45 年。他是一个颇有争议的人物，据说他通过博物馆商店出售文物。

23 法老通过墙上的铭文告诉我们，哈特舍普苏特女王(公元前 1498—前 1483 年)的丧葬神庙是被设计为"我父亲阿蒙的花园"。这座呈阶梯状的岩凿神庙坐落在一个天然的悬崖环绕的场地旁，是埃及建筑的杰作之一。哈特舍普苏特是一位手段强硬的女性，在担任共治法老期间废黜了年幼的法老图特摩斯三世的王位。她主要以远征蓬特地区(Punt, 可能在红海南部)而闻名。她可能被成年后的图特摩斯三世刺杀。

蒙图霍特普一世(公元前 2060—前 2010 年)*在中王国统治了 50 年。他在戴尔-埃尔-巴赫里的丧葬神庙建在山崖下，带有阶梯状的台基，台基上有方形的柱子，支撑着一个平台，平台后部有一个柱廊。

24 阿赫霍特普王后最初被认为是法老卡摩斯的一位妻子，但其身份存疑。

25 1847—1914 年间，埃及的统治者是赫狄夫，土耳其总督至少在名义上统治着埃及。关于这一事件，参见 Reid, op. cit.(2002), 128—129。

26 Edouard Mariette, op. cit.(1904), 210.

27 Ibid., 275.

---

* 此处注释有误，应为蒙图霍特普二世。——译者注

第13章 "在大英博物馆里,他被放在任何恶行都无法触及的地方"

> 卢克索几乎是文物合法交易的中心。卢克索有一些作坊,在那里,小雕像、石碑和圣甲虫都被仿造得难辨真伪,连最有经验的文物专家也常常受骗。
>
> ——奥古斯特·马里耶特,引自布莱恩·费根:
>
> 《掠夺尼罗河》,第一版

　　奥古斯特·马里耶特看到了一个时代的曙光,那就是旅游业改变了埃及学的面貌。汽船和铁路已经开启了一场旅游热潮,使得欧洲社会更广泛的阶层能够进入东地中海世界。开罗和亚历山大港、吉萨和萨卡拉早就处于更具冒险精神的 18 世纪旅行者的视野之内。拿破仑和穆罕默德·阿里使得上埃及更加安全。到 1820 年,阿里控制尼罗河的上游,直到第二瀑布,这使得欧洲人有可能走那么远。很快便出现了旅行指南。1830 年,让·雅克·里福的《埃及、努比亚及周边景点指南》引导游客从亚历山大港向上游到达第二瀑布,还包括观光指南、一份阿拉伯语词汇表和关于风土人情的文章。里福的指南充其量是肤浅的,还不附带地图，所以它很快就被水平更高的作品所代替，比如约翰·加德纳·威尔金森在 19 世纪三四十年代的手册。[1]

埃及变得更容易到达，但在那里旅行仍然不是那么轻松的事情。从法国南部到亚历山大港的航行以前可能需要一个月或更长的时间，直到 1837 年，当时半岛和东方航线赢得了政府合约，用汽船将邮件从英国运往直布罗陀、马耳他和亚历山大港。到 1843 年，半岛和东方航线的汽船从南安普顿到亚历山大港只需要 15 天的时间。通过陆路前往马赛的游客还可以省去四五天的旅程。1844 年，只有 275 名游客在往返印度的途中过境埃及。这个人数在 1847 年跃升到 3 000。1858 年之前，人们可以乘火车从亚历山大港前往苏伊士。11 年后，苏伊士运河开通，很多过境游客可以直接前往印度。埃及本身很快就成了一个受欢迎的旅游目的地。

快速增加的旅游基础设施顺应了游客的需求。威尔金森曾经建议前往第二瀑布旅行至少需要准备三个月的时间。到 1880 年，人们可以在六周内从伦敦快速往返于这同一个目的地，但大多数人需要花费更长的时间。约翰·默里、卡尔·贝德克尔和阿道夫·若阿纳在 19 世纪 60 年代后为普通游客制作了客观、全面的导游手册。欧洲人经营的酒店在开罗兴起，其中包括东方酒店。它最初建于 1843 年，供短期游客使用，后来被一个叫谢菲尔德的英国人接管之后改名为谢菲尔德酒店。谢菲尔德酒店成为维多利亚时代重要的酒店之一，经常受到富人、名人和库克旅游公司的游客光顾。[2]

游客前往上游有三种交通方式：达哈比亚船（尼罗河上的帆船）、汽船和铁路。达哈比亚船是时间充裕、更富裕的旅行者的选择，可以达到相当大的规模，有 10 名或更多的船员。在他的手册中，威尔金森建议

掠夺尼罗河

先把船沉下去，把"老鼠和其他害虫"赶走，起航时要带着鸡笼和足够的饼干。1858年，尼罗河上开始使用汽船，1873年，开通从开罗到上埃及的定期航线。铁路可以一直延伸到上游的阿西尤特，主要是作为输出甘蔗的一种途径。但是游客可以在镇上搭乘汽船，从而缩短几天的行程。1898年，由于霍拉肖·赫伯特·基奇纳的苏丹战争和军事需求的推动，铁路线延伸到了阿斯旺。铁路旅行将汽船时间缩短了一半到2/3，使水路成为休闲旅游者的选择，而达哈比亚船则逐渐成为历史。1873年，约翰·默里强烈推荐，如果时间和金钱允许，最好乘坐帆船。"在你自己的船上，你是你自己的主人，你可以随心所欲地停下来或继续前进。"[3]他指出*，你可能会成为"你从未见过的很多人中的一员"，被限制在固定的日程安排中。

汽船和铁路把大众旅游带到了埃及，主导者是影响广泛的托马斯·库克（1808—1892年），他先是在英国，然后在欧洲开始了激动人心的铁路旅行业务。[4]他的第一次埃及之旅是在1869年，当时他的客人参加了苏伊士运河的开通仪式，然后跟随威尔士亲王的队伍乘坐两艘包下的汽船逆流而上。他的尼罗河生意兴隆起来，尽管总有光着身子的僧侣游到他的船上，惊吓到女士们。托马斯·库克有着强烈的福音主义动机。他的儿子约翰·梅森（1834—1899年）后来接管了生意，并推动该公司进入大众旅游业。1870年，库克在尼罗河上经营着1艘汽船和136艘达哈比亚船；二十年后，公司的游客可以坐满20艘汽船。旅游业在埃及蓬勃发展。有些人对成群结队的游客表示反对，他们数以百计地来参观神

---

* 根据引文的原始出处，此处应该说明是"在汽船上"。——译者注

庙和坟墓，喜欢在那里刻下他们的名字。其他人只是觉得好笑："埃及名义上的宗主是苏丹，真正的宗主是克罗默勋爵。它名义上的统治者是赫狄夫，最滑稽的是，真正的统治者，是托马斯·库克父子公司。"[5]

无论人们对游客的看法如何，古老的埃及所受到的影响是深远的，而且往往是灾难性的。奥古斯特·马里耶特一生中的大部分时间都在看着越来越多的学者和游客涌入埃及。他的继任者加斯东·马斯佩罗在文物局和博物馆继续他未竟的事业。而且，有史以来第一次，我们发现，人们开始做出一些努力，使当地埃及人也能对古代埃及有所了解。

奥古斯特·马里耶特于 1881 年去世，恰逢政治局势发生重大变化，这一变化既是因为赫狄夫的不称职引起，也因为开罗的一场民众起义引起。英国和法国政府对埃及事务有着浓厚的兴趣，主要是因为以苏伊士运河和其他工业发展为代表的重大投资。不论出现任何动乱，盟军军舰都会出现在亚历山大港附近，似乎是为了提醒土耳其人，别人才是尼罗河的主人。

1881 年 9 月的一次军事起义后，一个民选政府建立起来，但是并不成功，只坚持了一年。英国要求新政府辞职，该政府名义上以赫狄夫塔菲克为首，但实际上由年轻的军官艾哈迈德·阿拉比领导。公共秩序恶化，欧洲人在亚历山大港的街道上遭到袭击。因此，英国派出了地中海舰队和远征军前往尼罗河。将军加内特·沃尔斯利爵士和他的军队干净利落地打败了埃及军队。到 1882 年 9 月，英国人恢复了埃及的秩序，并全面加强了维多利亚女王的威武之师的职权和装备。英国的代理人和总领事伊夫林·巴林爵士（1841—1917 年）控制着傀儡赫狄夫。这位强大而正直的人，作为一位冷静的维多利亚式权威的典范，有效地统治埃及达 24 年。虽然他没有高于赫狄夫的正式的管辖权，但他的话就是法律，并且他的政策来自伦敦。

巴林是一位具有古典文学和印度背景的经济学家，他整个职业生涯都是在埃及度过的。他通过一系列严酷的紧缩措施，将这个负债累累的国家置于稳固的财政基础上，这些措施对所有政府部门都造成了沉重打击，包括文物局。英国公务员负责管理国防、警察事务、外交事务、财政和公共工程。但法国在教育、艺术和考古方面仍有影响力。19 世纪晚期，英国和法国考古学家之间的竞争给埃及学增添了色彩，这些竞争包括关于挖掘许可证、了解古埃及的途径和研究方法的争论。法国人和德国人经常发生严重的分歧，前者更喜欢天马行空的埃及学方法，后者沉迷于一丝不苟的解释以及艺术和文物的细微之处。不过，多亏了加斯东·马斯佩罗，法国人从 1881 年直到 1936 年有效地控制了埃及的考古学。

加斯东·马斯佩罗（1846—1916 年）——一位年轻的埃及学家和象形文字专家，1867 年在巴黎上学时与马里耶特成为朋友。他是来自米兰的一个意大利难民的儿子，在很小的时候就对埃及学产生了兴趣。他很快就专攻象形文字，20 多岁的时候，就在法兰西学院中担任了重要角色。不管以哪种标准来衡量，他都是一个成功的学者，不过他直到 34 岁才首次来到埃及。

马斯佩罗利用他有影响力的人脉四处游说在开罗建立一所法国考古学校，这将使法国在埃及的强大存在得以延续，这是由拿破仑和商博良开创并由马里耶特培育起来的。1881 年，他根据法国政府的命令筹建学校，到达开罗时这位伟人*刚在两周前因糖尿病去世。马斯佩罗是一位精通官场手段的人，非常顺利就担任了文物局的管理岗位，而他的一个学生则接管了学校。他彻底整顿了文物局，在萨卡拉主持金字塔的发掘，并主导了埃及整整一代人的所有的考古工作。马斯佩罗是埃及学先驱中的一个巨人，他惊人的干劲和勤奋甚至超过了马里耶特。他非凡的才能涉及埃及学的各个方面，从考古发掘到象形文字，而他关于埃及学和其他学科的备受欢迎的著作在欧洲受到广泛阅读，这与书中所展现出来的对古埃及更负责任的态度有很大关系。[6]

克罗默勋爵和马斯佩罗一起将文物局从一个组织的雏形建设成了一个完善的机构，设立了五名地区督察官负责管理埃及的所有挖掘工作。他们监督了布拉克博物馆大量藏品的重新整理。一些外国发掘者这时被允许在督察人员的监督下开展工作，不过在野心勃勃的外国博物馆和不择手段的私人收藏家的鼓励下，文物和赝品的非法交易仍在继续。

卢克索的文物贩子总是能为准备出售的文物找到现成的市场。从19世纪60年代起，该地区游客中的交易快速增长。[7]库尔纳的盗墓贼们依靠造访卢克索和卡尔纳克的大量船只谋生，轻松安逸。1881年，木乃伊和其他精美文物的供应似乎取之不尽，尤其是那些由两个著名的盗贼艾哈迈德·阿布德·埃尔-拉苏尔和他的兄弟穆罕默德所提供的。他们把赃物与成捆的衣服或者一篮又一篮蔬菜放在一起，偷运到底比斯。艾哈迈德在

---

* 指马里耶特。——译者注

寻找一只丢失的山羊时，在乱石嶙峋的山腰上一个废弃的竖井底部意外地发现了一个秘窖，里面有大量的木乃伊和丧葬用具。在大约十年的时间里，艾哈迈德和他的兄弟在这个秘窖里挖掘出少量精美的文物，每次只向公开市场上出售少数几件，以避免在不断上涨的市场中价格下降。

贪婪的美国和英国游客很快就抢购了拉苏尔兄弟的带有王室标识的小饰品。这些异常购买的消息不可避免地传到了加斯东·马斯佩罗耳朵里，他感觉到在帝王谷附近有一个惊人的发现。他怀疑这与一些法老的木乃伊有关，因为拉苏尔兄弟的很多件文物都是独一无二的，无疑与王室有联系。

马斯佩罗谨慎行事，因为 1881 年的时候，地方官场一点也不廉洁。首先，他发电报给卢克索警方，要求他们密切关注当地的文物贩子。然后，他派了一名工作人员前往卢克索，伪装成一个有钱的游客，带着钱去消费。马斯佩罗的代理人悄悄地买了几件精品来赢得文物贩子的信任，并很快成为最好的古董的最显眼的目标客户之一。有一天，一个文物贩子从一座第二十一王朝的墓穴里给他带来了一尊华丽的随葬小雕像，这只有在王室的葬礼上才会使用。经过长时间的讨价还价，代理人买下了这件文物，但前提是要将他介绍给艾哈迈德·阿布德·埃尔-拉苏尔。警察和马斯佩罗的代理人都对拉苏尔家族和穆斯塔法·阿迦·阿亚特产生了怀疑。阿亚特是一个土耳其人，他成功地担任了比利时、英国和俄罗斯在卢克索的领事代理人，这一职位赋予了他外交豁免权和进行文物交易时的一种便利的掩护。拉苏尔家族把大部分发现都卖给了他。

虽然阿迦·阿亚特被免于起诉，但拉苏尔兄弟没有。兄弟俩于 1881 年 4 月被捕，锁着锁链被送到基纳市长那里接受调查。这两个人口若悬河地辩称他们是清白的，并指出在他们的房子里没有发现任何文物——他们没有那么愚蠢。他们又编造了一大群目击证人，证人们还对拉苏尔一家高尚的品行发誓。市长达乌德·帕夏很快就释放了这对兄弟。威逼利诱都没有得出确凿的证据，还有人怀疑，达乌德和这个家族太熟悉了。所有人都很满意地回到了库尔纳的家里。但是很快，一场关于秘窖的收入应该如何分配的激烈的家族纠纷爆发了，艾哈迈德要求获得更多的赃物，以补偿他遭受酷刑的痛苦。很快，这场纠纷就成了在底比斯附近众所周知的事情，文物局开始了新的调查。穆罕默德很快意识到，他通往安全的唯一途径就是供认一切。审判三个月后，他回到了基纳，在那里他向达乌德·帕夏供出了所有人，免受处罚，并将家族密谋的每一个细节都供述到官方法庭记录中。

几天后，穆罕默德带着一小队人来到了这个秘窖的位置。马斯佩罗本人不在埃及，所以埃米尔·布鲁格施（海因里希的哥哥）作为政府官方代表前往。当布鲁格施爬上陡峭的山坡，来到藏匿秘窖的深井处，他非常紧张，这可以理解，因为他害怕村民们的报复。他全副武装，顺着一根长长的绳子下到竖井里，手里拿着蜡烛来照亮墓穴。他本来以为，艾哈迈德发现的是一个达官显贵的坟墓，但在黑暗中，一个非同寻常的景象展现在他面前。马斯佩罗引用了布鲁格施的报告：

这些阿拉伯人掘出了法老们的整个墓地。这都是一些什么样的法老啊！他们也许是埃及历史上最著名的人物，图特摩斯三世和塞提一世、解放者雅赫摩斯和征服者拉美西斯二世。埃米尔·布鲁格施先生突然看到聚集在一起的这么多发现，以为自己一定是在做梦。也像他一样，当我看到和触摸到这么多大人物的遗体时，我仍然怀疑我是不是在做梦，因为除了知道这些人的名字之外，我们从来没有对他们有任何奢望。[8]

墓室的地板上放着青铜制的祭祀容器和坎诺匹克罐。著名的王后们的棺椁杂乱无章地堆积在一起。

"当我们从坟墓里爬出来的时候，我把我的同伴们聚集在裂缝口，再一次用相机保留下了历史的一刻。马斯佩罗教授倚靠在右边的岩石上；埃米尔·布鲁格施·贝站在棕桐树干旁；穆罕默德站在前面，手里拿着一根绳子，正是用这根绳子，我们把王室物品从隐匿的长眠之地吊了出来。"

资料来源：图片来自《世纪杂志》（*Century Magazine*），1887 年 5 月。

图 13.1　加斯东·马斯佩罗、埃米尔·布鲁格施（右侧，蓄须）和穆罕默德·阿布德·埃尔-拉苏尔在戴尔-埃尔-巴赫里的裂缝口

从震惊中恢复过来后，布鲁格施迅速采取行动。他雇用了三百名工人，在官方的细心监督下，把这些珍贵的发现从它们的藏身之处清理和搬运出来。政府的轮船"埃尔-门什"号也被征用来应急，将这些珍贵的货物运往开罗。在短短的四十八小时内，四十个法老中的第一批和很多珍贵的文物就装上船朝下游驶去。正如马斯佩罗告诉我们的，当轮船离开底比斯时，女人们尾随着轮船，哭叫着，男人们为了纪念古代的君主，鸣响了手里的步枪。其他更愤世嫉俗的观察者则怀疑，当地人是否

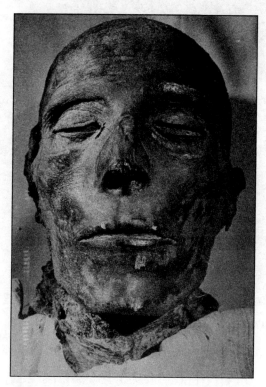

资料来源：Ken Garrett/National Geographic Image Collection。

图 13.2 法老塞提一世的木乃伊，第十九王朝

掠夺尼罗河

在为失去一个非常令人满意的收入来源而哀悼。后来，一些木乃伊的裹尸布被解开，考古学家终于可以仔细观察古埃及最著名的君主的相貌。塞提一世保存得最完好，有一个"精致的国王的头"。他嘴上仍然挂着平静而温和的微笑，半开的眼睑让人可以从睫毛下看到一条明显湿润而闪闪发光的线条，这是下葬时放进眼窝里的白瓷眼珠反射出来的光线。[9]如果贝尔佐尼看到这些，他会既着迷又高兴，因为他发现的最壮观的文物的主人为后世保存了下来。

𓂝𓃾𓆓𓈖𓏏𓍿𓇋𓏤

发现法老的木乃伊后，马斯佩罗加倍警惕。他雇用了额外的警卫，并制定了新的管制措施，以限制文物贩子和欧洲主要博物馆的代理人的活动，这些博物馆是文物贩子们的主要客户。但这并没有制止住野心勃勃的欧美博物馆。他们当然激怒了伊夫林·巴林爵士、马斯佩罗、英国以及法国的官员，这些人是19世纪末不断变化的知识氛围中令人印象深刻的对手。所以，他们中的很多人为了满足其支持者而诉诸秘密交易。

欧内斯特·艾尔弗雷德·汤普森·沃利斯·巴奇（1857—1934年）可能是这些人中最大胆的。他在大英博物馆以担任埃及和亚述文物的助理管理员为起点，开始了他漫长的职业生涯。巴奇经常前往埃及、苏丹和美索不达米亚，在那里为博物馆购买古董。他也是一位多产的发掘者和作家。他收集文物的方法结合了贿赂、欺骗和十足的胆大妄为，甚至以当时的标准来看都是不道德的。巴奇以忠诚于大英博物馆及其伟大志向为由，对这种批评置之不理。

巴奇是一个身材矮小、好斗、性格咄咄逼人、不讨人喜欢的人，

1886 年他第一次到埃及搜集文物。他从大英博物馆的东方文物管理员塞缪尔·伯奇那里获得了埃及文物及其市场价值的实用知识。塞缪尔·伯奇后来成了一位著名的埃及学家，但他从未去过尼罗河。[10] 带着这些知识和 250 英镑，巴奇来到埃及。他的到来是不受伊夫林·巴林爵士欢迎的，因为他这时正对英国考古学家和商人最近的活动非常恼火。[11] 巴奇没有被吓倒，他决定采取不正当手段开展工作，必要时利用文物贩子。他的狡猾使当局恼怒不已。

不久，巴奇就在开罗和卢克索进行了行之有效的官方和非官方接触。他的非法代理人清理了墓穴，其中大部分其实已经半空了。墓穴中的一些精美的物件"不知怎么消失了"，但巴奇在此之前就已经得到几件精美的文物。高级军官也参加了他在阿斯旺的行程。他们动员了随同的全部皇家工程师来帮助挖掘，并提供搬运大型雕像的器械。有一次，巴奇为剑桥的一位人类学家收集了 800 个古埃及人头骨，并将它们堆放在他的小屋的一角，等待打包。当地的鬣狗很想得到那些头骨，曾闯进小屋偷走了几十只。巴奇将这些头骨运出国外的唯一办法是将它们作为"骨头肥料"申报给海关。"在与海关官员打交道时，"巴奇说，"我发现，起名字还是非常重要的。"[12]

布拉克博物馆的考古现场代理人提醒当地人，巴奇是一位富有且不择手段的收藏家，从而无意中扩大了他的名声。文物贩子很快就趁着夜色在他的小屋里秘密地向他提供各种各样的文物。大英博物馆的名声是如此之好，以至于文物贩子甚至会先把贵重的文物给巴奇，让他以后再把钱从英国寄来，这通常是通过一名与他们合作的新教传教士完成的。他得到的很多最好的文物都来自底比斯的英国领事，这位领事还把巴奇介绍给了拉苏尔一家。他们曾因戴尔-埃尔-巴赫里秘窖的秘密而遭到严刑拷打，相关的生动记述使他忍俊不禁。到行程结束时，他已经得到了24大箱文物，尽管伊夫林·巴林爵士和文物局强烈反对，他还是将它们置于军方的控制之下，偷偷地运到了国外。军方对考古兴趣不大，但它支持挖掘和考古。与巴奇一样，军方认为当地的文物贩子是通情达理的人，他们只是为了谋生，而文物局则是一个腐败的机构，其成员为自己的利益而出售文物。大英博物馆的董事们在 1887 年 4 月通过了一个特别的备忘录，赞扬巴奇的"干劲"。

巴奇的搜集活动主要在美索不达米亚进行，但他在埃及的发掘是足够大胆的。在他下一次造访开罗时，文物局让警察监视他，任何拜访他的文物贩子的姓名都要上报。巴奇兴高采烈地带着警察开始了他的"购物"之旅。在阿赫米姆——阿西尤特的上游，他从一位法国旅居者那里买到了一些精美的科普特语手稿，这个法国人为警察安排了一顿丰盛的晚餐，而两位收藏家则谈起了生意。

卢克索的情况更加复杂。在夜深人静的时候，巴奇被带到尼罗河西岸的一座坟墓里，人们在那里发现了重要的纸草文献，其中包括一个 23.7 米长的大卷，是一部完整的《亡灵书》，是为阿尼而书写和绘制的。阿尼是"王室书吏，所有神的供品的记录者，阿拜多斯地主粮仓的监工，同时也是底比斯地主的供品的书吏"。巴奇记录下了莎草纸卷上的印章，然后小心地展开了一部分。"我对人和动物画像色彩的美丽和新鲜深感惊讶，在蜡烛的昏暗光线和坟墓的热气中，它们看起来栩栩如生。"[13]另外一些重要的纸草来自同一个地方。巴奇把一切都保护起来，把它们装在锡制容器里，藏在一个安全的地方。

阿尼的灵魂以人头鸟身的形象离开他的身体。它的爪子抓着的是象征永生的符号。
资料来源：Bettman/Corbis。

图 13.3 取自阿尼的"亡灵书"

几个小时后，巴奇和带他去看纸草的文物贩子喝咖啡时，发现自己被捕了。文物局已经按照马斯佩罗的继任者欧仁·格莱博的命令，对卢克索的每个文物贩子的房子都进行了监视。[14]格莱博的使者——正是他带来的逮捕消息——透露说，主管的船被困在 19 公里外尼罗河的一个沙洲上。那天船主的女儿正好结婚。当然，船难以再浮起来。格莱博随后试图骑驴去卢克索，但没有驴子。村民们把它们赶到了田里，这样它们就不能被租用了。

很快就有消息传来，汽船已经重新浮起来，格莱博已经在路上。这时候，警察局长封锁了所有文物贩子的房子，包括紧挨着卢克索酒店墙壁的一座小房子，巴奇的文物就在那里。起初，文物贩子试图用白兰地把警卫灌醉，但他们坚决拒绝离开他们的岗位。所以他们就称赞卫兵的

　　　　　　　　　　　　　　　　　　掠夺尼罗河

忠诚，然后另谋出路。日落时分，一群健壮的园丁走进酒店的花园，在酒店2英尺厚的墙壁下挖了一条通往那座房子的地道，然后通过这条细心加固的地道进入放满文物的地下室。"当我和酒店老板一起看他们工作时，我觉得这些园丁是特别熟练的'拆屋者'，他们一定练习过很多次。"巴奇骄傲地说。

整个行动在寂静中展开，没有惊动房顶的警卫。当文物从地道里消失时，他们正吃着酒店老板为他们提供的丰盛的饭菜。"通过这样的方式，"巴奇吹嘘道，"我们拯救了阿尼纸草，以及我从文物局官员那里得到的所有其他东西，整个卢克索都充满喜悦。"[15]我们不应该苛责巴奇讥嘲的言词。格莱博自己的职员也在向当地文物贩子出售他在前往尼罗河上游途中收集的文物，并趁主管吃饭时将它们从汽船上偷偷带走。巴奇很快就到了开罗，最后，充满讽刺的是，他设法安排正在监视他的警察把他一箱箱珍贵的纸草和泥板带进城里。就在同一天，这些纸草文献被放在官方军用行李中，踏上了前往英国的旅途。

巴奇的活动也许只是当时很多欧洲博物馆官员的代表。他对文物局及其公职人员产生了严重的蔑视。尽管他与马斯佩罗相处得很好，有时还与博物馆合作，但多年来他与文物贩子的关系才是更有价值的。甚至《埃及公报》也不赞成巴奇，称他是一个众所周知的为了他的博物馆而肆无忌惮的文物收藏家。他的策略是支付合理的价格和花足够的钱。在他的鼓励下，在科学挖掘工作完成后，文物贩子们不出所料地洗劫了前王朝时期的墓地。科普特语手稿是在"多次交谈和喝咖啡"之后获得的，它使大英博物馆成为欧洲最好的科普特语资料宝库之一。

尽管对文物设立更加严格的强制性规定的文物局已经从一个不成熟

的机构成长起来，巴奇的探险仍然是非法购买、挖掘和不科学的考古手段的典范。他大规模搬走和购买文物的理由很简单：他是在阻止古埃及的毁灭。"盗墓贼和木乃伊的破坏者主要是埃及人自己，"他写道，"对考古学家的抗议是愚蠢的，对其指控是荒谬的。如果考古学家不购买，其他人就会买，而且如果没有考古学家购买，那么木乃伊的主人会把它们打碎，然后把它们一块块地烧掉。"然后，他以一种极其夸张的逻辑继续说："无论人们对把木乃伊从埃及运走的个别考古学家如何指责，每一个了解这一问题的没有偏见的人都必须承认，一旦一具木乃伊交由董事们保管，并被存放在大英博物馆，它在那里被保存下来的机会，比它在埃及的任何王室坟墓或者其他坟墓中被保存下来的机会要大得多。"

在详细描述了一具木乃伊可能遭受的可怕命运之后，他继续说道："这个埃及人为防止可能或者非常可能出现的所有的这些恶行，热切地、不停地祈祷，任何不辞辛劳解读那些随葬咒语的人都能看得出来。在大英博物馆里，他被放在任何恶行都无法触及的地方。"[16]此外，巴奇补充说，通过公开而安全的展览、照片、旅游指南和图片明信片，木乃伊的身份和事迹将获得更多的曝光。在获得古埃及人自身的支持这方面，巴奇得意地说，道德正义是站在他一边的，掠夺埃及遗址是完全合法的，前提是埃及收藏品中还留有一些东西供当地人观赏和研究。

𓋹𓏤𓂝𓏏𓊪𓏏𓈖𓇋𓍯𓄿𓏏𓏏𓉐

奥古斯特·马里耶特实际上强行垄断了尼罗河沿岸的考古发掘，有效地阻止了外国人的挖掘。他的禁令生效的时候，德国人正在希腊的奥林匹亚和其他地方革新挖掘方法，参与挖掘的不但有建筑师，还有摄影师负责记录，不再只是为自己寻找吸引人的东西而挖掘。马里耶特通过充分利用警察，阻止了当地人继续出售文物、"开采"神庙寻找石材并焚烧以生产石灰。据记载，1880 年，他告诉一位村民，他不可以"开采"吉萨的金字塔用作建筑石材。[17]同时，他也阻止了赫狄夫赠送方尖碑给别人，这是外国政府梦寐以求用来装饰他们的首都的。马里耶特抗议说，埃及只剩下了五座方尖碑，他还说服内阁禁止再出口任何"纪念碑"。

马里耶特在建立布拉克博物馆过程中发挥了重要作用，他计划使那里不仅吸引欧洲游客，还吸引埃及游客。埃及应该"热爱"它的名胜古迹。他的博物馆指南被翻译成阿拉伯语，并附有对先知的祈祷。这时候，已有一些关于古埃及的阿拉伯语书籍。里法阿·阿尔-塔赫塔维写了一本历史书——《陶菲克·阿尔·雅利尔对埃及和伊斯梅尔后裔历史的洞察》，在 1868 年出版。作者说，埃及在法老时代是"世界上所有民族的母亲"。[18]关于法老的内容只占据了塔赫塔维长篇作品的 1/5，但总算有了一部可供当地读者阅读的古埃及研究著作。

赫狄夫伊斯梅尔和教育改革者阿里·穆巴拉克希望训练埃及人在文物局和博物馆工作。[19]马里耶特反对这样的举动，害怕这会抢了他的饭碗。但是，穆巴拉克与海因里希·布鲁格施签订了一份管理埃及学学校的为期五年的合同，该学校于 1870 年在博物馆附近的一座破烂的住宅中成立。这种试验只坚持了五年，学校就关闭了。马里耶特阻挠这一试验，禁止学生复制博物馆的铭文，并雇用了一名瑞士督察官，后者对学校的不足大书特书。

艾哈迈德·卡迈勒是学校的学生之一，对埃及学充满热情。[20]他被迫成为一名教师和翻译，直到马里耶特死后不久，他才在布拉克博物馆获得了财务秘书的职位。马斯佩罗指派他在博物馆经营一所小的埃及学学校。它为数不多的毕业生可以担任文物督察官。1889 年，欧仁·格莱博勉强任命他为助理馆长，纯粹是为了确保英国的埃及学家不会得到这份工作。尽管马斯佩罗的支持有限，卡迈勒仍努力使自己成为一名真正的埃及学家。根据一项禁止非埃及学家和没有官方关系的人挖掘的政策，他是不允许进行考古发掘的。此外，马斯佩罗认为埃及人只是为了寻宝而挖掘，而不是出于科学兴趣。尽管努力工作了很多年，但卡迈勒仅获得了有限的认可，他于 1880—1889 年在新成立的埃及大学中讲授关于古埃及的课程，1914 年退休。他还在高级教师学校教埃及学，但文物局拒绝雇用他的毕业生。

卡迈勒形单影只。他显然没有埃及的继承人。他的儿子在 1912 年去牛津大学学习埃及学，但最后成了一名医生。无所不在的克罗默勋爵定下了基调，他说："埃及人迄今为止还（没有）受到足够的教育来关心他们的古代纪念碑的保护。"[21] 他的臆断成为帝国政策，一直沿用到第一次世界大战后。

深入阅读指南

沃利斯·巴奇的《在尼罗河与底格里斯河岸边》（Wallis Budge, *By Nile and Tigris*, London: John Murray, 1920）是一部自吹自擂的编年史，主要记述这位大英博物馆官员的毫无原则却又不得不说是非常精明的交易。唐纳德·马尔科姆·里德的《谁的法老？》[Donald Malcolm Reid's *Whose*

　　　　　　　　　　　　　　掠夺尼罗河

Pharaohs? op. cit.(2002)]是本章内容不可或缺的资料来源。

注释

1　让·雅克·里福(1786—约1845年)是一名法国雕塑家和发掘者，曾为德罗韦蒂工作，并在埃及(野蛮地)挖掘了40多年。

2　本段基于 Reid, op. cit.(2002)，73—75。

3　John Murray, *A Handbook for Travellers in Egypt*, 4th ed.(London：John Murray, 1873), xiv. 本段基于 Reid, op. cit.(2002)，84—85。

4　Piers Brendon, *Thomas Cook：150 Years of Popular Tourism*(London：Secker and Warburg, 1991). 转引自 Reid, op. cit.(2002)，89，其引文来自约翰·帕德尼的《托马斯·库克的故事》(John Pudney, *The Thomas Cook Story*, London：Michael Joseph, 1953, 212)。

5　前文提到的里德《谁的法老》(2002)，153ff. 中有为普通读者对政治背景进行的总结。也可参考克罗默勋爵：《古代和现代的帝国主义》(Lord Cromer, *Ancient and Modern Imperialism*, New York：Longmans, 1910)。

6　马斯佩罗撰写了关于古埃及的很多本著作和数百篇论文，其中最著名的可能是《埃及学》(*L'Égyptologie*, Paris：Hachette, 1915)。

　　人物传记可参考伊丽莎白·大卫：《加斯东·马斯佩罗，1846—1916：一位绅士埃及学家》(Elisabeth David, *Gaston Maspero, 1846—1916：Le gentleman Égyptologue*, Paris：Pygmalion/G.Watelet, 1999)。

7　从本段往后，我会使用"卢克索"来指代这座现代城市，这个词在19世纪末得到广泛使用。"底比斯"可与其互换，但倾向于指一个地区，包括卢克索周围的尼罗河东岸和西岸。

8　Gaston Maspero with Émile Brugsch, *La Trouvaille de Deir el-Bahari* (Paris：Hachette, 1881), 57.

9　Ibid., 112.

10　塞缪尔·伯奇(1813—1885年)将商博良破译象形文字的方法介绍到了英国。他几乎所有的职业生涯都在大英博物馆度过，在那里他对埃及学和亚述学产生了巨大的影响。伯奇从来没有游历过尼罗河，但却编纂了第一部完整的古埃及语语法和字典。

11 这位著名的政治家和外交家本来是伊夫林·巴林爵士,后来在1901年成为克罗默勋爵。克罗默的《现代埃及》(Cromer, *Modern Egypt*, 2 vols., New York: Macmillan, 1908)是关于19世纪晚期埃及的基本资料。

12 Budge, op. cit.(1920), 95.

13 Ibid., 137.

14 欧仁·格莱博(1846—1915年)与其说是管理者,不如说是位学者。他是个不称职的管理者,冒犯了埃及学家和当地人,于1892年辞职,成为巴黎索邦大学的古代史讲师。

15 这两段的引文出自 ibid., 143—144。

16 这三段的引文出自 ibid., 145ff.。

17 Reid, op. cit.(2002), 101.

18 ibid., 109—112 中有出色的分析。

19 阿里·穆巴拉克是一位内阁部长、教育改革者和工程师,规划了现代开罗的建设。他写了一本经典的地理百科全书《陶菲克的新规划》(*Al-Khitat al-tawfiqiyya al-jadida*, 1886—1887)。

20 Reid, op. cit.(2002), 201—203 及其他页面提供了对这位重要人物的分析。

21 引文出自 ibid., 201。

第 14 章 "一场穿梭在废墟中的航行"

> 这里是奥西里斯和他的崇拜者生活过的地方；这里是亚伯拉罕和摩西曾走过的地方；这里是亚里士多德来过的地方；后来，在这里，穆罕默德学到了他宗教的精髓并研究了基督教；在这里，也许，我们救世主的母亲带着她的幼子，睁开他的眼睛，看到了光明。
>
> ——弗洛伦丝·南丁格尔：《埃及来信：尼罗河之旅，1849—1850 年》

到了 19 世纪 70 年代，埃及已经成为富人和不太富裕的人冬季度假的流行的地方。意大利和亚历山大港之间有定期汽船服务，航班时刻非常有规律，通过它可以用三天半时间走完最快的罗马战舰行驶六天的距离。多亏了托马斯·库克和其他人，尼罗河之旅已经成为一种安全并且有点异国情调的体验。

半个世纪前，欧洲旅行者不得不与黑死病的流行作斗争。他们在回家的时候要进行三个星期或更长时间的隔离检疫。幸运的是，回家的漫长旅程消耗了大部分隔离期。埃及一直像是《圣经》中的瘟疫之地，直到 1844 年，当时黑死病的蔓延神秘地停止了。取而代之的是霍乱，经由水传播，从印度孟加拉邦的源头传入进来，通过尼罗河沿岸的农业灌溉广泛传播。1831年至1902年间，埃及发生了11次霍乱疫情。尽管遭受了这场灾难，但无瘟疫时的埃及还是值得关注健康的欧洲人前往的目的地，他们饱受欧洲潮湿冬季的折磨。因写作《现代埃及人的风俗习惯》而闻名的爱德华·威廉·莱恩就是因为健康原因而放弃了自己雕刻师的职业移民到埃及。他只是后来几十年里很多患病游客中的一员，他们会静静地住在尼罗河边的旅馆里，一待就是几个月。埃及成为一个备受推荐的疗养胜地。

这些移民中的一位是令人钦佩的露西·达夫-戈登夫人，她居住在卢克索的一座破败不堪的被称为"法式房子"的住宅里。她那破败、简朴的住宅坐落在尼罗河附近一座神庙的屋顶上。[1] 从1863年到1869年，露西·达夫-戈登考察了当地的风土人情，招待过大人物和小人物，并使自己在一定程度上融入了当地的农民阶层，这震惊了很多同时代的人。她坚持给家人写了一系列生动活泼的信件，这些信被出版在两本广受欢迎的书上。它们是了不起的读物，独特之处在于其谦逊的态度和对当地社会的用心感受。她以尖刻的评论和残酷的细节揭露了赫狄夫政府的暴行和平民遭受的可怕压迫，这使得公众对埃及统治者的不人道行为反应更加强烈。与此同时，她身边发生的琐事，比如收割庄稼和粮食短缺、沙尘暴和有趣的游客，都以一种引人入胜的方式展现，吸引了她的读者。

达夫-戈登的信向不熟悉的人们揭示了尼罗河两岸的丰富生活，引起了相当大的轰动。对她来说，文物和居民一样也是风景的一部分。她认识了一位曾经为贝尔佐尼工作过的老工头，探访过帝王谷的塞提一世

掠夺尼罗河

坟墓。在给她丈夫的一封信中——他曾经为送给他的一尊法老狮身雕像向她致谢——她承认她"从一个神庙里为你偷了他，他在那里充当人们骑驴的脚凳。有个人从上次发掘的文物中为我偷了一枚非常漂亮的银制古董戒指——别告诉马里耶特。我的朋友说：'你拥有它好过马里耶特把它卖给法国人然后把钱装进自己口袋。如果我不偷的话，他就会这么做。'——所以我心安理得地接受了这件偷来的财物"。[2]

大多数富裕的游客来埃及都是为了放松身心、增加了解，按照法国作家让-雅克-安托万·安培的说法，这是"一场穿梭在废墟中的骑行和航行"。[3]这些游客几乎总是乘坐单独包租的达哈比亚船旅行，或者有的时候，像半个世纪以前贝尔佐尼的朋友贝尔莫尔勋爵一样，乘坐租用的船只结伴航行。那些有空闲的人经常会向南航行远达阿布-辛贝尔和第二瀑布。

到1870年，每年有三百名美国游客在开罗领事馆登记。[4]马克·吐温不久前出版了《傻子出国记》，这是一部受到广泛阅读、很有意思的游记。马克·吐温游历的时间很短，他只游览了金字塔和狮身人面像就回家了。然而，他对埃及的繁茂景象赞不绝口，"那一望无际的大片平原，绿意盎然，五谷丰茂，真是赏心悦目"。他将谢菲尔德酒店描述为"世界上最糟糕的酒店，比我过去在美国的一个小镇上投宿过的那家强不了多少"。他的一个队员试图从狮身人面像的脸上敲下一块作为纪念品，但马克·吐温却只是满足于指责埃及人把木乃伊作为火车引擎的燃料。十七年前，法国小说家古斯塔夫·福楼拜也曾在尼罗河上经历过一次龌龊而又有点喧闹的航行，他也没有那么客气。他指责埃德弗的居民把这座神庙当作公共厕所，他还遭受了跳蚤的折磨。[5]

维多利亚时代画家大卫·罗伯茨创作。"有些装修豪华，空间甚至可以放得下钢琴。"

资料来源：作者的收藏。

图 14.1　卢克索的一艘达哈比亚船

游客对马里耶特和马斯佩罗来说是一场噩梦，但最终，他们是公众舆论的重要催化剂。1873 年 11 月，谢菲尔德酒店接待了一位晒黑的游客，阿梅莉亚·B.爱德华兹，她是一位受欢迎的小说家、演说家和充满激情的旅行者，她对古埃及的看法影响了维多利亚时代成千上万的游客。

图 14.2　阿梅莉亚·爱德华兹(1831—1892 年)

阿梅莉亚·爱德华兹(1831—1892 年)是独特的维多利亚时代孕育的多产的浪漫主义小说家之一,她的文学作品弥补了一个世纪前没有广播和电视的不足。在她 61 年的岁月里,大量的文章、演讲、书籍、评论和小册子源源不断地从她灵巧的笔下涌出。她是一名军官的女儿,父亲曾在半岛战争中在威灵顿公爵手下服役,她在童年时期就表现出出色的写作和绘画天赋,并有一副有专业水平潜力的好嗓子。她 7 岁时就发表了第一首诗。

最终,阿梅莉亚·爱德华兹成为一名记者,为《钱伯斯杂志》和

《星期六评论》等热门期刊撰写各种题材的文章。1855 年至 1880 年间，她写了八部让人印象不深但很受欢迎的小说。爱德华兹还编辑了一些关于历史和艺术的通俗读物，大部分都很畅销，让她过上了悠闲的旅行和写作的生活，这是一位成功的晚期维多利亚时代作家的常态。

1872 年，她考察了意大利北部的多洛米蒂山，这是一个即便是男性游客也会觉得偏远的地方。她出版的第一本畅销旅游著作面世了，最初出版时名为《仲夏漫步多洛米蒂山》，后来改名为《杳无人迹的山峰》。1873 年夏天，她和她的旅伴露西·伦肖计划在法国徒步旅行。因为雨下个不停，所以她们临时决定改去开罗旅行。由于对历史和早期文明的兴趣，爱德华兹于 1873 年至 1874 年在叙利亚和埃及进行了一次长期的旅行。这次旅行改变了她的生活，并给了她写作《尼罗河上一千里》的灵感，她的这本最有名的书在三年后得以出版。《尼罗河上一千里》是一本当之无愧的受欢迎的游记，多次再版，尽显爱德华兹华丽的写作风格。她描述了一次独特的、相当豪华的乘坐两艘达哈比亚船的尼罗河第二瀑布之旅。旅行队包括五位英国上流人士，陪伴另一艘船上的两位英国女士一起旅行。他们似乎都是典型的尼罗河游客，无论老少，无论穿着考究还是衣衫褴褛，无论学识渊博还是目不识丁，都渴望获得新的体验，并且，像很多维多利亚时代的人一样，他们受益于自己社会的安稳，也意识到其价值观、宗教和道德相对于那些"外国人"——当然也包括埃及人——的优越性。

阿梅莉亚·爱德华兹充分利用了她的尼罗河之旅，写了一本唤起人们愉快回忆的书，这些回忆中既有恒久不变的尼罗河风光，也有一个世纪以前旅行者的生活。《尼罗河上一千里》内容丰富，但知识却稍显淡薄。其中的事实是准确的，大英博物馆的塞缪尔·伯奇和沃利斯·巴奇都曾仔细核对过（他们对这位女士有些不信任）。但她自己的感想传达得最为强烈。她对卡尔纳克柱廊的情感在生动的散文中喷涌而出，她把这些柱子与巨大的红杉树林相比较：

> 但是那些大树，虽然花了三千年的时间才长出来，却缺少人类劳动所带来的哀婉和神秘。它们不是扎根于六千年的历史中。它们没有用数百万人的血泪浇灌过。它们的叶子听过比鸟儿的歌唱，或是夜风吹过加拉韦罗斯高地时的呜咽更悦耳的声音。但是，在卡尔纳克雕栏画栋的走廊上飘过的每一缕微风，似乎都附和着那些在采石场、划船时和征服者的车轮下死去的人们的叹息。[6]

爱德华兹被菲莱神庙迷住了：

> 经由水路的旅程是最美丽的。从小船上沿水平面看去，这座岛屿和岛上的棕榈树、柱廊和塔门，看起来像是从河中升起的海市蜃楼。堆积如山的岩石环绕在它的两边，紫红的山峦似乎拉近了距离。当船在白花花的巨石之间滑行得越来越近时，那些雕塑塔在天空中越升越高。它们丝毫没有破落或者老旧的迹象……一切看起来都很坚实、庄重、完美。这会让人一时之间忘记一切都已时过境迁。如果安静的空气中传来一阵古老的吟诵声——如果一队身穿白色长袍的牧师高举着上帝的蒙着纱巾的藏经箱，在棕榈树和塔门之间来回走动——我们也不会感到奇怪。[7]

这支旅行队通过现在著名的尼罗河之旅，到达了阿布-辛贝尔和第二瀑布。他们在阿布-辛贝尔待了 18 天，期间沿着贝尔佐尼的足迹花了四天时间来到了第二瀑布，在那里他们爬上了阿布西尔石崖。石崖上刻有很多游客的名字，包括乔万尼·贝尔佐尼。与这位意大利人不同的是，爱德华兹和她的同伴在山顶享用了装在山羊皮袋子里的"冷冰的柠檬水饮品"。

阿布-辛贝尔给他们留下了最深刻的印象。每天早上爱德华兹都会起来迎接日出和阿布-辛贝尔的日光奇迹。"每天早晨，我似乎都能看到那些值得敬畏的伙伴*，从死到生，又从鲜活的生命变成雕刻的石头。最后，我几乎相信，总有一天日出的时候，古老的魔法会突然消失，巨人们必然会站起来说话。"[8]

几位旅行者在 50 名当地人的帮助下清理了一个小的彩绘神龛，注视着被掩埋了几个世纪的画作，亲身经历了首次发现的激动人心。像 50 多年前的贝尔佐尼一样，他们和酋长进行了激烈的讨价还价，酋长只好接受了"给他的手下 6 英镑，给他自己两罐果酱、两盒沙丁鱼、一瓶古龙水、一盒药丸，还有半个金币"。[9]

爱德华兹到访时，阿布-辛贝尔已经人满为患了。驻扎在大神庙的帐篷一度不少于三个，达哈比亚船也沿着河岸排成了队。河流沿岸的神庙和主要的纪念碑附近，到处都热闹非凡。底比斯有很多船，"闪耀着英国和美国的颜色"。美国和英国游客是最常见的，但也会遇到德国人、比利时人和法国人。卢克索的商人们聚集在每一艘停泊的船上：

---

* 指神庙前的石雕坐像。——译者注

无论我们走到哪里，他们都纠缠和尾随着我们。而好一些的那部分人——穿戴着黑色长袍和宽边头巾神色庄严的人——则在我们的下层甲板上安顿下来，在那里住了两个星期。我们总是能在那里看到他们，耐心、沉着，随时准备起来行额手礼，从一些隐蔽的口袋里拿出一包圣甲虫或一束葬礼小雕像。这些绅士中有一些是阿拉伯人，有些是科普特人——他们都彬彬有礼、能说会道，并且谎话连篇。[10]

图 14.3　在阿斯旺登陆

一开始的时候，爱德华兹对包括她自己在内的游客对文物态度的变化感到震惊。萨卡拉被掠夺的墓地令人震惊，但她写道：

很快，我们就对这些景象变得相当冷漠，并且学习在尘土飞扬的坟墓中翻找，像一帮专业的盗墓贼一样不再感到内疚。这些是一个人事后回想起来会感到惊讶和有些自责的经历；但是，普遍的麻木不仁是如此具有感染力，对寻找文物的热情是如此强烈，以至于我毫不怀疑在同样的情况下我们还会再做同样的事情。[11]

她当然会为自己购买文物。到她去世之前，爱德华兹收集了 3 000 多件文物。据说她在卧室的壁橱里保存了两个古埃及人的头颅。

底比斯文物贩子的生意很兴隆，这不仅体现在古董真品的交易上——这些是留给真正富有的收藏家和外国博物馆代理人的最好的文物——而且还体现在赝品的交易上。任何东西对于伪造者来说都是有用的——刻字的泥板、雪花石膏小雕像，当然还有圣甲虫。他们通过将它们作为药丸喂给火鸡来做旧仿古，通过这一过程，它们"通过简单的消化过程获得一定程度的古朴质感，确实非常漂亮"[12]。疯狂的挖掘和伪造导致卢克索的冬天很忙。非法挖掘者生活在对地方长官的恐惧中，但他们仍然继续像几个世纪以来那样从事非法交易。他们住在坟墓里，和贝尔佐尼时代一样，白天骑着驴子、提水，晚上在坟墓里挖掘。每个人手里都有文物待价而沽，从戴头巾的从事商务访问的官员，到吃饭时遇到的口袋里装着圣甲虫的"有绅士风度的当地人"。

一次很偶然的机会，爱德华兹和一个同伴在寻找领事馆的时候走进了一个伪造者的作坊。他们被允许进入一个没有装饰的大房间，里面有三张桌子，上面散乱地摆放着圣甲虫、护身符和葬礼小雕像，各个制作阶段的都有。未完成的物件周围放着制作工具，还有一个用来做木制品

　　　　　　　　　　　　　　　掠夺尼罗河

的大木乃伊箱。房间里没有人，但几分钟后，一个穿着考究的阿拉伯人气喘吁吁地赶到，把他的不受欢迎的客人带出了房子，解释说领事馆已经搬走了。"一两天后，我遇到了那个穿着考究的阿拉伯人，"爱德华兹写道，"他立刻在最近的街角处消失了。"13

这一时期，文物局在库尔纳附近保留了一支小的挖掘队，处于地方长官的监督之下。他们发现的木乃伊会被原封不动地送到布拉克。一天，爱德华兹目睹了一些墓葬的发掘。清晨，旅行者们骑驴前往拉美西斯二世陵庙，乘船横渡尼罗河，然后骑行穿越河谷平原的时候，在驴背上吃了早餐。那是一个美妙的早晨。在清晨阳光的照耀下，大麦幼苗闪闪发光，在数英里的范围内泛起一阵阵涟漪。门农巨像在新的一天光芒四射。野花在大麦田里闪耀。这是一次难忘的旅行，而他们到达挖掘点时，一口刻满浮雕的石棺的发现使这次旅行更加精彩。这具木乃伊几乎完好无损，存放在一个砖砌的墓穴里。地方长官亲自监督挖掘工作，并邀请爱德华兹和他一起在附近的一座坟墓里共进午餐，当时这座坟墓被改造成一个临时存放木乃伊的马厩。午餐有酸牛奶和一盘蛋糕，吃的时候旁边就是发臭的粪肥。

爱德华兹似乎没有吃点心，因为队员们在拉美西斯陵庙里吃过了午饭，那是在悠闲的埃及一天中举行的众多欢乐午餐之一。圆柱间铺着地毯，侍者们奔来奔去。在不远不近的地方，"棕色皮肤、衣衫褴褛的阿拉伯人"漫无目的地走来走去，每人都拿着一串伪造的圣甲虫、一些木乃伊棺椁碎片，或伪造的雕像出售。在这里，和整个旅程中一样，彬彬有礼的(有的也并不是那么彬彬有礼)当地人拼命奉承着文明世界的代表们，在消沉中保持着他们僵化的社会价值观。

一个世纪前的旅行者的生活通过阿梅莉亚·爱德华兹华丽的杰作产生了深远的影响。我们通过她的文字恰到好处地陷入痴迷、接受教育、明白道理、感受震惊。回到英国后，她投身于一场旋风般的活动中，向俱乐部和社会团体演讲，并写下一篇又一篇关于她在尼罗河上的经历的文章。她对古埃及神庙和坟墓的破坏和毁灭表示恐惧，对缺乏完善的挖掘技术表示痛惜，并对采石工人肆意毁坏神庙表示遗憾。

一对虔诚的维多利亚时代的夫妇，手里拿着《圣经》，穿过开罗的集市。

图 14.4　维多利亚时代的旅行者"在埃及街头"

284　　　　　　　　　　　　　　　　　　　　　　　　　　　　掠夺尼罗河

阿梅莉亚·爱德华兹的笔是塑造关于古埃及舆论的有力武器，当时的知识界已经对埃及的事物产生了浓厚的兴趣。乡绅们购买关于底比斯的最有学问的专著，以法老为题材的历史小说销量达数千本，而将古埃及考古学与《圣经》故事联系起来的书籍则是受欢迎的生日和圣诞节礼物。人们对早期古典文明和史前文明的兴趣空前高涨，这得益于海因里希·谢里曼在特洛伊的发掘、奥斯汀·亨利·莱亚德等人在美索不达米亚的发掘，以及 1872 年尼尼微出土的所谓"大洪水泥板"的释读。[14] 古典教育仍然被认为是一个有教养的人必备的属性，就像要对《圣经》有全面的了解。埃及在这两者中都占有重要地位，人人都对金字塔、木乃伊和关于象形文字的论战感到兴奋。早在阿梅莉亚·爱德华兹时代之前，由于威尔金森、莱普修斯和其他学者以及数千名宗教主题作家的努力，埃及学对欧洲流行文化的影响越来越大，体现在建筑、时尚方面，对严肃文学的影响稍小一些。不幸的是，很多此类文学作品都具有严重的误导性，因为对于一个文化价值观狭隘、具有明显局限性的维多利亚时代的中产阶级作家来说，理解当代埃及人的文化几乎是不可能的，更不用说古埃及人的了。

从埃及回来一直到 1892 年去世，阿梅莉亚·爱德华兹写作了大量的文学作品来捍卫科学考古。她从尼罗河回来三年后，出版了《尼罗河上一千里》一书，广受好评。一系列关于埃及学的文章和进展报告以爱德华兹的名义发表在数十家期刊和报纸上，认为唯一能解决这种自诩为考古，但实际上是肆意破坏行为的方法，就是进行系统的遗址记录和适度的科学发掘。阿梅莉亚·爱德华兹非常担心，于是她完全停止了小说的写作，把注意力集中在埃及学上，把其他话题排除在外。她的努力引起了上层民众的兴趣，使沉寂的英国埃及学苏醒过来。

然而，英国专业的埃及学家则对埃及的状况深表关切。1880 年，一项旨在建立古建筑保护协会的尝试无果而终。1882 年 3 月，阿梅莉亚·爱德华兹提出了设立埃及考察基金的构想，目的在于在埃及进行科学发掘。她设法召集了一群强有力的支持者，其中包括著名的东方学家雷金纳德·斯图尔特·普尔和著名的外科医生伊拉斯谟·威尔逊爵士，后者曾资助将被称为"克里奥帕特拉之针"的方尖碑从亚历山大港运到伦敦。这项事业耗资 1 万英镑，在当时是一笔巨款。在大英博物馆举行的一次权威会议上成立了这一基金，由其主要捐赠者威尔逊担任主席，爱德华兹和普尔担任秘书。他们在知名报纸上刊登广告，宣布该组织成立，向人们寻求资助，并提供待考察遗址的详细信息。埃及考察基金的目标是"组织在埃及的考察，目的是阐明古埃及的历史和艺术，并解释《旧约》中的叙事，只要它与埃及和埃及人有关系"[15]。埃及考察基金是最早申请发掘许可的组织之一，其主要目标是进行认真研究并结集出版，而不是为了惊人的发现。

在 19 世纪 80 年代，考古挖掘仍然是一项高度不科学的消遣活动，一种受到许可或未受许可的破坏形式，专注于寻找大型的、令人印象深刻的发现，而不是对遗址及其内容进行仔细调查。其目的是在尽可能短的时间内找到尽可能多的文物。马里耶特的田野考古技术令人毛骨悚然，相当不科学。马斯佩罗和其他很多受人尊敬的早期埃及学家也是如此。弗林德斯·皮特里——一位现代埃及考古方法的英国先驱（我们在下一章会对他进行介绍），曾经令人毛骨悚然地讲述马里耶特的挖掘和技术。皮特里有点不公平。马里耶特是他那个时代的典型人物，按现代标准来衡量，他肯定并不完美。但是空气中弥漫着变革的气息。在爱琴海的萨莫色雷斯岛和奥林匹亚进行发掘的德国人正在制定新的标准，他们在考古现场配备建筑师和摄影师，在发掘之前就开始收集信息。田野考古已经开始从寻宝逐渐转变为严谨的科学。

埃及也有一些更为谨慎的先驱者。亚历山大·亨利·莱因德（1833—1863 年）是一位安静的苏格兰人，他本来计划在苏格兰酒吧谋得一份稳定的工作。但 1855 年，健康状况不佳的他被迫到埃及过冬。莱因德在底比斯度过了两个季度，仔细寻找完整的、未受侵扰的坟墓，以便于他进行挖掘并详细记录，因为他感到遗憾的是，"人们几乎只关心获得这些文物的所有权，而没有充分注意到发现它们的环境"[16]。德罗韦蒂和索尔特在底比斯所造成的破坏和毁灭如此严重，以至于人们几乎没有机会找到几个未受侵扰的坟墓。终于，他找到了一个未受侵扰的墓穴。

莱因德非常小心地挖掘了这一处遗址。他按部就班地描述了他的挖掘、坟墓里的东西，以及墓穴中的物件所在的位置。他记录了坟墓遭到的掠夺和重新利用，以及最后埋葬在那里的人的身份。遗体上发现的纸草告诉了他死者的名字。他在其著作《底比斯：坟墓及其住客》中描述了挖掘的过程，这本书在 1862 年出版。不幸的是，莱因德在第三次去埃及旅行后，在回家的路上去世，年仅 30 岁。尽管莱因德不是第一个描述未受侵扰的埃及坟墓的人，但毫无疑问，如果他活着，他会成为一位伟大的埃及学家。

埃及考察基金的成员选择了瑞士考古学家爱德华-亨利·纳维尔（1844—1926 年）作为他们的第一位发掘者。纳维尔在语言学方面受过广泛的训练，他从卡尔·莱普修斯那里学习了埃及学。当他受邀请为该基金工作时，纳维尔已经在欧洲获得了较高的声誉。他的挖掘开始于新的开罗-苏伊士运河附近三角洲地区的马斯库塔废丘。该基金的董事们已经作出了一个慎重的决定，不在上埃及发掘，而是把精力集中在未知的三角洲地区，在那里可能会取得惊人的成果。

纳维尔在马斯库塔的挖掘引起了公众相当大的兴趣。多年来，该遗址一直被认为是以色列人为拉美西斯二世建造的两座城市——拉美西斯和皮托姆定居点——之一。与《圣经》的联系绝对是第一个考古季的目标之一，也是纳维尔宣称要获得的。他发现了一座神庙、一座城市的一部分、一些防御工事和一个军营的遗迹，根据这些遗迹可以确定这个定居点的时间是在公元前 15 世纪和公元 4 世纪之间。似乎是拉美西斯二世建造了这座城市，但没有以色列人的迹象。纳维尔研究了这座城市的文物，并认为埃及人把它献给阿图姆神，这样它就有了"皮-阿图姆"或者"皮托姆"的名字。董事们很高兴；他们大力宣传纳维尔的惊人发现，希望得到更多的公众支持和更多的资金。尽管很多埃及学家拒绝接受纳维尔的结论，但公众却相信现代考古学强化了《圣经》的真实性。

纳维尔和很多早期的埃及学家一样，拥有努力工作的非凡精力和能力。他更喜欢挖掘大型纪念碑和神庙，因为他是在马里耶特和马斯佩罗相当粗放的传统下接受训练的。但他是一个有着高超智慧和坚定目标的人，他的工作使得埃及考察基金成为最领先的学术研究机构。他 1885—1886 年在图米拉特旱谷和 1886—1889 年在布巴斯提斯的挖掘都受到人们的高度关注。[17]

纳维尔是一个身材魁梧、性格开朗的人，虽然受过德国人莱普修斯的培训，但他憎恶日耳曼式的学术研究方法及其详细的分类和卡片索引。他一直为该基金工作，直到1913年，培养了很多年轻的考古学家，其中包括图坦卡蒙墓的发现者霍华德·卡特。[18]

19世纪末，德国人、英国人和法国人对埃及学作出了重要贡献。很多德国埃及学家的早期训练不仅归功于卡尔·理夏德·莱普修斯，还归功于莱比锡埃及学教授格奥尔格·莫里茨·埃贝斯（1837—1898年）。埃贝斯是一位多产的埃及题材作家，也是一位有才能的教师。但他的伟大贡献是一系列以古埃及为主题的通俗历史小说，其中最著名的是《埃及公主》（1864年），到1928年被翻译成16种语言并售出超过40万册。埃贝斯所描写的埃及公主是一个很有个性的人物，受到冈比西斯的追求，非常美丽和感性，高贵而又善良，是他那个时代受压迫的少女心目中完美的女英雄。他们不约而同地赞美一位公主，她的"高贵的紫袍使她更加美丽，闪亮而高耸的头饰使她显得亭亭玉立，完美的身材显得比实际还要高"[19]。埃贝斯谨慎地运用叙事手法，准确地描述埃及文物和习俗来作为小说的背景。在世纪之交，所有怀春少女都读到了他华丽的爱情故事。

另一个德国人——阿道夫·埃尔曼（1854—1937年），是柏林博物馆埃及文物主管，他对埃及学的影响，在《埃及学名人录》中被描述为"商博良之后雷厉风行的伟大人物"。埃尔曼主要是一位语言学家，他改造了埃及语言的语法和教学，以至于彻底改变了人们对古代埃及语的现有观念。他向人们展示了古代埃及语和古代闪米特语之间的关系，把古代埃及语言划分为古埃及语、中埃及语和新埃及语三类。他还是进行准确解释和翻译的先驱。埃尔曼是埃及学的博学者，因为他对考古学、历史学以及语言学都很感兴趣。他最重要的作品之一是《古埃及的生活》，这是一部关于古埃及人的精彩记述，几乎完全取材于埃及史料，至今仍被人们阅读。[20]

很多事件合在一起，使埃及的考古学开始发生巨大的转变，并向好的方向发展。这一时期，在尼罗河沿岸工作的埃及学家比以往任何时候都要多，他们中的很多人除了从事挖掘工作外，还从事复制和保护工作。阿梅莉亚·爱德华兹于1889—1890年访问美国，宣传埃及考察基金的工作，并争取美国对挖掘工作的支持。她的访问非常成功，她的讲座很受欢迎。她接着很确信地说，埃及地下的古埃及人比地上的活人还多。阿梅莉亚·爱德华兹很长寿，她见证了埃及考古发掘新时代的曙光，这在很大程度上是她的宣传的直接结果。在她去世前六年，埃及考察基金聘请了一位年轻的英国人在三角洲地区为其进行发掘，这种关系只持续了三年。这位年轻人——弗林德斯·皮特里，注定要成为尼罗河河谷考古发掘中的一位重要人物。

深入阅读指南

这一时期的旅游文学是丰富的，并且常常是重复的。不可错过的是露西·达夫-戈登的《埃及来信》[Lucie Duff-Gordon's *Letters from Egypt*, op. cit.(1865)]。约翰·A.威尔逊的《法老身上的神迹奇事》（John A. Wilson, *Signs and Wonders upon Pharaoh*, Chicago：University of Chicago

Press, 1964)讨论了当时的美国游客，而前文提到的里德的《谁的法老》(2002)则是关于早期旅游文学及其更广泛的历史背景的一部出色的指南。琼·里斯的《阿梅莉亚·爱德华兹：旅行家、小说家和埃及学家》(Joan Rees, *Amelia Edwards: Traveler, Novelist, and Egyptologist*, London: Rubicon Books, 1998)是一部关于最重要的人物的短篇传记。阿梅莉亚·爱德华兹的《尼罗河上一千里》(Amelia Edwards, *A Thousand Miles up the Nile*, New York: Scribners, 1877)是一部经典的埃及文学作品。

注释

1 女作家露西·达夫-戈登(Lucie Duff-Gordon, 1821—1869 年)是亚历山大·达夫-戈登爵士的妻子，也是伦敦一位杰出的文学家。1860 年至 1863 年，她定居在好望角，后来搬到卢克索。她的《埃及来信》(*Letters from Egypt*)很有见地，简明扼要，而且常常感人至深。

2 Duff-Gordon, op. cit.(1865), 110.

3 Jean-Jacques-Antoine Ampère, *Voyage en Égypte et en Nubie* (Paris: Michel Lévy, 1868), 3.

4 讨论见 Wilson, op. cit.(1964), chap. 5。

5 Twain, op. cit.(1996), 628. 参见古斯塔夫·福楼拜的《福楼拜在埃及：旅途感悟》(Gustave Flaubert, *Flaubert in Egypt: Sensibility on Tour*, London: Bodley Head, 1972)。

6 Edwards, op. cit.(1877), 224.

7 Ibid., 307.

8 Ibid., 415.

9 Ibid., 487.

10 Ibid., 600—601.

11 Ibid., 76.

12 Ibid., 601.

13 Ibid., 604—605.

14 1872 年，尼尼微出土的所谓"大洪水泥板"的释读是当时最轰动的事件。从印钞员转行为碑铭学家的乔治·史密斯在亚述国王阿淑尔巴尼拔（公元前 668—前 627 年）的王室图书馆中发现了这些泥板残片。它们上面记载了一个名叫哈西萨德拉（Hasisadra）的预言家的故事，以及一场与《创世记》中诺亚洪水极其相似的大洪水的传说。史密斯随后在尼尼微被奥斯汀·亨利·莱亚德废弃的土堆中发现了泥板的缺失部分。虔诚的信徒们欢呼着用洪水泥板来证明《旧约》的历史真实性，但即便史密斯也意识到，他所释读的，是一个古老传说的晚期副本。关于这个故事，参见布莱恩·费根：《重游巴比伦》（Brian Fagan, *The Return to Babylon*, Boston：Little, Brown, 1979）。

15 埃及考察基金至今仍很活跃，并通过一部历史著作纪念了它的百年诞辰：T.G.H.詹姆斯编：《埃及挖掘：埃及考察协会，1882—1982》（T. G. H. James, ed., *Excavating in Egypt：The Egypt Exploration Society, 1882—1982*, London：British Museum Publications, 1982）。引文出自第 23 页。

16 Alexander Henry Rhind, *Thebes：Its Tombs and Their Tenants, Including a Record of Excavations in the Necropolis*（London：Longman, Green, Longman, and Roberts, 1862），110. 在此六年之前，莱茵德还写了一本关于埃及作为冬季度假胜地的不怎么出名的旅行指南。

17 图米利亚特旱谷（Wadi Tumiliat）* 是东部三角洲的一片肥沃的洼地，是通往红海的一条通道。古埃及人称之为"甜水"。开罗北部的布巴斯提斯是猫女神巴斯特（Bastet）的祭祀中心，也是主要的宗教节日中心。拉美西斯诸法老在那里为她建造了一座巨大的神庙。有一座巨大的墓穴里埋葬着很多猫的木乃伊。

18 关于霍华德·卡特的早期经历，参见 T.G.H.詹姆斯：《霍华德·卡特：通向图坦卡蒙之路》（T. G. H. James, *Howard Carter：The Path to Tutankhamun*, London：Kegan Paul, 1992），其中提供了详尽的分析。也可参考尼古拉斯·里夫斯和约翰·H.泰勒：《图坦卡蒙发现之前的霍华德·卡特》（Nicholas Reeves and John H. Taylor, *Howard Carter Before Tutankhamun*, London：British Museum, 1992）。

---

* 此处应为图米拉特旱谷（Wadi Tumilat）。 ——译者注

19 George Moritz Ebers, *An Egyptian Princess* (New York: A. L. Burt, 1868), 17.

20 阿道夫·埃尔曼的名字是约翰·皮特·阿道夫(Johann Peter Adolph)，但他被大家称为 Adolf。Adolph Erman, *Life in Ancient Egypt* (London: Macmillan, 1894)。关于《埃及学名人录》中的引用，参见 Dawson and Uphill, op. cit.(1995), 99。

第 15 章　科学与小的文物

人们到目前为止，还从未尝试过对小物件的观察。人们还没有考虑过科学地观察、登记、记录；除了铭文和雕塑，其他物件都不重要。

——弗林德斯·皮特里:《考古学七十年》

"我们在埃及没有更好的代表，这真是一件可悲的事情，埃及现在已经被德国和法国的学生和教授所占领……德国人向他们的学者施压，比以前做得更多，因为他们看到我们执掌了政权。"建筑师萨默斯·克拉克反映了很多 19 世纪 90 年代英国埃及学家的感受。英国统治着埃及，但法国人几乎完全控制了文物局，先是在奥古斯特·马里耶特和加斯东·马斯佩罗的领导下，然后是在一系列不太著名的负责人的领导下：曾与沃利斯·巴奇纠缠不清的欧仁·格莱博、维克托·洛雷，还有一位工程师雅克·德·摩根。这些人的领导都没有持续太久，所以克罗默勋爵说服马斯佩罗在 1899 年和 1916 年间重返工作岗位。[1]

1882 年以后，英国的军事统治确保了接下来 75 年稳定的金融环境和对文物局的稳定的资金投入水平。加斯东·马斯佩罗既是一位优秀的

　　　　　　　　　　　　　　　　掠夺尼罗河

埃及学家，也是一位老练的官僚，他很清楚民族主义者对于考古发掘的紧张态度。他施展魅力，利用周到的关怀取悦英国人，还结束了马里耶特对挖掘的专横垄断，并且鼓励多个国家的发掘者。接下来的三十年，政策宽松，人们可以互相分享"一式两份的"发现。马斯佩罗及其后继者（然后又是马斯佩罗）的监管非常宽松。在这些条件的滋养下，对于埃及学来说，这是令人兴奋的三十年。正如尼古拉斯·里夫斯所说："这将是埃及学的黄金时代——弗林德斯·皮特里和沃利斯·巴奇、西奥多·戴维斯、卡那封勋爵和霍华德·卡特的时代；一个旅行者和达官显贵、收藏家和伪造者、学者、盗贼以及世界上有史以来最伟大的发现的时代。"[2]

马斯佩罗特别关心埃及考察基金。他告诉他们要为了纯粹的科学目标而挖掘，而不要只想着把文物带回伦敦。他转而"说服了"埃及政府把很多发现物交给了挖掘者，尽管开罗出现了强烈的抗议活动。实际上，他在下埃及给了爱德华-亨利·纳维尔放手干的权利，并树立了给予英国研究人员同情对待的先例，尽管偶尔有争议，但一直持续到1922年图坦卡蒙墓的发现。[3]

这并不是说基金的第一位发掘者是考古美德的典范。他对小的发现没什么兴趣，更喜欢清理大规模的神庙，而不是耐心地详细探究小的遗址。但就他的场地规划和记录而言，他都远远领先于他的很多前辈，虽然它们并不符合现代标准。纳维尔很了解奥林匹亚和其他地方的大规模发掘，在那里德国人放弃了所有对发现物的权利主张，并以获取信息为目的进行发掘。他敦促该基金也这样做，因为他确信富有的捐赠人会乐意为那些有助于理解《圣经》的研究买单，特别是在与东地中海世界有密切联系的三角洲地区。⁴尽管塞缪尔·伯奇和其他人都认为这是一种"情绪化的考古",但马斯库塔废丘与《圣经》的联系还是让该基金的支持者感到非常高兴。几十年来,埃及考察基金的考察活动成为埃及冬季的一道风景。该基金还培育出了埃及学伟人弗林德斯·皮特里的事业。

𓂝𓏏𓆑𓄿𓇳𓈖𓏏𓇋𓏏𓏏𓈖𓏏𓄿𓏏

威廉·马修·弗林德斯·皮特里(1853—1942年)出生在一个有着悠久旅行传统的家庭,家人偶尔还会进行科学调查和测量。他的家庭教育并不正规;年轻的皮特里从父亲那里学到了非常实用的测量和几何知识。他很快就带着父亲的六分仪和窥镜来往于英国的农村地区,测绘史前的土垒。"我一般每周花5先令6便士买食物,住宿要花掉两倍于此的价钱,"他写道,"我了解了英格兰南部的风土人情,通常睡在农舍里。"⁵所有这些对于皮特里后来在沙漠中的生活都是宝贵的经验,同样宝贵的还有他在大英博物馆浏览钱币和书籍的那段经历。

皮特里和他父亲早就对埃及金字塔产生了浓厚的兴趣,部分原因是读了天文学家查尔斯·皮亚兹·史密斯的《我们在大金字塔中的遗产》。这是一部著名的关于金字塔学的推测性的著作,年轻的皮特里在13岁时偶然买下了它。⁶父子两人计划前去探险,对大金字塔进行比以往任何时候都更详细的调查。1872年,他们用巨石阵小试牛刀,制作出了在很多年里都是权威成果的分布图。然后,弗林德斯·皮特里于1880年11月前往埃及,在27岁时开始新的生活。令他感到遗憾的是,他的父亲从未和他一起去过埃及,他父亲更喜欢在家里安静地研究和思考。经过一段风大浪急的旅程之后,皮特里和他的仪器在一个月后到达了亚历山大港。不到一个星期，他就在吉萨金字塔附近的一座石墓里舒适地安顿下来。许可证不是问题，因为他没有挖掘的计划，因此他也不会受到马里耶特和埃及文物局的影响。

根据埃及学的标准，皮特里为期两年的金字塔调查是一项新颖的工作。他花了好几个星期建立了精确的测量点，研究金字塔的结构。他有足够的闲暇时间来观察"可怕的"马里耶特和他的同事们的挖掘方法。他严厉谴责：

> 马里耶特让一大群士兵把花岗岩神庙所有倒塌的部分粗暴地炸成碎片，然后清理出去，而不是利用滑轮抬起石头放回原处。他们从来没有按照任何统一的、正规的计划去做，挖掘工作都是虎头蛇尾；他们不考虑今后的考察需求，不使用文明、省力的设备。所有重要的东西都在被迅速摧毁，对文物保护的重视微乎其微，真是令人厌恶。[7]

这位英国人的调查工作很快引起了更多真正的考古学家的关注。很多人到访他在坟墓中的住处，其中包括著名的将军奥古斯塔斯·亨利（莱恩-福克斯）·皮特·里弗斯——一位谨慎挖掘的先驱，他热情地鼓励了皮特里的努力。[8]皮特里被"金字塔怪人"和他们的测量方法搞得哭笑不得，其中一个甚至试图把花岗岩锉平以符合他的描述。在进行测量的闲暇时间里，皮特里享受着安静的生活，光着脚走来走去，不用过那种受拘束的文明社会的生活——"信号铃、领子和袖口"。他生活简朴，他的挖掘营地因其艰苦的条件而成为传奇。

在调查的间歇期里，他收集陶器和小物件。马斯佩罗告诉皮特里，把小物件放在口袋里可以通过海关，因为它们不会被搜查到。也许马斯佩罗如此随意也很好，因为皮特里现在确信，较小的物件，如玻璃罐，包含着古埃及的一些关键信息。这一信念以及周围令人厌恶的破坏活动，使皮特里认识到，他应该把注意力从测量转向挖掘。

他的《吉萨的金字塔和神庙》出版于 1883 年，受到好评。每个人都称赞作者的科学客观性，因为他的测量将金字塔的知识置于一个新的基础之上。有影响力的学者敦促埃及考察基金派遣皮特里到尼罗河三角洲进行发掘工作。同年年底，基金委员会派他去了那里。他写信给阿梅莉亚·爱德华兹："到埃及从事挖掘是最吸引我的事情，我希望结果能证明我从事这项工作是正确的。我认为，正确的方向是，在进行更大规模、临时的清理工作时，要尽可能对小的细节进行仔细记录和比较。"⁹

埃及考古学处于危险状态。大英博物馆的塞缪尔·伯奇恳求皮特里从每个"伟大的遗址"中带回至少一箱陶器，作为构建埃及年表的一种手段。他由于严重的文物破坏而悲伤不已，所以认为他应该不断挖掘并且在 60 岁的时候将所有发现都写下来。对于当时的考古学家来说，除了铭文和雕塑，其他物件都不重要。考古发掘的周密性难以预料，文物劫掠仍然司空见惯。

皮特里很快就回到埃及，在塔尼斯和其他后王朝时期的遗址进行挖掘，其中包括瑙克拉提斯，这是他在购买一尊古希腊小雕像的时候偶然发现的。在那里，整个地面上都是厚厚的早期希腊陶器，当他走在一堆堆的陶器碎片上时，精美、光亮的黑色陶器在他靴子下面吱吱作响，他觉得自己是在亵渎神明。与他的大多数前辈不同，皮特里直接雇用工人

　　　　　　　　　　　　　　　　　　　　　　　掠夺尼罗河

并给他们安排住处，以防止那些想充当中间人的酋长敲诈他们，迫使他们付钱才能得到工作。结果，他遇到的劳力问题是最少的。马里耶特用的方法不同，因为这个法国人只是简单地从当地村庄强制征用劳力，让他的工头来召集工人。因此，工头很快就抽选了最富有的村民，他们只好贿赂工头才能免除劳役。最后，最贫穷的劳工被强制雇用，然后被带去工作。大多数当地的挖掘工作都是偶然发生的。"阿拉伯人挖掘的想法是挖一个圆形的坑，然后用他的镐这一下那一下地乱刨，我很难让他们刨出整齐狭长的沟槽。"皮特里写道。他自己的方法虽然更好，但会吓坏很多现代考古学家。他把工人分成三种类别：挖沟的人、打井的人和清理石头的人。每一组都有一小队搬运泥土的人帮助他们。皮特里的意图是保持对这些劳力更好的监督，尽管很难看出他是如何做到这一点的。他甚至雇用女孩做挑选工人。"她们中有一个相当爱吵闹的姑娘，她真能折磨和她一起工作的那个老人！她肆无忌惮地辱骂他，用篮子打他，使他没有机会插话。"[10]

工作从早上 5 点半开始，一直持续到下午 6 点半，在一天最热的时候会休息一会。皮特里会回到帐篷里吃早饭，用望远镜监视挖掘情况。其他时候，他总是在工地上，时刻关注着工人们。相比之下，马里耶特每隔几周去一次他的发掘工地，命令工人在他下次去之前清理完大片的场地。工头大权独揽，通过受贿和征集劳力获得了巨大的利益。他们害怕如果他们挖掘不到成果的话，挖掘活动会被终止。所以，如果他们的挖掘没有产生足够的成果，他们会马上去开罗的文物贩子那里购买足够数量的小古董，以维持马里耶特的兴趣。重要的发现会被藏起来，等待一个心里能接受的恰当时机出售，根本不考虑发现物在遗址中的意义。

开罗博物馆夸耀说他们得到了外国人发掘的一切东西，这就是个笑话。所有人都不喜欢埃米尔·布鲁格施，因为他们怀疑他从博物馆藏品中出卖他们发现的东西。

瑙克拉提斯是希罗多德提到的商业中心，在公元前 7 世纪后，它对地中海贸易实行着有效的垄断，直到三百年后被亚历山大港取代。皮特里的挖掘得到了令人满意的成果。他清理了第二十一王朝法老普苏塞奈斯一世建造的神庙的一部分和巨大的围墙，发现了大量陶器和装满了纸草的篮子，其中一些后来被镶嵌在玻璃中间并且翻译出来。[11] 他的很多发现被输出到英国，并在皇家考古研究所展出。皮特里在回国的旅程中写下了他的工作成果，以便及时出版，从而确立了他在整个职业生涯中一直保持的传统。阿梅莉亚·爱德华兹成了他的好朋友。她经常向他要工作日记的副本，她根据这些日记为伦敦《泰晤士报》写了一些关于皮特里的野外考察工作的很有吸引力的文章。这是皮特里在埃及和巴勒斯坦进行终生发掘的一个成功的开端。

弗林德斯·皮特里对挖掘工作的监督比他的前辈们更加严格，但是以现代标准来衡量，他的技术仍然很粗糙。大量的劳动力转移了如山的考古堆积物。1885 年，在瑙克拉提斯的挖掘工作中，皮特里雇用了 107 名工人，其中只有两名欧洲人管理者，其中一位是弗朗西斯·格里菲思，不久他便成为一位著名的学者，并最终成为牛津大学的埃及学教授。人们发现了非常多的小物件，以至于零钱都不够用了，复杂的账目上记满了为工人们的发现而支付给他们的"小费"。实际上，皮特里是在与文物贩子竞买遗址中的发现物，就像之前所有认真的发掘者所做的那样。他尝试通过为不同种类的物件支付固定的价格来规范文物交易。

　　　　　　　　　　　　　　　　　　　　掠夺尼罗河

如果发现者拒绝了皮特里的价格，那么这个物件就会被拒收，这是一个相当成功的策略。

正是在瑙克拉提斯，皮特里发现，精确测定文物及其来源地层的年代是至关重要的。过了一段时间，他与工人建立了良好的关系，为很多偶然发现的文物确定年代也成为可能。他开始通过将围墙与建筑物下的地基沉积层联系起来，来确定神庙和其他建筑物的年代。填埋在深深的地基槽中的很多物件都是硬币或者雕刻的装饰品，一旦它们的时空关系精确建立，我们就可以精准地确定它们的年代。这是一个真正的创新，从未在埃及尝试过。

1887 年，皮特里率领一支重要的考古探险队前往法尤姆。这时候，他已经中断了与埃及考察基金的联系，独立开展挖掘。他的主要目标是哈瓦拉的金字塔，这是贝尔佐尼在大约 70 年前艳羡过的金字塔。工作环境比较艰苦。皮特里在一个小帐篷里驻扎下来。"想象一下，"他写道，"被限制在一个 6.5 英尺长，宽度也差不多的空间里。除了床，我还有九个箱子，里面装着各种各样的东西：脸盆、炉灶和陶器；三脚架和一些古董；我需要在这里居住、睡觉、洗漱、接待来访者。"[12] 为了安全起见，重要的木乃伊被放置在他的床下。

皮特里对一条通往金字塔中心的隧道进行了详细的调查。隧道里什么也没有，因为挖掘者到达了一个巨大的墓室屋顶，当时的挖掘能力是无法穿透的。但此时，皮特里对来自附近墓地的罗马木乃伊更感兴趣，他将其年代确定为公元 100—250 年。这些木乃伊的木镶板上有用彩蜡绘制的引人注目的画像，这些画像在主人活着时挂在房子的墙上，死后又被绑在木乃伊上。死者被埋在家附近的家族墓地里，至少一代人后，被成批迁葬进金字塔附近一大片墓地的墓穴里。

在这一考古季结束时，皮特里将这些精美的画像和 60 箱其他的发现物运往开罗博物馆。工作人员把所有东西都倒在外面，任其在春雨中腐烂。让皮特里非常厌恶的是，博物馆保留了所有最好的画像和大部分精美的纺织品。但他得以在皮卡迪利埃及展厅的一个大房间里举办了一场关于这些运出国外的画像和木乃伊的精彩展览，这是乔万尼·贝尔佐尼 80 年前为他著名的展览所使用的同一个大厅。一位参观展览的老人还能够回忆起当初的展览和那位大块头的意大利人。皮特里的展览非常成功，人们蜂拥而至。埃及学已经真正成为一门受人尊敬和广受赞誉的科学。

接下来的一个考古季，皮特里回到了哈瓦拉金字塔。他发现一个名叫克鲁格的德国文物贩子在法尤姆拼命挖掘，他得到了欧仁·格莱博的官方批准，这是马斯佩罗永远不会授予的。他只是去劫掠。皮特里了解到，这个德国人没有取得什么成果，所以将目光转向了英国在那个考古季拥有特许权的遗址——埃尔-拉宏金字塔和古拉布遗址，后者是皮特里本来计划在几周内进行考察的。他只好安排两个人在埃尔-拉宏金字塔坟墓挖掘，另外两个人在古拉布挖掘，以宣示自己的所有权。对这些额外地点的管理需要步行 27 公里，每周两次，皮特里将其描述为"非常不尽如人意"的运动。工人们花了一个月的时间才穿透了哈瓦拉墓室的屋顶，这个墓室屋顶原来是由一块坚固的石英岩构成的，长 6 米，宽 2.4 米，深 1.8 米。两口空石棺躺在齐腰深的水里。在一个雪花石膏瓶上的王名圈里刻着阿蒙涅姆赫特三世(公元前 1842—前 1797 年)的名字，这样很快就确定了这座坟墓的主人。

掠夺尼罗河

当工人们在寻找金字塔的入口时，皮特里在附近的墓地中考察了一座二十六王朝的大型墓葬。这是一位名叫霍鲁塔的官员的家族墓穴，进入墓穴需要通过绳梯下降7.6米，穿过一个狭窄的门道，然后从一个斜坡滑下，蹚入令人作呕的水中。皮特里不得不脱掉衣服，滑过泥泞堵塞的通道，同时在路上进行测量。"蜡烛照亮的范围有限，当你看到的时候，你已经与漂浮的棺材或一些浮浮沉沉的颅骨撞在一起。"他的坚持不懈使他发现了大量的护身符和数以百计的沙布提。所有的发现物都在齐腰深的水中，水很咸，只要一滴就能使眼睛感到刺痛。皮特里躺在水里，用脚挖地，把这些沙布提从存放它们的地方移走。"我被拉上来的时候，工人们说我看起来'像一头水牛'。"他回忆说。[13]墓中的棺椁最终被移到了有光亮的地方，在那里，皮特里不必再蹚到满是腐烂的木头和头骨的齐腰深的水中。

1888年是一个繁忙的考古季，皮特里继续在埃尔-拉宏和附近的工匠村进行发掘，该工匠村被皮特里称为埃尔-卡宏（或卡宏），建于第十二王朝，是建造金字塔的工匠及其家人的住所。这座人口密集、建有城墙的小镇自从被废弃后基本保持了原来的样子。皮特里清理了很多房屋，发现了铜制工具、灯架、木制家具、燧石镰刀以及其他家用的琐碎物品，这些使他能够勾勒出十二王朝时期普通工人的生活画面。以前埃及的挖掘者沉迷于大型纪念碑和坟墓，忽视了城镇和村庄的考古。卡宏遗址出土的文物为阿道夫·埃尔曼在1894年出版的《古埃及的生活》提供了很多依据。[14]

古拉布的发现并不那么壮观，但该遗址带来了意想不到的年代学上的财富。他清理了这座城镇的部分地区，尤其是靠近神庙的用墙围起来的一大片场地，看起来有外国人居住过。皮特里注意到地表有一些外来的陶器，并且很快就在房子里发现了其他相似类型的陶器碎片。后来证实，这些是迈锡尼陶器与海因里希·谢里曼在希腊迈锡尼以及其他人在爱琴海诸岛发现的陶器是同一类型，这是早在公元前 1500 年埃及和爱琴海之间互相接触的确凿证据。三年后，皮特里得以亲自访问迈锡尼，在那里，他认出了从埃及进口的物品，这些物品与古拉布发现的大致处于同一时期——第十八王朝时期。他宣称，埃及进口的物品给出了迈锡尼文明起源的年代——大约公元前 2500 年，该文明的后期可追溯到大约公元前 1500—前 1000 年。这是首次通过对比确定年代技术的优秀案例，这种技术是利用已知历史年代的进口物品对距离这些物品来源地很远的国家的考古遗址进行年代测定。这项技术仍被欧洲考古学家广泛使用。[15]

迈锡尼的考古学家非常热情。皮特里自己的学生欧内斯特·加德纳宣称，对于测定古代爱琴海地区的年代，皮特里在一周内所做的比德国人在十年内所做的还要多。这个年表数十年来一直没有受到质疑，它为阿瑟·埃文斯爵士在克里特岛米诺斯王宫的年代测定工作奠定了重要的基础。这是第一次有考古学家意识到古埃及文明并不是孤立地繁荣起来的，而是与很多其他社会有着商业关系，这种关系可以在考古材料中反映出来。

与早期的收藏家不同，弗林德斯·皮特里对近东和欧洲考古学有着广泛的对比知识。他进入了一个由举止文雅、学识渊博的学者组成的舒适的圈子，他们更像是多面手而不是专家，对更广阔的世界深感兴趣，而不仅仅是他们自己的遗址或者尼罗河流域。19 世纪末的谢里曼们、

掠夺尼罗河

埃文斯们和皮特里们通过不断地互访交流和非正式讨论，以及通过交易文物，与维多利亚时代的活跃氛围相呼应，丰富了彼此的学术研究，而他们的工作日程使得 20 世纪最忙碌的学者也会产生敬畏。

皮特里很清楚自己越来越大的名声，但他似乎更关心更高的目标。"就我个人的名誉而言，"他在考古季结束的时候给一位朋友写信道，"我最希望出版一系列的著作，每一部都不能完全被取代，而且这些作品将在未来几十年甚至几百年内都是相关主题的事实和引用的来源。"这与他的前辈们形成了鲜明的对比，他们很少费心去出版任何东西或记录他们的发现的出处。他觉得他将五项特殊"技能"带到了自己的工作中，这是他公开提出的：第一，"收集、保护所有信息，认识到所有发现物的重要性并且避免疏忽，经常论证和检验假设，开展工作时，保护每一件感兴趣的东西，并且推己及人，这都是很好的艺术"。第二，"利用所有的铭文、物件、位置和概率等材料，从零散的证据中编织出一段历史"。[16]他把"史料培育"（material culture）、考古测量和"重量"（weights）列为他的其他特殊技能。及时出版、准确规划、挖掘、记录和准确的年表是皮特里所有工作的主要目标，这与马里耶特形成了鲜明的对比，马里耶特花了 40 年时间才只出版了有关塞拉匹斯神庙的一些初步短评。

与此同时，由于挖掘许可证和文物出口的棘手问题，皮特里被卷入了开罗的政治舞台。自马里耶特时代以来，法国的利益主导了文物管理。根据皮特里的说法，行政机构既腐败又无能，许可证被授予给了文物贩子和不合格的挖掘者。博物馆处于令人震惊的状态：工作人员心不在焉，他们把珍贵的木乃伊和雕塑放在露天拥挤的过道里，任其腐朽溃烂。有些工作人员偷偷摸摸地与文物贩子勾结在一起。有一次，皮特里亲眼目睹了一个有名的文物贩子和博物馆的管理员的交易，当时一位朋友看到这个管理员怀里满是包裹。他注意到博物馆有一种在不进行检查的情况下就进行交易的奇怪的方式。

然而，到了这个时候，英国反对破坏埃及纪念碑的呼声越来越高涨，这在很大程度上是由于皮特里的展览和阿梅莉亚·爱德华兹有说服力的演讲和著作。遗址保护协会很快成立，获得了强有力的支持。他们提议从英国任命一名独立督察官，这一提议被法国人否决。

问题可能在于法国人尤其是欧仁·格莱博主导的文物局，他是沃利斯·巴奇的老对手，皮特里猜测大概他与文物贩子有勾结。立法委员会迅速对该阴谋诡计作出反应，推出了新的文物出口条例，这使得任何外国探险队都不可能在埃及工作，甚至连皮特里也被阻止挖掘。随之而来的是巨大的政治压力，其结果是建立了更为严格但更切实可行的规章制度，更为严密地界定了有关出口的规范，坚持出版，这使文物贩子更难获得可观的利润。

皮特里的下一次挖掘是在埃尔-阿玛尔纳废丘，在那里他发现了异端法老埃赫那吞宫殿的宏伟的彩绘步道和壁画，以及他在 1892 年出版的《埃及十年之发掘》中描述的引人注目的"阿玛尔纳书信"。彩绘步道非常重要，所以皮特里在这条宫殿的道路上建立起了一座建筑物，占地约 76 平方米。他在彩绘上搭了一条走道，这样游客就可以在不损坏这些绘画的情况下通过。游客们成群结队地去看这条道路，这是埃及国内最早展出的宫殿艺术之一。不幸的是，公共工程部从未修建过通往展览棚的道路，导致参观者践踏了宝贵的农作物。一个愤怒的农民把这些绘画砸成了碎片，一切都不复存在。幸运的是，皮特里遵循了他的另一条基本原则，用彩色和黑白绘画将这些场景按照1∶10的比例记录了下来。

一位农妇发现了第一块阿玛尔纳泥板，以10比索的价格卖给了邻居。有些泥板被卖到了欧洲，买到这些泥板的人中，沃利斯·巴奇有一些楔形文字的基础知识。他意识到了它们的重要性，就把它们抢购一空。弗林德斯·皮特里确定了它们的发现地，并且在一个房间和两个坑里发现了更多泥板。几年后，另一位埃及学家 J.D.S.彭德尔伯里(J. D. S. Pendlebury)确认这座泥砖建筑是"法老的信函之屋，祝他长寿、繁荣、健康！"[17]

阿玛尔纳出土的三百多块枕形的泥板上刻着楔形文字，这是当时外交中的通用语言。它们为了解当时的东地中海世界提供了一个重要的窗口——信函内容涉及礼物交换、外交婚姻以及东方小国之间的对抗。现代研究表明，这些信函大约是在15至30年的时间段内写作而成，开始于法老阿蒙诺菲斯三世(约公元前1360年)统治的第30年，一直延续到埃赫那吞在位时期。

很多年轻的考古学家都是在弗林德斯·皮特里的考古发掘过程中学到的技能，其中包括一位造诣极高的语言学家艾伦·加德纳，以及一位年轻人霍华德·卡特。卡特是作为埃及考察基金的拷贝员来到埃及，表现出了相当强的能力，所以被派往埃尔-阿玛尔纳向皮特里学习考古发掘。他对皮特里营地的艰苦条件毫无准备，不得不建造自己的泥砖房，用木板和芦苇做成屋顶，用草席做成门。未抹灰泥的砖块之间的空隙为甲虫和蝎子提供了极好的筑巢场所。床也没有安，但有报纸可用来将就。他接到严格的指示，要留着所有的空罐头用来存放小的发现物。食物主要来自罐头，每个人都要从桌子上摆着的东西中找吃的。

起初皮特里对卡特半信半疑，但他很快改变了想法。他的技巧是给新人一周的时间观察工作，然后交给他一些可靠的工人和部分遗址。卡特收到的任务是清理阿吞大神庙和这个城镇的一大片遗址。这座神庙出土的文物很多，对于一个新手来说，非常杂乱无章，但是卡特从这位大师那里学习，并像海绵一样吸收他的专业知识。当时，埃及考古学方面没有更好的培训机会。[18]

英国最伟大的埃及学家在没有财政支持的情况下开始了他的工作。但是在 1892 年，阿梅莉亚·爱德华兹去世了，她把钱捐给伦敦大学，设立了一个埃及学教授的职位。弗林德斯·皮特里是这一职位的第一位持有者，接受聘任时正值他发现了前王朝时期的埃及遗址。

多年来，埃及学家一直困惑于埃及的王朝文明似乎缺少源头。有人认为，统一埃及的第一位统治者从美索不达米亚来到尼罗河流域，带来了他们独特的文明。然而，1894 年，皮特里得知上埃及的涅伽达镇有一大片墓地，那里出土了大量的遗骸，随葬品有陶器和其他丧葬用具。和这些遗骸一起发现的陶器与古王国时期墓葬中很不一样，但制作技术娴熟，属于一种成熟的埃及文化。起初，他以为这些墓葬是利比亚入侵者的，但很快他意识到，这片墓地在史前时代就开始使用了，并且带着一贯的热情开始对它进行发掘。仅在 1894 年的考古季，他就发现了近 2 000 座坟墓。几年后，他在涅伽达当地发现了一座王室墓穴，提供了史前墓葬与最早的埃及王朝文化之间的联系。因此，古埃及文明的起源可以追

掠夺尼罗河

溯到尼罗河流域的史前文化，早期的移民理论也因此被人们所抛弃。

和往常一样，皮特里发展了自己的清理墓地的方法。他派小伙子们去寻找地上松软的地方；他们一清理完坟墓边缘，他就让他们去寻找下一个。然后，普通工人清理墓葬的填充物，直到他们找到尸体周围的陶土容器。接下来，手脚灵敏的专业工人清理陶器和遗骸的四周，把所有东西都留在原地。最后，他忠实的挖掘者和朋友阿里·穆罕默德·埃斯·苏菲清除所有的泥土碎片，并将墓坑、骨头和珠子露在外面以便记录。

涅伽达墓地无法确定年代，这里没有铭文或纸草文献来制作年表。皮特里转向数百个出土于这些坟墓的陶罐寻求启发。他发现容器的形状有逐渐的变化，特别是在一种特殊类型的罐子的把手上。它们从明显的日常使用的功能性设计，转变为更具装饰性的形式，最后简化为一系列描画的线条。类似的罐子也出现在狄奥斯波利斯-帕尔瓦和其他史前遗址中，同时出土的也有独具特征的丧葬用具。

最后，皮特里发现了如此多的坟墓，以至于他能够为丧葬用具的种类建立起一系列的"阶段"，他根据这些陶器的风格变化，将这些"阶段"认定为相应的"顺序年代"。他的分期法的最早阶段是"ST30"＊，因为他正确地认识到他还没有找到最早的前王朝社会。在他划分出50个阶段之后，就到了"ST80"＊＊，这与王朝时代的开始和第一位法老美尼斯是同一时期。这些顺序年代是建立埃及史前年表的第一次尝试，并被皮特里和其他人应用于整个尼罗河流域的考古发现。[19]

皮特里认为顺序年代法是他对考古学的主要贡献之一。"这一体系

＊　应为 SD30。——译者注
＊＊　应为 SD80。——译者注

使我们能够处理用其他方法完全无法测定年代的史料；而且史料越多，顺序年代法的结果越准确。史前时代也有很多遗存，因此，没有理由不准确而清楚地对待它，就像对待有文献记载日期的历史时代那样。"这一乐观的说法在皮特里 1904 年出版的《考古学的方法和目的》中有所表述，在其中他列举了他发掘的基本规则，这些规则是在尼罗河谷经过多年的自学而形成的。[20]事实上，后来的研究表明，顺序年代法只不过是为无法确定日期的发现物进行分类的一种比较好的形式。但在那个时代，这是一种大胆的、革命性的尝试，它把埃及考古学置于一个更好的按年代排序的基础之上。

皮特里充满热情的研究使得他的影响力遍及整个尼罗河河谷。他继续与文物局展开一场持续的斗争，尤其是与格莱博和博物馆的斗争，他极度怀疑他们与文物贩子的关系。他的自传《考古学七十年》中记载了很多关于他的法国同行的罪恶故事。有一位考古学家在阿拜多斯挖掘出一座王室墓葬，他不进行任何考古规划，还吹嘘说他把第一王朝的木器在营地厨房里烧掉了。他发现的文物被分给了他在巴黎的财务合伙人，并通过拍卖出售。幸运的是，格莱博于 1892 年辞职。

格莱博的继任者雅克·德·摩根，是一位更具亲和力的管理者、一位工程师和勘探者，来到开罗时完全没有任何在埃及的经验。两年后，他开始对达舒尔的金字塔进行发掘，在那里他发现了一系列中王国时期的坟墓，包括三个公主、两个王后以及第十三王朝的法老霍尔(约公元前 1760 年)。在已经遭到掠夺的希特哈托尔公主石棺附近的一个坑里，

　　　　　　　　　　　　　　　　　掠夺尼罗河

德·摩根发现了一个装着她的珠宝的木箱，里面有胸饰、戒指和吊坠。接下来的一个考古季，他发现了中王国时期第十二王朝的四座完整的王室墓葬，其中包括未受侵扰的赫奈麦特王后的坟墓。《伦敦新闻画报》将德·摩根描绘为一位英雄，他向一位崇拜的观众展示王后的王冠。尽管德·摩根很浮华，但他还算是一个认真的发掘者，他在涅伽达发现了一个早期的墓穴，有助于前王朝时期的界定。

尽管新任赫狄夫对外国人发掘出的文物的出口进行了严格限制，但皮特里与德·摩根相处得比较好，因为德·摩根对待自己的工作实事求是。他的继任者维克托·洛雷就不能这么说了，他更像是一位学者，根本不是考古学家或管理者。当遇到麻烦的时候，比如当被告知有人抢劫，洛雷会漫不经心地说："那是不可能的！那是违法的！"[21]

资料来源：Bettman/Corbis。

图15.1　皮特里在阿拜多斯的考古营地

洛雷被加斯东·马斯佩罗接替，马斯佩罗很受大家欢迎。他允许皮特里去阿拜多斯清理王室墓地的烂摊子。他很快发现了第一王朝八位国王中四位国王的墓穴和一位王后的墓穴，确认了他们的身份，并清理了他们的仆人的三百多座墓穴。更引人注目的是他的出版纪录。阿拜多斯的工作始于1899年11月，完成于1900年3月。到同年6月22日，皮特里已经完成了对索引的校对。考古报告几乎在发现物刚刚准备好展览的时候就已经发表出来，这无疑是考古报告出版的一个纪录。第一王朝的发现正式在伦敦展出，皮特里终于看到了公众态度的不同。"一种新的公众情绪出现了；人们不再只关心外观好看或者引人注目的东西，而是俯身于桌子上，陶醉于第一王朝的碎片。有些工作人员需要把整个晚餐的时间都花在展览室里。"[22]

在皮特里漫长职业生涯的早期阶段，与文物贩子和盗墓贼的争夺一直在继续。阿拜多斯是盗墓贼的天堂。当皮特里通过检查沟渠墙壁颜色的细微差异来追溯大神庙的十二次接连的重建时，当地人心里想的是其他的东西。一名男子成功地将一尊重达45公斤的雕像从皮特里家的院子里搬走。盗犯被根据他踩在地上的独特的脚印追查到并被逮捕，但通过贿赂警察而逃脱。另一次，一名男子晚上在皮特里脏乱的小屋外徘徊，从近距离向皮特里太太开了一枪，幸好子弹没有打中。[23]

1914年，在埃尔-拉宏的一座被盗掘过的坟墓的挖掘过程中，皮特里采取了特别的预防措施。墓穴里的石棺是空的，皮特里没有想到会有什么惊人的发现。但在石棺的侧面一些纯金管环映入人们的眼帘。皮特里立刻打发走所有人，只留下一个值得信任的工人在沟槽里，还有皮特里的一个学生盖伊·布伦顿。他们一起小心地从金子上清理掉泥土，并

　　　　　　　　　　　　　　　　　　掠夺尼罗河

发现一个惊人的宝藏。布伦顿日夜住在坟墓里，小心翼翼地把所有物件从土里挖出来，没有损坏它们。每个物件都被仔细冲洗，并在打包之前进行拍照。皮特里非常担心被抢劫，所以警告他的手下不要谈论或写关于黄金宝窟的事情。这批藏品后来被证实是第十二王朝的一座王室宝藏。它最终被纽约大都会博物馆买下，在此之前，大都会博物馆与大英博物馆进行了持续很久但毫无成果的谈判。

皮特里考古生活的节奏和惊人的眼界使现代学生都感到不可思议。每年冬天，他都会在埃及挖掘，在欧洲度过春夏两季，记下上一个考古季的工作并展示这些发现。每年至少有一本书从他多产的笔下流出。每年都有几十场讲座和他定期在伦敦大学举办的系列讲座。在 42 年的时间里，皮特里挖掘的遗址比马里耶特还多，并且比他之前或之后的任何考古学家都有更多的重大发现。瑙克拉提斯和卡宏、埃尔-阿玛尔纳的发现，阿拜多斯的墓葬，以及埃尔-拉宏的珠宝只是他的发现的一小部分。他通过涅伽达和狄奥斯波利斯-帕尔瓦的发现，使前王朝时期的埃及获得了重生。他在底比斯美楞普塔国王的丧葬神庙里发现了著名的胜利石碑，它提供了埃及人第一次提到以色列的证据，这一发现使他的一位同事低语道："牧师们该高兴了吧！"[24]

皮特里是一位改革者，一个领先于他的时代的埃及学家，但他也不得不把他的发现卖给欧洲的博物馆来支持他的发掘工作。可惜的是，他的性格有些不够圆滑，并且喜欢与人争吵。杰出的公众人物也不会让他感到尊敬，他也不惮将爱丁堡大学的资深权威作家约翰·斯图尔特·布莱基教授形容为"一个和蔼可亲的人，整天和所有的来访者争论希腊语发音，唱着撩人的苏格兰歌曲"[25]。皮特里缺乏正规的教育，使他在晚年忽视了同时代人的宝贵工作，并坚持认为自己永远是对的——这绝不是考古学家讨人喜欢的品质。

皮特里所做的远不止在尼罗河河谷建立了一所英国埃及学学校并引进了良好的挖掘方法。他训练了整整一代新的埃及学家，教授他们象形文字和他的挖掘方法。他们中的很多人利用他的技术取得了进步。霍华德·卡特（1873—1939 年）曾与皮特里合作。古典考古学家欧内斯特·阿瑟·加德纳（1862—1939 年）在瑙克拉提斯向他学习考古发掘，并继续管理雅典的英国考古学学校，在那里他帮助皮特里通过对照来确定迈锡尼进口自埃及的物品的年代。艾伦·加德纳爵士是 20 世纪最伟大的英国埃及学家之一，他与皮特里成为朋友，并花了一生的时间研究祭司体象形文字，他的《埃及语语法》（1927 年）是所有学习古埃及语言的学生的基本资料之一。盖伊·布伦顿作为皮特里的年轻助手，发掘了埃尔-拉宏的宝藏，后来成为皮特里最杰出的追随者之一，他以精心发掘前王朝时期的墓葬和村庄而闻名。格特鲁德·卡顿·汤普森（1888—1985 年）也向皮特里学习考古发掘。她避开古代埃及，研究石器时代。20 世纪 20 年代她在法尤姆洼地挖掘了已知最早的埃及农民的遗址，然后继续研究哈尔加绿洲石器时代的猎人。皮特里教过的学生名单读起来像是考古学界的名人录，很少有考古学家能对后世产生如此深远的影响。

皮特里每年一次的挖掘持续了很多年，直到 1926 年，他突然把注意力转移到巴勒斯坦。新的严格的规定开始控制除国家博物馆或者文物局直接雇用的人员外的任何人的挖掘，这有效地阻止了皮特里在尼罗河流域进一步挖掘。在某种程度上，这些规定是由于图坦卡蒙墓的发现才出台的，图坦卡蒙墓让人们开始关注起外国考察队在埃及工作的宽松条件，这种宽松条件以牺牲国家收藏品为代价，允许他们将大部分发现物随他们一起带走。这时，皮特里的工作已经完成了。40年的挖掘、培训和出版改进了野外考古的标准，并培养了包括一些埃及本土学者在内的新一代埃及学家，到文物局从事工作。皮特里本人记录的古埃及的历史比他之前任何一位发掘者都要多。他继续每年都在当时的巴勒斯坦工作，直到第二次世界大战爆发。他活到了89岁，是20世纪考古学界的一个性情火爆但受人尊敬的非凡人物。正如我们将看到的那样，他的学生继承了他在考古发现和前沿学术领域留下的卓越遗产。

像很多其他的埃及发掘者——甚至是那些渴望掠夺宝藏的人——一样，皮特里在发掘现场才是他的最佳状态。他回到沙漠的宁静和祥和中，以避开19世纪末20世纪初学术界的冲击，在那里，小争吵和小阴谋都太普遍了。弗林德斯·皮特里强烈地相信过去的重要性："认识历史并生活在历史中的人为他的存在增添了一个新的维度……他生活在所有的时间里面；人们的阅历都归于他，所有人的生活也像属于他一样。"26

埃及学的历史上充满了精力非凡的人——德农、贝尔佐尼、马里耶特、皮特里和其他在尼罗河流域进行发掘的人。他们每个人似乎都对沙漠环境有着浓厚的兴趣，那里有宁静祥和与不变的阳光。这种平静的背景是一个无与伦比的争夺文物的场景，在其目标的残酷和无情方面没有对手。

深入阅读指南

近年来，19世纪末的埃及学家已成为传记学的一个热门主题。因此，这一章所依据的资料要比25年前的资料多得多。朱莉·汉基的《埃及的激情：阿瑟·韦戈尔、图坦卡蒙和"法老的诅咒"》(Julie Hankey, A Passion for Egypt：*Arthur Weigall，Tutankhamun，and the "Curse of the Pharaohs"*, London：I. B. Tauris, 2001)论述了一个不太重要的人物，但它为19世纪八九十年代埃及学的小世界提供了丰富的视角。同样有价值的还有尼古拉斯·里夫斯和约翰·H.泰勒的《图坦卡蒙发现之前的霍华德·卡特》[Nicholas Reeves and John H. Taylor's *Before Tutankhamun* *, op. cit. (1992)]。弗林德斯·皮特里是权威的人物传记《弗林德斯·皮特里的考古生活》(Margaret D. Drower, *Flinders Petrie：A Life in Archaeology*, London：Victor Gallancz, 1985)中的主人公，这本书为本章内容提供了主要线索。同样还有 T. G. H. James, op. cit.(1992)。我还参考了弗林德斯·皮特里自己的著作，尤其是《考古学七十年》(*Seventy Years in Archaeology*, London：Low, Marston, 1931)和《埃及十年之发掘》(*Ten Years Digging in Egypt，1881—1891*, London：Religious Tract Society, 1931)，并且查阅了他的许多专业报告。玛格丽特·德劳尔编辑的《沙漠来信：弗林德斯和希尔达·皮特里的通信》(Margaret Drower, ed. *Letters from the Desert：The Correspondence of Flinders and Hilda Petrie*, London：Aris and Phillips, 2004)是了解皮特里在埃及生活的一扇窗户。

注释

1 萨默斯·克拉克(1841—1926年)是大教堂方面的专家，曾在伦敦圣保罗大教堂担任建筑物结构测量员，后来担任奇切斯特大教堂的建筑师。他退休后来到埃及，从事一些修复工作，为古埃及建筑的研究带来了更高的标准。引文出自克拉克写给埃及学家弗朗西斯·格里菲思的信，转引自 Hankey, op. cit.(2001)，47。

维克托·洛雷(1859—1946年)是一位杰出的埃及学家，在他担任

---

* 原文有误，应为 *Howard Carter Before Tutankhamun*。——译者注

掠夺尼罗河

局长期间做了很多出色的工作。然而，他完全不适合担任任何形式的行政职务，几乎疏远了尼罗河沿岸的所有考古学家，包括纳维尔、纽伯里和皮特里。后来他在里昂创办了一所埃及学学校，并成为一名成功的教师。

雅克·让·马里·德·摩根(1857—1924年)是一名训练有素的工程师，在1892—1897年担任埃及文物局局长之前，他曾在世界许多地方担任探矿者。他在达舒尔的金字塔做出了非凡的发现，并和皮特里一样，从事前王朝的研究。后来他在波斯的苏萨(Susa)进行发掘，在那里他有了重要的发现。

2　Reeves, op. cit.(2000), 62.

3　Margaret Drower, "Gaston Maspero and the Birth of the Egypt Exploration Fund (1881—1883)," *Journal of Egyptian Archaeology* 68 (1982): 300. 也可参考 James, op. cit.(1982)。

4　纳维尔还开创了埃及考察基金的另一个先例，即迅速出版。他的《皮托姆积贮城和出埃及路线》(*Store-City of Pithom and the Route of the Exodus*, London: Trübner and the Egypt Exploration Fund)出版于1888年。

5　Petrie, op. cit.(1931), 14.

6　查尔斯·皮亚兹·史密斯(1819—1900年)是一位杰出的天文学家，苏格兰皇家天文学家和爱丁堡大学天文学教授。史密斯于1865年在吉萨考察了大金字塔，并提出了一些怪诞的理论，这些理论在边缘金字塔学家中流行起来。他是唯一一位从伦敦皇家学会辞职的科学家，因为该学会拒绝发表他的一篇关于吉萨的论文。

7　Ibid., 26—27.

8　奥古斯塔斯·亨利(莱恩-福克斯)·皮特·里弗斯将军(1827—1900年)是一位古代和现代火器专家，同时也是研究各类文物演变的专家。1880年，他继承了英格兰南部巨大的克兰伯恩-蔡斯庄园(Cranborne Chase estates)，余生都在他的土地上挖掘遗址。他的挖掘方法是严谨的，远比德国人在奥林匹亚的挖掘方法都要严谨得多，特别注意测量、分层、记录，即便是最小的发现也不错过。作为一名鉴定专家，皮特·里弗斯对皮特里产生了很大的影响。他的考古方法形成了现代挖掘技术的基础。

9　Ibid., 38.

10　Ibid., 47, 48.

11　我们对法老普苏塞奈斯一世（公元前 1039—前 991 年）统治时期的情况知之甚少。1939—1940 年，法国埃及学家皮埃尔·蒙泰（Pierre Montet）在附近的塔尼斯发现了他未受侵扰的石墓。

12　Ibid., 87.

13　Ibid., 103.

14　埃尔-拉宏金字塔建筑群包括森沃斯莱特二世（Senusret II, 公元前 1897—前 1878 年）*建造的那一座，四周被用石头围起来，表面是石灰石。那个时期王室的陵墓位于墓地的北端。

　　卡宏是皮特里的经典发现之一。关于这个社区的精彩分析可参考 Kemp, op. cit.(1989), 149—157。

15　1876 年，谢里曼在迈锡尼发现了壮观的竖井墓穴，这是希腊大陆普遍存在青铜时代文明的第一个证据。皮特里自己称古拉布为"历史的精华"（historical plum）。

16　Discussion in Petrie, op. cit.(1931), 112—113.

17　约翰·德维特·斯特林费洛·彭德尔伯里（1904—1941 年）完成在阿玛尔纳的工作以后，主要在克里特岛工作，他在克诺索斯担任米诺斯王宫的管理员和英国副领事。他在 1941 年被德国人射杀，当时他拒绝透露有关英国军事阵地的信息。

　　关于阿玛尔纳泥板有很多相关著作。其中一部比较好的资料来源和入门书籍是威廉·L.莫兰的《阿玛尔纳书信》（William L. Moran, *The Amarna Letters*, Baltimore：Johns Hopkins University Press, 1992）。

18　前文提到的里夫斯和泰勒的《图坦卡蒙发现之前的霍华德·卡特》(1992)，33—43 描述了卡特的学徒生涯，其中有对他作品的摘录。

---

　　*　即前文的 Senwosret II。——译者注

19 皮特里在一篇著名的论文中描述了顺序年代法：W.M.F.皮特里：《史前遗迹的序列》［W. M. F Petrie, "Sequences in Prehistoric Remains," *Journal of the Royal Anthropological Institute* 29（1889）：295—301］。目前仍在使用相同的文物排序基本原则，常被称为"顺序排列"（seriation）。

20 弗林德斯·皮特里的《考古学的方法和目的》（Flinders Petrie, *Methods and Aims in Archaeology*, London：Macmillan, 1904）是在很多方面令人吃惊的现代考古学随笔，有很多对被现代学者所遗忘的基本道德的评论。这本书值得仔细阅读。引文出自第129—130页。

21 Petrie, op. cit.(1931), 180.

22 Ibid., 193.

23 弗林德斯·皮特里与希尔达·乌尔林（Hilda Urlin, 1871—1956年）于1896年结婚。她是一位理想的伴侣，这段婚姻非常幸福。希尔达管理他们的野外项目，筹集资金，并担任开罗英国考古学校的秘书。

24 美楞普塔（公元前1212—前1202年）是拉美西斯二世的第二个儿子，当他登上王位时已经60多岁了。他为饱受旱灾困扰的赫梯人提供粮食，并积极扩张埃及边境。皮特里在1896年发现的这块刻有28行铭文的胜利石碑，记载了美楞普塔对利比亚人和叙利亚人的军事行动："利比亚人，被杀，他们未受割礼的阴茎被带走6 359条。"参见 Clayton, op. cit.(1994), 186—188。

25 Petrie, op. cit.(1931), 140. 约翰·斯图尔特·布莱基教授（1809—1895年）是爱丁堡大学的一位非常受人爱戴的希腊语教授。作为一位极具魅力的教师，布莱基在地中海地区四处旅行，并努力在爱丁堡建立了一个凯尔特人研究中心。他葬礼的日子是苏格兰的全国哀悼日。

26 Petrie, op. cit.(1904), 193.

第 16 章　美妙的东西

　　我还是会说，你永远不知道埃及的沙子里藏着什么秘密。这就是为什么我相信直到今天我们只发现了 30% 的遗迹。还有 70% 埋在地下。

——扎希·哈瓦斯，引文出自尼古拉斯·里夫斯的

《古埃及：伟大的发现》

　　弗林德斯·皮特里曾形容 1880 年埃及遭到的破坏类似于"着火的房子"。在接下来的 30 年里，他像巨人一样屹立于埃及学的小世界。他的考古发掘活动相当于为整整一代年轻考古学家开设的一所学校，其中包括珀西·纽伯里（1869—1949 年），他是一位植物学家和考古学家，最初曾在哈瓦拉和卡宏与皮特里一起发掘。纽伯里是一位技术娴熟但是刻板乏味的绘图员，他的第一份独立工作位于贝尼-哈桑的中王国墓穴中。1890 年，他在那里代表埃及考古调查局工作，这是由阿梅莉亚·爱德华兹和弗林德斯·皮特里制定的一项计划，目的是尽早记录尼罗河沿岸的主要遗址。前一年，在参观阿默斯特勋爵的祖宅时，22 岁的纽伯里对一位年轻的画家的工作钦佩不已，其工作是致力于收集大量的与阿默

斯特相关的藏品。这位画家名叫霍华德·卡特。[1]

霍华德·卡特(1873—1939 年)出身卑微。作为一名画家的儿子,他表现出了早慧的能力,这引起了阿默斯特勋爵和他的女儿威廉·塞西尔夫人的注意。18 岁时,卡特受雇于阿默斯特家族,在他们的收藏品中绘画。阿默斯特勋爵和夫人都鼓励这位年轻人,并把他介绍给了纽伯里,纽伯里需要他的才能,在大英博物馆为他的贝尼·哈桑文物绘制素描副本。卡特很快又被分配到其他任务中,其中一项任务是复制罗伯特·海伊 75 年前绘制的细致入微的图画。1891 年,埃及考察基金派他到贝尼-哈桑与纽伯里合作,担任助理绘图员。

他发现自己身处一个由绅士学者组成的小而封闭的世界,在这个世界里,他和弗林德斯·皮特里因出身卑微和缺乏正规教育而特别突出。卡特对自己作为一名绘图员和水彩画家的非凡能力充满信心,这使他更容易融入他的新的社交圈。贝尼-哈桑的精美画作占地 1 115 平方米,对一位画家来说是一个巨大的挑战。纽伯里在前一年就描绘出了这些画作的轮廓,剩下的需要卡特来给这些画作的细节涂上颜色。他出色地完成了任务,因此在 1892 年被派到埃尔-阿玛尔纳与弗林德斯·皮特里一起工作,负责后者"出售"给阿默斯特的一部分遗址。起初,皮特里对卡特持怀疑态度,但当这位年轻的画家开始像一个天生的考古学家一样进行挖掘时,他的怀疑很快就变成了钦佩。

在接下来的六年里,卡特发现自己很受欢迎。也是在纽伯里的推荐下,他在贝尼-哈桑展开发掘;在爱德华-亨利·纳维尔手下,在底比斯附近的戴尔-埃尔-巴赫里的哈特舍普苏特女王丧葬神庙从事发掘。尽管皮特里和其他人强烈反对纳维尔的任命,理由是他不够谨慎,但卡特仍然通过几个考古季的工作为自己赢得了荣誉，他复制墙壁上的浮雕，协助清理工作，并且参与了一些建筑的修复工作。"在那六年里，我对埃及艺术——它的宁静简约——了解得比对任何时期或任何地方的都要多。我有几位同事来帮助我；这期间有千难万险，有嫉贤妒能，还经常

在一幅 1899 年在哈特舍普苏特女王的丧葬神庙中所作的绘画中，法老图特摩斯一世和他的母亲塞尼塞奈布(Seniseneb)正在献祭。
资料来源：承蒙埃及考察协会提供。皮特·海曼(Peter Hayman)拍摄。

图 16.1　霍华德·卡特是一位高明的画家

掠夺尼罗河

有冷嘲热讽。但我很幸运。"[2]他作为一位画家赢得了很好的声誉，但他绝对不是一个绅士，他曾因不雅的餐桌礼仪而受到批评。

卡特的第一次突破是在 1899 年，当时加斯东·马斯佩罗任命他为上埃及的文物总监，试图把文物局置于国际共管之下，而他是这个国家仅有的两名文物督察官之一。马斯佩罗写道："我发现他非常活跃，是一个非常好的年轻人，有点固执，但我相信，当他明白不可能一次性完成所有改革时，情况会好起来的。唯一的麻烦是他不懂法语，但他正在学习。"马斯佩罗的"年轻人"开始忙碌起来。他发现自己需要与游客打交道，还要处理帝王谷中阿蒙诺菲斯二世坟墓的抢劫事件。抢掠者制服了墓穴守卫，并扯下了这位法老木乃伊身上的裹尸布。[3]卡特检查了这具破损的木乃伊，这具木乃伊被一个知道在哪里可以找到珠宝的老手撕开，但他没有发现任何珠宝。立即有人怀疑臭名昭著的拉苏尔一家，人们在坟墓中发现了他们的脚印。就在卡特测量这些脚印的时候，专业的追踪者根据蛛丝马迹来到穆罕默德·阿布德·埃尔-拉苏尔在库尔纳的家中。他被逮捕了，但法官不会仅凭一个脚印就判他有罪。

卡特在帝王谷的很多工作涉及文物的保护，他在帝王谷第一次用电灯为一些坟墓提供照明。他担任督察官的那些年使他接触到了富有的赞助人，其中包括纽约律师西奥多·戴维斯，他在 1902 年获得了在帝王谷发掘的特许权。卡特负责管理这项工作，根据政府协议，"一式两份的"发现将分给戴维斯一份。这些研究使卡特成为一个善于发现的人。他发现了第十八王朝的一位贵族乌塞尔海特的坟墓，以及一个来自王室育儿室的努比亚出生的孩子的坟墓，里面有一个木箱，装着两条精致的皮革缠腰布。1903年，法老图特摩斯四世的坟墓及立有圆柱的墓室和石英石棺也被发现。原来的葬礼服饰的碎片散落在地板上。"所有的东西都被那些无情的强盗破坏了，他们渴望金子，没有放过任何东西。"[4]他找到了国王的战车的一部分和他的一只防护手套。

卡特是上埃及一名出色的督察官。1904年，他被调到下埃及。他与公众的关系很不好，因为他刻板倔强的个性使他对游客难以忍受。1905年1月，他性格的这一方面达到了顶点，他在萨卡拉与一群醉酒的法国游客发生了激烈的争执。这些游客投诉他，而卡特拒绝道歉，最后他厌恶地辞去了督察官的职务。在接下来的几年里，他在卢克索以画家的身份勉强谋生，还曾担任导游，为游客画水彩，受西奥多·戴维斯等发掘者的委托进行绘画。1907年，当他认识一位富有的英国贵族卡那封勋爵后，他的命运发生了巨大的转变。

乔治·爱德华·斯坦诺普·莫利纽克斯——卡那封第五伯爵（1866—1923年），是一位有文化品位和判断力的艺术品收藏家，曾做过运动员，在汽车刚刚发明的时候就成为了一名狂热的汽车爱好者。在德国的一场车祸造成他严重受伤，为了健康，1903年后，他经常在埃及过冬。他很快就感到了然无趣，偶然间向克罗默勋爵提到了这个事情，克罗默勋爵建议他研究一下埃及学。在他的第一个考古季里，在"被灰尘包裹"了六个星期之后，他只找到了一只很大的猫的木乃伊，但却对考古发掘着了迷。1907年，他被授予在德拉-阿布尔-纳加地区更大范围内进行发掘的许可，发现了十八王朝早期底比斯市长泰提奇的坟墓。现代的房屋虽然阻碍了部分挖掘工作，但他还是发现了一些精美的物件，并发现了保存完好的壁画。卡那封还发掘出了另一座墓穴，墓穴中有一块记事板，上面刻有祭司体象形文字，记录了法老卡摩斯与尼罗河三角洲的希克索斯人之间的战争。[5]这时候，他觉得有必要获得"有学问的人"的帮助，加斯东·马斯佩罗推荐了霍华德·卡特，这便触发了导致1922年帝王谷的惊人发现的一系列事件。

卡特和卡那封成为了同事和朋友，尽管他们之间在社会地位上存在巨大的鸿沟。卡特也具有了他的贵族赞助人的特征，模仿他的衣着，并且用一根长长的烟斗抽着烟。他们一起在库尔纳山上开始了一个为期五年的项目，发掘中王国时期及其之后的墓葬。他们也对哈特舍普苏特女王的河谷神庙进行发掘。1910年至1914年间，两个人对中王国时期的岩凿墓穴进行发掘，其中一个墓穴中堆满了棺材，卡那封将其中的一部分捐赠了出去。1912年，他们出版了《底比斯五年之考察》，得到了埃及学家们的广泛赞誉。卡特对考古现场的管理非常严密，制定了新的标准来调查先前被严重盗掘的坟墓，抢救尽可能多的考古信息。在卡那封的帮助下，他为自己在库尔纳附近建造了一座精美的砖房，建造房屋的砖是由他的赞助人在英格兰的砖厂提供的。[6]

到那时，卡特已经是底比斯的埃及学小圈子中的一个重要成员。他生性尖刻，有时很固执，偶尔也很和善，而且总是直截了当，这让他并不受某些同事的喜欢。阿瑟·韦戈尔作为上埃及督察官的最终继任者，就不能忍受卡特。这种感觉也是相互的。[7]他还与博学多识而且非常富有的艾伦·加德纳有着很不融洽的关系。卡特从来没有交过很亲密的朋友，因为他是一个喜欢独来独往的人，当图坦卡蒙出现的时候，这既是一种优点，也是一种不利因素。

　　1915 年，西奥多·戴维斯放弃了在帝王谷挖掘的特许权，转给了卡那封勋爵，卡那封在底比斯墓地的发现已经激起了他的胃口。第一次世界大战中断了卡特的发掘工作。在时间允许的时候，他会回来进行复制，尤其是卡尔纳克墙上奥佩特节的浮雕。并不是说生活中没有危险。1916 年，他听说西岸的一些村民在帝王谷上方的一个偏僻的山谷里发现了一座坟墓。两伙盗墓贼动身前往遗址现场，双方发生了打斗，一伙逃走了，而另一伙下到了坟墓狭窄的通道中。卡特带着他的一些工人，借着月光爬上了 550 多米的库尔纳山。他在午夜时分到达，当时盗墓贼正在坟墓里忙活着。他很快切断了他们悬挂在峭壁上的绳子，顺着自己的一根绳子下到"忙碌的盗墓贼的巢穴里……这是一种至少不缺少刺激的消遣活动。当时有八个人在忙碌着，当我到达底部的时候，场面一度陷入尴尬。"[8]他让盗贼们选择用他的绳子离开，或者无路可逃地待在那里。他们离开了，而卡特则一直守候到天亮。在接下来的 20 天里，他和他的工人们清理了这座坟墓，这座坟墓被证明是哈特舍普苏特女王未完成的坟墓。战争期间，在底比斯悬崖上也发现了其他的墓葬，包括图特摩斯三世宫廷的三位王室女性的坟墓。[9]在卡特得知这一发现之前，它们就消失在了卢克索的文物市场上。他竭尽全力通过当地的文物贩子追查这些赃物，这些文物中有很多现在都保存在纽约大都会艺术博物馆、卢浮宫和大英博物馆。

　　到 1915 年，卡特确信，有一位身份模糊的新王国时代的法老图坦卡蒙的墓葬还没有在帝王谷发现。没有人比他更了解帝王谷。没有人比他更勤奋地寻找这位年轻国王的坟墓的蛛丝马迹。西奥多·戴维斯确信，尽管发现了一堆密封着的陶罐，其中一些的封印上带有图坦卡蒙的名字，但帝王谷中已经没有国王的坟墓。戴维斯认为这些发现并不重要，但大都会博物馆的埃及学家赫伯特·温洛克立刻认识到它们的重要性。他意识到这些器皿曾经在图坦卡蒙的葬礼上使用过，然后被埋葬起来并被人遗忘。[10]图坦卡蒙在卡特的脑海中挥之不去。这两位挖掘者于1917 年开始工作，长期搜寻他的坟墓，为此他们一直挖掘到基岩，并清除数百吨古埃及泥瓦匠和仓促的现代挖掘者制造的碎片。

搜寻持续了 6 年，没有成功。到了 1922 年，卡那封担心花费太高，但卡特说服他支付最后一个考古季的费用，去调查拉美西斯六世坟墓附近的一个小三角形区域，之前他们把这个区域留在了一边，以免打扰到参观坟墓的游客。附近有一些简陋的工棚。接下来发生的是一个不朽的考古学传奇：工棚下面是一些岩凿台阶，然后是一个密封的入口，一条铺着碎石的通道，以及另一个带有图坦卡蒙印章的屏障。这时候，卡特便等待着卡那封勋爵从英国抵达。1922 年 11 月 4 日，卡特从入口掏出几块石头，闪烁的烛光穿过这个小洞向里面照去。"嗯，这是什么？"卡那封有点性急地问。卡特的回答是"那里有一些奇妙的物件"，后来常被报道为"美妙的东西"。这一小队人进入了墓室的前厅，兴奋地昏了头，就像卡特所形容的"这是一个喜庆的日子，这是我经历过的最美妙的事情，像我这样的人当然不能指望再次看到了"。[11]那天晚上，卡特、卡那封和卡那封的女儿伊夫琳·赫伯特夫人再次返回，凿了一个通往与前厅相连的密封房间的小洞，以确定法老的石棺确实躺在那里。它确实还在。

资料来源：Hulton Dentsch Collection/Corbis。

图 16.2　霍华德·卡特打开图坦卡蒙的一层棺椁

〔象形文字〕

　　卡那封和卡特面临着一项艰巨的任务——保存和记录一整座法老的坟墓，里面有无数大小不同的物品，从衣服到随葬寝具和预制好的战车，应有尽有。这一发现震惊了世界。在计划这项极其困难的清理工作时，卡那封发现自己简直是在与大批记者和成群的游客战斗，他们都急于窥视这座坟墓。达官显贵和社会名流都叫嚷着要被允许进入。卡特调动了他所能得到的一切帮助，特别是从纽约大都会艺术博物馆获得的帮助，该博物馆提供了一位专业摄影师哈里·伯顿，以及一些测量员和绘图员。文物的保护工作掌握在一位政府派来的化学家艾尔弗雷德·卢卡斯和古埃及史料专家 A.C.梅斯的手里，后者还帮助卡特撰写了一篇关于这座坟墓的广为流传的报道。文物保护的研究室占用了附近的塞提二世坟墓，由当时独一无二的专家团队负责。

卡特以一种有条理的方式进行坟墓的记录，对每一件物品都进行编号，然后在可能的情况下，在原来的位置对它们进行拍照和编目。他利用绘画专长对大大小小的物品绘制了缜密的、极其精确的图画。但是卡特不为别人着想，经常出现紧张的气氛，他对最轻微的冒犯都会暴跳如雷，这不利于他与卡那封或那些科学家们之间建立和谐的关系。当卡那封于 1923 年 4 月 5 日突然死于肺炎和蚊虫叮咬引发的感染时，压力加剧并且一直存在于接下来九年的清理工作中。不可避免地，卡那封的去世带来了关于"法老的诅咒"（Curse of the Pharaohs）的谣言，其中的字母 C 和字母 P 都用了大写，但是古代诅咒的邪恶影响造成的轰动与这一发现的政治影响相比是微不足道的，后者深刻地改变了埃及学。

麻烦开始于媒体的报道。这两位发现者都不善于和媒体打交道。卡那封是位贵族，蔑视大众媒体。1922 年底，他不顾卡特的强烈反对，与伦敦《泰晤士报》达成了一项对墓葬的独家报道协议。卡那封在卡特和记者之间、他的尖刻的同事和越来越强势的文物局之间起到了缓冲的作用。文物局担心，根据仍在施行的宽松的出口法令，大部分的发现物会离开埃及。卡特粗暴而顽固的个性更使形势火上浇油。不满的记者、民族主义政治家以及埃及人对看似外国考古垄断的东西的愈加敏感，带来了指责和反击以及故意的辱骂。文物局局长皮埃尔·拉科坚持所有图坦卡蒙墓中发现的文物都要留在埃及，卡那封家族应放弃对这些文物的所有权利。[12] 1924 年 2 月，麻烦找上门来，在卡特和他的同事们掀开国王石棺的盖子，露出里面的金木乃伊之后不久，他们举行了一场罢工。卡特张贴了一份布告，指责埃及当局的"不可能的限制和无理的言行"导致停工。政府立即取消了卡那封的特许权，并将卡特和他的同事们锁在了墓外。

经过长时间的谈判，卡特于 1925 年 1 月获准在新的特许权下恢复工作。卡那封家族放弃了对坟墓及其内容物的所有要求，并同意不对先前许可证的取消采取法律行动。作为回报，政府准备将这些发现中重复的样本分给卡那封，前提是它们不会减损整个坟墓的科学价值。外界的访问受到了严格的管理，大部分被限制在星期二。

这场争执在卡特的同事中引起了强烈的反感，他们中的很多人不喜欢他尖刻的、不替他人着想的习惯。他的专家队伍人数大大减少。他这时几乎需要独自一人完成他的任务，这对他来说反倒正合适。1925 年，他满足于对已经从坟墓中取出的物品的研究，其中包括一个银制喇叭，上面刻有阿蒙、拉-赫拉克提和普塔赫的形象。卡特告诉卡那封夫人，他已经设法从中找到了一个很好的突破口。赫伯特·温洛克称赞卡特对珠宝的轻柔的触碰："有了他的画家的手指，没有比这更好的人可以接受这种托付。" 1926 年，人们完成了从石棺中取出内棺的艰巨任务，11 月 11 日在塞提二世墓中对木乃伊进行了正式检查。与早期的正式场合不同，这里没有显赫人物，只有埃及政府官员、卡特和他的同事以及文物局的人员。木乃伊被入殓师浇在上面的油膏严重腐蚀，但卡特评论说，"图坦卡蒙是一个非常精致和考究的典型。脸部很漂亮，而且保留了很多面部特征" [13]。

关于这座坟墓的工作拖了 6 年多，主要是因为受到了游客的困扰，以及对卡那封家族关于这个坟墓项目费用的补偿问题存在旷日持久的争论。这些年来埃及曲折的政治局势使得任何形式的解决都成为困难。也许是在卡特同意的情况下，卡那封伯爵夫人决定不再为特许权延期。实际的清理工作已经完成，但仍有一些重要的保护工作，特别是套在石棺外面的木椁。就这座墓葬而言，卡特现在没有正式的身份。他甚至连坟墓的钥匙都没有，这是时代政治变迁的反映。1930 年，卡那封家族接受了 35 867 英镑的赔偿金，其中卡特得到了大约 1/4。[14]

两年后，在 1932 年 2 月，霍华德·卡特在极其困难的条件下完成了他的艰巨任务。大部分时间他几乎都是独自工作的，只有大都会艺术博物馆的摄影师哈里·伯顿和文物局的化学家艾尔弗雷德·卢卡斯协助。图坦卡蒙墓消耗了卡特 10 年的时间。最后，他精疲力竭。他从来没有写过关于这座墓葬的伟大的科学著述，这本来都是他计划过的，但是他花了很多时间为大英博物馆和底特律美术馆等主要机构购买精美的古董。他的文物交易受到了当今很多埃及学家的批评，但卡特没有正式受到雇佣，不得不自食其力。基于这方面的原因，他完全算得上是他那个时代的一位考古学家。他于 1939 年去世，没有得到自己政府授予的荣誉，一定程度上是因为他出身卑微。他最引以为豪的荣誉是耶鲁大学授予的荣誉博士学位。

直到第一次世界大战，英国、法国和德国的学者主导了埃及学。美国人姗姗来迟。美国最早的三位专业的埃及学家都曾于 19 世纪 90 年代在德国接受培训，然后开始在尼罗河沿岸进行实地考察。一些重要的慈善家，其中包括来自加利福尼亚的菲比·赫斯特、西奥多·戴维斯和小约翰·D.洛克菲勒，为主要的考察活动提供了支持。戴维斯，我们已经在关于帝王谷的章节有所了解。菲比·赫斯特资助乔治·赖斯纳（1867—1942 年），这位不修边幅、抽烟斗的学者，从 1897 年到 1899 年间管理赫斯特埃及考察队。在她的支持下，他磨练了自己的发掘技巧，尤其是在底比斯北部的戴尔-埃尔-巴拉斯的一座第十二王朝的官殿里。被任命为哈佛大学的教员之后，赖斯纳在埃及和苏丹从事发掘，度过了余下的富有成效的职业生涯。他是一位谨慎的发掘者，其记录方法和野外考古技术远远优于尼罗河沿岸出现过的任何方法和技术。他对他的埃及工人也非常好，这促成了一些非凡的发现，包括一份重要的医学纸草。赖斯纳看不上皮特里杂乱无章的研究方法，不屑于浪费时间去见卡特和卡那封，他认为他们既狂妄自大，又有殖民主义作风。"我从来没有把卡特先生或卡那封先生看作是科学的同行，也没有承认他们中的任何一个属于值得从埃及政府获得发掘许可证的一类人。"他在 1924 年私下里给波士顿美术博物馆的霍斯先生的信中写道。[15]埃及学家中几乎只有他一人，在卡特与埃及当局的争执中没有支持卡特。可惜的是，赖斯纳的行动太慢，过于周密，以至于他的很多挖掘成果仍然没有发表。

赖斯纳的与众不同是因为他在苏丹的工作，他在那里对努比亚遗址进行了第一次系统的考察。他还在苏丹尼罗河第二瀑布以南的努比亚科尔玛王国的中心进行发掘，在那里他挖掘了一片壮观的王室墓地，有的墓穴中有多达 400 名酋长的追随者被活埋。他细致的挖掘方法使他能够描述用来献祭的受害者，他们有足够的信念来让自己被埋起来："随后，他们便动弹不得，很快就死去了……最不幸的那些人，通常是年轻的女性，爬到床下，因此被隔绝在一个密闭的空间……慢慢地死去。"[16]

多年来，他在吉萨附近的古王国时期的墓地发掘，在那里他发现了很多纸草文献以及法老孟卡拉（公元前 2532—前 2504 年）和他王后的一座宏伟的坐像。他在吉萨最大的发现是赫泰普赫莱斯王后的坟墓，她是国王斯奈夫鲁的妻子、大金字塔的建造者胡夫的母亲。王后长眠的墓室非常狭窄，以至于一次只能容纳两个人在其中工作。赖斯纳的同事道斯·邓纳姆轻手轻脚地处理这些发现，哪怕是轻微的振动也会导致它们的损坏。有一次，他说了些有趣的话，赖斯纳笑了起来，然后附着在一件木制家具上的一块金片便滑落到了地上。在完成了大约 1 700 页的笔记和图纸以及 1 057 张照片之后，赖斯纳和他的同事们得以重建这些主要的发现。可惜的是，她的石棺是空的。赖斯纳站起来说："先生们，我很遗憾，赫泰普赫莱斯王后不接见拜访者……赖斯纳夫人将在营地提供茶点。"[17]当这些金银器皿、一张有罩棚的床，以及其他发现物暂时转移了公众对图坦卡蒙的关注时，赖斯纳感到非常高兴。

他同时代的詹姆斯·亨利·布雷斯特德（1865—1935 年）是美国早期的"学术企业家"的典范。像赖斯纳一样，他也在德国学习，接受阿道夫·埃尔曼的指导，并与其建立了终身的友谊。布雷斯特德整个职业生涯都是在刚刚建立的芝加哥大学度过的，在那里他很快与慈善家小约翰·D.洛克菲勒建立了联系，后者为他的很多工作提供了资助。他真正的专长是铭文，1905 年至 1909 年间，他出版了一套权威的铭文集著作，五卷本的《古埃及记录》。1905 年，他成为芝加哥大学的埃及学教授，这是美国第一位埃及学教授。之后他便将其职业生涯余下的时间用于在美国培养埃及学。布雷斯特德积极进取，持之以恒，不断地寻找新的机会，而且最重要的是，他是一位让梦想得以实现的教师和管理者。在洛克菲勒的帮助下，他于1919年在芝加哥大学成立了东方研究所，凭借洛克菲勒更多的资助，该研究所迅速成为美国埃及学和近东研究的主要机构。布雷斯特德曾有机会主义倾向，在图坦卡蒙事件的边缘徘徊，他支持卡特，反对拉科，并在1925年恢复发掘工作的谈判中发挥了作用，但他私下里持批评态度。有一次，他在一封信中说："我们很了解这一事实，那就是卡特根本不可理喻。"[18]对于布雷斯特德和很多其他埃及学家来说，卡特只是一位考古学家和画家，而不是一位学者或绅士。

资料来源：承蒙芝加哥大学东方研究所提供。

图16.3　亨利·布雷斯特德及其家人（中间）在阿布-辛贝尔

东方研究所被认为是布雷斯特德最伟大的成就，借此他确保了考古学、古代遗迹的记录以及对文献记载的研究能够齐头并进。也许他最伟大的遗产是《埃及史》，出版于1905年（这是对古埃及历史最杰出的记

334

述之一)东方研究所长期致力于记录纪念碑上的铭文,从 1929 年开始并一直持续到今天。

1910 年至第二次世界大战爆发期间,图坦卡蒙墓的发现使很多其他惊人的发现相形见绌,其中包括 1912 年德国考古学家路德维希·博夏特发现的涅菲尔提提王后头像这一杰作,它发现于埃尔-阿玛尔纳的雕刻师图特摩斯家的一间屋子里,这里有一个独特的存放美术作品的秘

资料来源: Archivo Iconografico/Corbis。

图 16.4　埃尔-阿玛尔纳的一位雕刻师作坊里发现的
埃及艺术杰作之一——涅菲尔提提王后头像

窖。在后来对考古发现进行分配时，这尊头像被分给了德国人，并且两年后公开展出。埃及政府愤怒地要求德国人归还这尊雕像，但无济于事。阿道夫·希特勒说："德国人手里的东西，就要占为己有。"[19]

另一个值得注意的发现是在 1923 年，当时赫伯特·温洛克发现了一个中王国早期战死的士兵的集体坟墓。恐怖的尸体上带有残酷战斗的痕迹——箭伤、弹弓造成的头部伤和棍棒击打的痕迹，这些都使伤者失去了生命。他们是为蒙图霍特普一世（公元前 2060—前 2010 年）而战的士兵，战斗可能发生在努比亚，他们被安葬在法老的丧葬神庙附近，以此来表示敬意。[20]随着科学发掘逐渐取代了盲目挖掘，记录与保护成为重要的优先事项，重要的发现不断出现。

这些发现，如图坦卡蒙墓，是在民族主义兴起的背景下产生的。[21]英国在第一次世界大战期间使埃及成为一个保护国，但 1919 年的一场出乎他们意料的革命，迫使他们承认埃及人有高度自治权。一段半独立的时期一直持续到 1952 年纳赛尔将军的革命，这场革命将君主制、旧政党和地主势力一扫而空。

图坦卡蒙墓将考古与地方政治的兴衰联系在一起。埃及人利用其有限的独立对文物法进行修改。他们对文物出口实行了更严格的管制，对挖掘许可证的监督更为严密，并且制定了培训埃及人的埃及学家的计划，尽管拉科和他的继任者艾蒂安·德里奥东仍然顽固地控制着文物局和博物馆。尽管当地学校更加重视古埃及，但欧洲人仍然是开罗大学埃及学系的领导者。外国研究人员继续在尼罗河沿岸发掘，但是与早期相比，强度有所降低，这是更加严格的出口法令导致的。人们越来越像重视挖掘一样重视记录，同时埃及也继续全力解决迅速扩张的旅游业带来的问题。

20世纪50年代，在法国人管理文物局的94年之后，埃及人终于取得完全独立并控制了他们的历史。1952年，埃及考古学家穆罕默德·扎卡里亚·冈海姆——萨卡拉墓地的管理人，发现了一座不为人知的梯级金字塔。两年后，冈海姆拆除了堵塞地下通道入口的砖石。一层层的丧葬器皿铺在通道的地面上，地上的一只腐烂的木制首饰箱里装着一些金制的臂镯，还有一个贝壳形状的金片制作的化妆盒和一些玻璃珠。一些泥封容器上刻着法老的名字——塞赫姆赫特（公元前2649—前2643年），他是附近著名的梯级金字塔建造者佐塞的继承人。可惜的是，塞赫姆赫特半透明的雪花石膏石棺是空的。[22]萨卡拉的发现给埃及民众带来了极大的自豪感。

纳赛尔总统使阿斯旺大坝成为新国家的象征；联合国教科文组织赞助的将阿布-辛贝尔神庙迁移到高处的行动象征着新的民族自豪感。国际社会调查了纳赛尔湖将淹没的地区，结果发现了数千个考古遗址，其中一些非常重要。埃及人用文物甚至整座神庙来回报主要的参与者。美国因在努比亚所作的努力而被赠予丹杜尔神庙作为回报。各种机构是如此贪婪，以至于这座神庙成为大都会艺术博物馆、史密森学会和肯尼迪家族激烈竞争的目标，肯尼迪家族希望在肯尼迪中心附近波托马克河阴冷潮湿的岸边树立这座神庙。大都会艺术博物馆赢得了胜利，但它刚刚抛售了它的数千件较小的埃及文物——木乃伊、圣甲虫、珠子和早期通过大规模挖掘获得的陶器。菲莱岛——贝尔佐尼的一些探险活动的所在地，也消失在水下。1902年，英国人在争议声中修建最早的阿斯旺大坝时，曾淹没了部分精美的神庙。联合国教科文组织现在把它们转移到了附近的阿吉尔奇亚岛，在那里制造了与原来相似的景观。

埃及考古学家继续作出惊人的发现，其中包括一块发现于卡尔纳克的卡摩斯法老的石碑，上面记载了他与希克索斯人战斗的细节。1954年5月，一位名叫卡迈勒·埃尔-迈拉赫的年轻文物督察官发现了吉萨金字塔旁的葬礼船坑，其中一个坑里有一艘第四王朝的王室船只。今天，外国学者与埃及人密切合作，以共同的目标进行研究，以谨慎的目标挖掘，以精确的目标避免进一步的破坏。一些合作取得了非常好的成果。早在1962年，埃及考古学家卡迈勒·阿布·埃尔-萨阿达特就说服海军从亚历山大港的水域中吊起了一座巨大的伊西斯雕像。32年后，一支由让-伊夫·昂珀勒尔率领的法国水下考古学家团队开始对海底进行调查，发现至少40艘沉船，还有他所声称的尚存争议的法洛斯灯塔遗迹，这是古典世界的七大奇迹之一。另一位法国人弗朗克·戈迪奥正在利用人工潜水和卫星图像，为一座被淹没的铺着大理石地面的宫殿绘制分布图。

古埃及仍然占据着国际新闻的头条。1999年，最高文物委员会(前身为文物局)的扎希·哈瓦斯宣布在尼罗河西岸的巴哈里亚旱谷绿洲发现了一个至少有1万人的墓地。挖掘出来的大部分尸体可以追溯到公元一二世纪，都躺在多墓室的坟墓中。巴哈里亚旱谷墓地的重要性很大程度上在于它将揭示有关这些人自身的一些信息——他们的饮食、健康和预期寿命。[23]

人们继续作出令人兴奋和惊奇的发现，但是在一个充满民族主义热情，对多元文化遗产越来越谨慎的世界里，国际考古学气候已经发生了改变。人们更关注考古学，意识到这门学科可以为真正的人类研究做出巨大的贡献。埃及人非常清楚，古埃及的财富分散到了几个大洲的博物馆里。从莫斯科到新西兰，从格拉斯哥到开普敦，一具具木乃伊，一口口石棺，一座座雕像，博物馆的储藏室和陈列馆里都堆满了埃及的文物古迹。这些财富大多是由私人收藏家获得，然后捐赠给博物馆；也有的是在私人捐赠的支持下，通过多次野外考古获得的，这种情况下，数量往往重于质量。1983 年，一项新的文物法将所有的文物都归于国家所有，除了那些已经被私人收藏的文物。人们不能责怪埃及人在许可证发放方面的限制，以及他们最近对古埃及的民族主义态度。他们清楚旅游业对国民经济的重要性，认识到需要平衡文物保护和公众的热切渴望之间的关系，人们都渴望能够进入图坦卡蒙墓，或者欣赏古王国的坟墓壁画。当局面临着艰难的决定。他们是否应该允许游客参观王室墓葬，并且眼看着由于纯粹的人群的压力而导致独一无二的壁画几近褪色，甚至可能消失？抑或应该关闭一切来为后代拯救这些东西？关于这些问题的争论刚刚开始。这种两难境地使古埃及珍贵的文物保护与发展中国家经济的迫切需求之间产生了冲突——这是为后代着想的利他主义与短期的利益之间的冲突。没有人会嫉恨开罗当局所作出的决定，这是在资金短缺的条件下作出的决定，对文物的保护工作绝对是最重要的。对尼罗河的掠夺正在进入一个新的阶段，这种情况下，我们不是在掠夺过去，而是用我们的爱、我们的呼吸、汗水和我们的脚来摧毁过去。

在暗处，在政府和文物贩子、村民之间无休止的斗争中，秘密的寻宝活动仍在继续，这是数百年来印在他们骨子里的事情。在我写下这些文字的时候，报纸报道说贝尼-苏韦夫的文物管理部门进行了一次精心策划的行动，在那里一些官员被抓获，他们随身带着一具古希腊罗马时期的木乃伊。搜集和占有的欲望仍然是一种难以捉摸的人类品质，但它却助长了对精美的文物、纸草文献、小雕像和古埃及所有财富的无尽渴望。近些年来，对国际文物贸易恶行的曝光已经取得了很大的进展，但只要有需求，就会有人来满足——这些人在夜深人静的时候悄然出行，用手电筒的微光照亮岩凿墓穴，在黎明时分带着仔细包裹好的文物悄悄溜走并隐藏起来。

埃及学的故事就是英雄和恶棍的故事，大胆的行为和令人难以置信的发现的故事，冒险的故事，以及高尚的研究和彻头彻尾的欺诈的故事。最终，英雄和科学家可能会获胜，但我们为这场胜利付出的代价是巨大的。幸运的是，古埃及的神秘性在劫掠者和火药的破坏中幸存下来。埃及是永恒的，它吸引着游客，并带来了未来的希望。阿蒙神仍然日夜不停、永无止境地穿越天际。正如罗宾·费顿关于埃及冬天的描写：

> 太阳从东部沙漠升起，啜饮着严冬的露珠，每天穿过晴朗的天空，越过尼罗河河谷。晚上，它沉入利比亚群山之后，创造出令人叹为观止的晚霞，就像一场壮观的闭幕式。日复一日，这一进程重复着；日复一日，位置变换也没有不同……古埃及就在那里，沉浸在太阳的滋润中。[24]

阿蒙仍然倾洒着他的魔力。

　　　　　　　　　　　　　　　　　　　　　　　掠夺尼罗河

深入阅读指南

尼古拉斯·里夫斯《古埃及：伟大的发现》（2000）是关于 1900 年之后的考古发现的最好的资料来源。蒂莫西·钱皮恩的论文《埃及与文化传播》［Timothy Champion, "Egypt and the Diffusion of Culture," in Jeffreys, op. cit.(2003), 127—146］描述了 20 世纪早期流行的围绕埃及文明传播的一些怪异的理论。前文提及的里夫斯的《图坦卡蒙发现之前的霍华德·卡特》一书［Reeves's *Tutankhamun* volume, op. cit.(1992)］是关于这一非凡发现的全面的资料来源。关于美国埃及学的总体状况，参见 N.托马斯的《美国人对古埃及的发现》（N. Thomas, *The American Discovery of Ancient Egypt*, Los Angeles: Los Angeles County Museum of Art, 1998）。关于最近的历史，也可参考里德《谁的法老》（2002），关于旅游业，参考 O.埃尔·戴利：《游客从埃及学到了什么？》［O. El Daly, "What Do Tourists Learn of Egypt?" in *Consuming Ancient Egypt*, ed. S. MacDonald and M. Rice(London: UCL Press, 2003), 139—150］。

注释

1　后来，纽伯里为几位富有的赞助人主管了一些挖掘工作，并于 1906 年至 1919 年成为利物浦大学埃及学教授。

　　威廉·阿默斯特·泰森-阿默斯特（William Amherst Tyssen-Amherst, 1835—1909 年）是著名的埃及挖掘赞助人。作为埃及考察基金的早期支持者，他支持皮特里、卡特和其他人的挖掘工作，并利用埃及学家如纽伯里为他的收藏购买精选物品，其中包括描述公元前 1100 年底比斯墓地盗墓行为的所谓阿默斯特纸草等著名的纸草。

2　Quoted in Reeves and Taylor, op. cit.(1992), 51, 54.

3　马斯佩罗引文出自 ibid., 56。1898 年，维克托·洛雷特在帝王谷打开了几座坟墓，其中包括国王阿蒙诺菲斯二世的坟墓。13 具王室木乃伊现身，洛雷特不顾政府的反对将其运走。1900 年，卡特将阿蒙诺菲斯二世的木乃伊放回了石棺，一年后在那里被盗。不久之后，卡特向热情的公众开放了墓穴。

4　Quoted in ibid., 75.

5　法老卡摩斯（公元前 1573—前 1570 年）在底比斯统治了短短三年，但在一次对希克索斯人的突袭中获胜，这被记录在称为卡那封记事板的木板上，现藏于大英博物馆。他的继承人——雅赫摩斯一世（公元前1570—前1546年），在大约前1558年再度起事，征服了希克索斯人，并追击他们进入现在的以色列和叙利亚，宣告了新王国时代的到来。

6　Lord Carnarvon and Howard Carter, *Five Years' Explorations at Thebes*：*A Record of Work Done*(Oxford：Oxford University Press，1912)。

7　阿瑟·韦戈尔(1880—1934年)曾担任皮特里的助理，1905—1914年担任上埃及的文物督察官。他负责很多保护工作，并与像罗伯特·蒙德爵士(Sir Robert Mond)和西奥多·戴维斯这样富有的挖掘者有密切联系。韦戈尔可能对他的同事很傲慢，并不是很受欢迎，尤其是他不喜欢的霍华德·卡特。他在晚年不再从事埃及学研究，而是写了一系列关于古埃及的畅销书，并且偶尔从事戏剧作家和记者的工作，以这种身份报道了图坦卡蒙墓的发现。他最近成为一部传记作品的主人公：Julie Hankey，op. cit.(2001)。

8　本段的引文出自 Reeves and Taylor, op. cit.(1992)，130。每年泛滥季的第二个月举行一次奥佩特节。庆典上，带着底比斯众神雕像的队伍通过陆路或者水路在卡尔纳克和卢克索之间游行，每位神或女神都有自己的运输工具。舞者、乐师、祭司和士兵陪同游行，公众可以在这个时候在神和法老巨大的雕像面前提出祈求。神庙的墙壁有纪念游行队伍的壁画。

9　门赫特(Menhet)、麦尔提(Merti)和门努伊(Menwi)有很多随葬用具，包括金凉鞋、坎诺匹克罐和很多珠宝。

10　戴维斯于1907年在被命名为 KV-54 号墓的小墓穴中发现了这个秘窖。他认为这是图坦卡蒙的坟墓，但温洛克和卡特都不同意。他们认为他被葬在附近。这些藏品最初可能是放在年轻国王坟墓的入口，后来在古代盗墓者进入新密封的坟墓时被移走并重新埋葬。

　　赫伯特·温洛克(1884—1950年)是一位杰出的埃及学家，也是一位杰出的野外工作者，后来成为纽约大都会美术博物馆的馆长。

11　像这样的"喜庆的日子"有很多记载，参见 Reeves and Taylor, op. cit.(1992)，138ff.；Carter and Mace, op. cit.(1923—1933)。

12　皮埃尔·拉科(1873—1963年)是加斯东·马斯佩罗的门生，继他之后担任文物局局长。他于1936年回到法国，成为巴黎大学埃及学教授。

13　关于协议的细节可以在James, op. cit.(2001), chaps. 12—14中找到出色的描述和分析。这里我主要利用了这些章节。温洛克的引文出自第403页。卡特的引文出自他的日记。James, op. cit.(2001), 405.

14　引文出自James, op. cit.(2001), 434—435。用现代的美元来衡量的话，大约是6万美元，但在20世纪30年代初，这是一个相对非常大的数额。

15　引文出自Reeves and Taylor, op. cit.(1992), 161。

16　布莱恩·费根编辑的《发现的见证者》(Brian Fagan, ed., *Eyewitness to Discovery*, New York: Oxford University Press, 1996, 116ff)中可以找到关于赖斯纳的科尔玛王室墓地报告的长段摘录。

　　科尔玛是中王国时期强大的非洲首长国，他们通过与北方的法老进行黄金、象牙和其他热带产品等有利可图的贸易而变得富有。他们的首都科尔玛城，是一个有宫殿和神庙的小镇，建有精致的城墙，有四个大门。

17　艺术家林登·史密斯(Lindon Smith)的注解，引文出自Reeves, op. cit.(2000), 171。

18　书信引文出自Reeves and Taylor, op. cit.(1992), 162。更多关于布雷斯特德和赖斯纳的内容可参考John A. Wilson, op. cit.(1964)。

19　引文出自Reeves, op. cit.(2000), 136，其中有关于这一发现的全面讨论。任何对20世纪的考古发现感兴趣的人都可以在这本精美的、插图丰富的书中找到全面的报道。

20　Herbert Winlock, *The Slain Soldiers of Neb-hep-et-Re*, Mentuhotpe (New York: Metropolitan Museum of Art, 1945).

21　这一讨论基于Reid, op. cit.(2002), 292ff.，其中有更详尽的分析。

22　穆罕默德·扎卡里亚·冈海姆(1911—1959年)在文物局有着杰出的职业生涯，曾担任上埃及首席督查官，后来又担任萨卡拉墓地的管理员。1958年，他被任命为开罗博物馆馆长，但他在上任之前就去世了。

23　扎希·哈瓦斯的《黄金木乃伊的山谷》(Zahi Hawass, *Valley of the Golden Mummies*, New York: H. Abrams, 2000)包含了对这个非凡发现的总体描述。

24　Feddon, op. cit.(1977), 28.

译名对照表

A.C.梅斯（A. C. Mace）

C.杜·洛克勒（C. du Locle）

J. B.范斯莱布（J. B. Vansleb）

J.D.S.彭德尔伯里（J. D. S. Pendlebury）

阿巴德人（Ababde people）

阿巴斯·帕夏（Abbas Pasha）

阿拜多斯（Abydos）

阿贝达酋长（Sheik Abeda）

《阿比西尼亚之旅》（*A Voyage to Abys sinia*）

阿卜杜拉·雅克-弗朗索瓦·德·梅努将军（General Abdallas Jacques-François de Menou）

阿卜杜勒·拉蒂夫（Abdel Latif）

阿布基尔湾（Abukir Bay）

阿布西尔石崖（rock of Abusir）

阿布-辛贝尔神庙（Abu Simbel temple）

阿道夫·埃尔曼（Adolph Erman）

阿道夫·若阿纳（Adolphe Joanne）

阿尔-阿斯卡尔（Al-Askar）

阿尔贝特·冯·萨克男爵（baron Albert von Sack）

阿尔-福斯塔特（Al-Fustat）

阿尔杰农·珀西勋爵（Lord Algernon Percy）

阿尔-卡里亚（Al-Qahria）

阿尔-马苏迪（'al-Masudi）

阿尔-曼苏尔亚（Al-Mansureya）

阿尔-梅兹·莱丁-伊拉（Al-Meuz Ledin-Ellah）

阿尔门特（Arment）

阿尔-穆伊兹（Al-Muez）

阿尔西诺（Arsinoe）

阿尔-伊赫什德（Al-Ikhshid）

阿格莱斯科皮乌斯（Aggrescopius）

阿哈拉特（Aharatret）

阿赫霍特普（Ahhotep）

阿赫米姆（Akhmîm）

阿吉尔奇亚岛（Agilkia Island）

阿卡港（Acre）

阿克苏姆（Aksum）

阿里·穆巴拉克（Ali Mubarak）

阿里·穆罕默德·埃斯·苏菲（Ali Mohamed es Suefi）

阿麦库（'Amechu）

阿梅莉亚·B.爱德华兹（Amelia B. Edwards）

阿梅莉亚·爱德华兹（Amelia Edwards）

阿蒙霍特普三世（Amenhotep III）

阿蒙涅姆赫特三世（Amenemhet III）

阿蒙诺菲斯三世(Amenophis III)

阿默斯特勋爵(Lord Amherst)

阿姆鲁·伊本·埃尔-阿斯(Amr Ibn el-As)

阿穆苏泉(spring of Amusue)

阿尼(Ani)

阿诺·勒穆瓦纳(Arnaud Lemoyne)

阿匹斯(Apis)

阿瑟·埃文斯爵士(Sir Arthur Evans)

阿瑟·韦戈尔(Arthur Weigall)

阿什蒙南(Ashmunain)

阿斯科特(Askut)

阿斯旺(Aswan)

阿塔纳修斯·基歇尔(Athanasius Kircher)

阿图姆神(Atum)

阿吞大神庙(Great Temple of Aten)

阿西尤特(Asyut)

阿伊(Ay)

《阿伊达》(*Aïda*)

埃德弗(Edfu)

埃德米·若马尔(Edmé Jomard)

埃尔-阿玛尔纳(el-Amarna)

埃尔-法拉弗拉(el-Farafra)

埃尔-卡宏(el-Kahun)

埃尔-拉宏(el-Lahun)

"埃尔-门什"号(*el-Menshieh*)

埃赫那吞(Akhenaten)

埃赫塔吞(Akhetten)

《埃及公报》(*Egyptian Gazette*)

《埃及公主》(*An Egyptian Princess*)

《埃及和埃塞俄比亚的纪念碑》
(*Denkmäler aus Ägypten und Äthiopien*)

《埃及和努比亚之旅》(*Voyage d'Égypte et de Nubie*)

埃及考察基金(Egypt Exploration Fund)

埃及考古调查局(Archaeological Survey of Egypt)

《埃及历史》(*History of Egypt*)

《埃及旅行者手册》(*Handbook for Travellers in Egypt*)

《埃及、努比亚及周边景点指南》
(*Tableau de l'Égypte, de la Nubie et des lieux circonvoisons*)

《埃及十年之发掘》(*Ten Years' Digging in Egypt*)

《埃及史》(*History of Egypt*)

《埃及学名人录》(*Who Was Who in Egyptology*)

埃及研究院(Institut de l'Égypte)

《埃及语语法》(*Egyptian Grammar*)

埃莉诺(Eleanore)

埃利乌斯·加鲁斯(Aelius Gallus)

埃米尔·布鲁格施(Émile Brugsch)

埃米尔·普里斯·达文尼(Émile Prisse D'Avennes)

埃斯纳(Esna)

埃文河畔斯特拉特福(Stratford-upon-Avon)

埃兹贝其亚花园(Ezbekiya Gardens)

艾蒂安·德里奥东(Étienne Drioton)

艾蒂安·若弗鲁瓦·圣伊莱尔(Étienne Geoffroy Saint-Hilaire)

艾尔弗雷德·卢卡斯(Alfred Lucas)

艾哈迈德·阿布德·埃尔-拉苏尔
(Ahmed Abd el-Rasul)

艾哈迈德·阿拉比(Ahmed Arabi)

艾哈迈德·卡迈勒(Ahmad Kamal)

艾哈迈德·伊本-塔伦(Ahmad Ibn-Talun)

艾伦·加德纳爵士(Sir Alan Gardiner)

爱德华·德·蒙蒂莱(Edouard de Montulé)

爱德华-亨利·纳维尔（Édouard-Henri Naville）

爱德华·穆尔少校（Major Edward Moore）

爱德华·威廉·莱恩（Edward William Lane）

爱资哈尔清真寺（al Azhar）

安东尼奥·莱波洛（Antonio Lebolo）

安东尼·查尔斯·哈里斯（Anthony Charles Harris）

安娜（Ana）

奥古斯都（Augustus）

奥古斯塔斯·亨利（莱恩-福克斯）

奥古斯特·马里耶特（Auguste Mariette）

奥佩特节（Opet ceremony）

奥斯曼·埃芬迪（Osman Efendi）

奥斯汀·亨利·莱亚德（Austin Henry Layard）

奥西里斯（Osiris）

奥兹曼迪亚斯（Ozymandias）

巴哈里亚旱谷（Wadi Bahariya）

巴黎铭文与文学研究院（Academy of Inscriptions and Literature）

巴里斯船（the boat Baris）

巴塞洛缪集市（Bartholomew's Fair）

拜伦勋爵（Lord Byron）

半岛和东方航线（Peninsular and Orient Line, P&O）

半岛战争（Peninsular War）

保罗·卢卡斯（Paul Lucas）

鲍林勋爵（Lord Bowring）

碑铭与文学研究院（Academy of Inscriptions and Literature）

贝都因人（Bedouin）

贝尔莫尔（Belmore）

贝尔纳迪诺·德罗韦蒂（Bernardino Drovetti）

贝尔纳迪诺·米凯莱·玛丽亚·德罗韦蒂（Bernardino Michele Maria Drovetti）

贝雷尼丝（Berenice）

贝利亚尔将军（General Belliard）

贝尼·哈桑（Beni Hasan）

贝尼-苏韦夫（Beni Suef）

贝宁（Benin）

贝诺伊特·德·马耶（Benoit de Maillet）

被征服国家艺术和科学物品研究政府委员会（Government Commission for the Research of Artistic and Scientific Objects in Conquered Countries）

本杰明·迪斯雷利（Benjamin Disraeli）

比尔克特-卡伦湖（Birket Qarûn）

比索（piastres）

彼得罗·德拉·瓦列（Pietro della Valle）

博戈·贝（Boghos Bey）

博洛尼亚（Bologna）

布巴斯提斯（Bubastis）

布拉克（Bulaq）

藏红花（stigmatas of saffron）

查尔斯·布赖恩（Charles Brine）

查尔斯·厄比（Charles Irby）

查尔斯·菲茨克拉伦斯（Charles Fitzclarence）

查尔斯-莫里斯·德·塔列朗-佩里戈尔（Charles-Maurice de Talleyrand-Périgord）

查尔斯·皮亚兹·史密斯（Charles Piazzi Smyth）

沉香木（agalloche）

达弗林和阿娃侯爵（marquis of Dufferin and Ava）

达哈比亚船(dahabiyya)

达舒尔(Dashur)

达乌德·卡奇夫(Daud Kachif)

达乌德·帕夏(Daud Pasha)

大象岛(Elephantine Island)

《大英百科全书》(*Encyclopaedia Britannica*)

戴尔-埃尔-巴赫里(Deir el-Bahri)

戴尔-埃尔-巴拉斯(Deir el-Ballas)

戴尔-埃尔-麦地那(Deir el-Medina)

戴维·利文斯通(David Livingstone)

丹德拉(Dendera)

丹杜尔(Dendur)

道普尔(D'Hautpoul)

道斯·邓纳姆(Dows Dunham)

德尔(Derr)

德·福尔班伯爵(Count de Forbin)

德拉-阿布尔-纳加(Dra Abu'l Naga)

德纳里(denarii)

德塞·德·威古克斯(Desaix de Veygoux)

狄奥达特·格利特·德·多洛米库(Deodate Gritter de Dolomicu)

狄奥多鲁斯·希库鲁斯(Diodorus Siculus)

狄奥多西一世(Theodosius I)

狄奥斯波利斯-帕尔瓦(Diospolis Parva)

迪拉姆(dirhem)

底比斯(Thebes)

《底比斯：坟墓及其住客》(*Thebes: Its Tombs and Their Tenants*)

《底比斯五年之考察》(*Five Years' Explorations at Thebes*)

《地理学》(*Geography*)

东方酒店(Hôtel de l'Orient)

东戈拉(Dongola)

杜·豪塞(du Houssay)

多洛米蒂山(Dolomites)

多米尼克-维旺·德农男爵(Baron Dominique-Vivant Denon)

法蒂玛王朝(Fatimid dynasty)

《法老统治下的埃及》(*L'Égypte sous les pharaons*)

法洛斯灯塔(Pharos lighthouse)

法尤姆(Fayyum)

《非洲历史与记述》(*History and Description of Africa*)

菲比·赫斯特(Phoebe Hearst)

菲利克斯·法布里(Brother Felix Fabri of Ulm)

菲利普·夸尔传奇(the saga of Philip Quarll)

菲雅克(Figeac)

费德明-埃尔-哈奈西斯(Fedmin el-Hanaises)

费迪南-马里·德·雷赛布(Ferdinand-Marie de Lesseps)

费赞(Fezzan)

蜂蜜巷市场(Honey Lane market)

弗朗克·戈迪奥(Frank Goddio)

弗朗切斯科·贝尔佐尼(Francesco Belzoni)

弗朗西斯·格里菲思(Francis Griffith)

弗朗西斯一世(Francis I)

弗雷德里克·卡瑟伍德(Frederick Catherwood)

弗雷德里克·卡约(Frédéric Cailliaud)

弗雷德里克·刘易斯·诺登(Frederick Lewis Norden)

弗林德斯·皮特里(Flinders Petrie)

盖伊·布伦顿(Guy Brunton)

格拉斯哥亨特利安解剖学博物馆(Hunterian Museum of Anatomy)

格勒诺布尔(Grenoble)

格鲁马尔(Grumar)

格洛斯特(Gloucester)

格特鲁德·卡顿·汤普森(Gertrude Caton Thompson)

公共工程部(Department of Public Works)

《古埃及的生活》(Life in Ancient Egypt)

《古埃及记述》(Description de l'Égypte)

《古埃及记述》(Description of Ancient Egypt)

《古埃及人的风俗习惯》(Manners and Customs of the Ancient Egyptians)

《古埃及人的风俗习惯》(Manners and Customs of the Ancient Egyptians)

《古埃及语象形文字体系概述》(Précis du système hiéroglyphique des anciens Égyptiens)

古拉布(Gurab)

《关于表音象形文字的字母表致皇家铭文与文学研究院秘书长达西耶先生的信》(Lettre à M. Dacier, secrétaire perpétuel de l'Académie royale des Inscriptions et Belles-Lettres, relative à l'alphabet des hiéroglyphes phonétiques)

哈波克拉特斯(Harpocrates)

哈尔发旱谷(Wadi Halfa)

哈尔加大绿洲(great Kharga oasis)

哈夫拉(Khafre)

哈里·伯顿(Harry Burton)

哈里斯大纸草(Great Harris Papyrus)

哈利勒·贝(Khalil Bey)

哈迈特·贝(Hamet Bey)

哈米德·阿迦(Hamid Aga)

哈钦森将军(General Hutchinson)

哈桑(Hassan)

哈桑·卡奇夫(Hassan Kachif)

哈特舍普苏特王后(Queen Hatshepsut)

哈托尔(Hathor)

哈瓦拉(Hawara)

海因里希·布鲁格施(Heinrich Brugsch)

海因里希·谢里曼(Heinrich Schliemann)

汉斯·斯隆(Hans Sloane)

荷鲁斯-阿哈(Horus-Aha)

赫伯特·温洛克(Herbert Winlock)

赫狄夫(khedive)

赫尔摩波里斯(Hermopolis)

赫麦努(Khemenu)

赫奈麦特(Khnemet)

赫斯特埃及考察队(Hearst Egyptian Expedition)

赫斯特·露西·斯坦诺普夫人(Lady Hester Lucy Stanhope)

赫泰普赫莱斯王后(Queen Hetepheres)

赫梯人(Hittites)

黑斯廷斯勋爵(Lord Hastings)

亨利·科代(Henri Codet)

亨利·索尔特(Henry Salt)

亨利·塔坦(Henry Tattan)

亨利·威廉·比奇(Henry William Beechey)

红衣主教黎塞留(Cardinal Richelieu)

侯赛因·卡奇夫(Hussein Kachif)

皇家考古研究所(Royal Archaeological Institute)

霍尔(Hor)

霍华德·卡特(Howard Carter)

霍拉波洛(Horapollo)

霍拉赫提(Horakhty)

霍拉肖·赫伯特·基奇纳(Horatio Herbert Kitchener)

霍拉肖·纳尔逊(Horatio Nelson)

霍鲁塔(Horuta)

霍斯先生(Mr. Hawes)

基纳(Qena)

吉萨(Giza)

《吉萨的金字塔和神庙》(*The Pyramids and Temples of Giza*)

《纪念碑的选择》(*Choix de monuments*)

《季度评论》(*Quarterly Review*)

加拉韦罗斯(Calaveros)

加内特·沃尔斯利爵士(Sir Garnet Wolseley)

加斯东·马斯佩罗(Gaston Maspero)

加斯帕尔·蒙热(Gaspard Monge)

加文·汉密尔顿(Gavin Hamilton)

贾科莫·贝尔佐尼(Giacomo Belzoni)

教皇利奥十二世(Pope Leo XII)

居鲁士(Cyrus)

居伊·德·拉·封丹(Guy de la Fonteine)

君士坦丁大帝(Constantine the Great)

卡代什战役(Battle of Kadesh)

卡尔·贝德克尔(Karl Baedeker)

卡尔·里夏德·莱普修斯(Karl Richard Lepsius)

卡尔纳克(Karnak)

卡尔·雅姆博特(Karl Yambert)

卡拉布夏(Kalabsha)

卡利尔·贝(Calil Bey)

卡伦城堡(Qasr Qarûn)

卡迈勒·阿布·埃尔-萨阿达特(Kamal Abu El-Saadat)

卡迈勒·埃尔-迈拉赫(Kamal el-Mallakh)

卡摩斯(Kamose)

卡那封勋爵(Lord Carnarvon)

卡诺珀斯(Canopus)

卡万伯爵(earl of Cavan)

凯麦特(*Kmt*)

《坎波-弗尔米奥和约》(Peace of Campo Formio)

康斯坦丁-弗朗索瓦·查西布夫(Constantin-François Chasseboeuf,Comte de Volney)

《考古学的方法和目的》(*Methods and Aims in Archaeology*)

《考古学七十年》(*Seventy Years in Archaeology*)

《考古杂志》(*Archaeology Magazine*)

考姆-翁布(Kom Ombo)

柯曾勋爵(Lord Curzen)

科普特斯(Koptos)

克里奥帕特拉(Cleopatra)

"克里奥帕特拉之针"(Cleopatra's Needle)

克劳德-路易斯·贝托莱(Claude-Louis Berthollet)

克里斯蒂安六世(Christian VI)

克里特岛迷宫(Cretan Labyrinth)

克鲁格(Kruger)

克罗默勋爵(Lord Cromer)

克努姆(Khnum)

库尔姆·埃尔·盖马尔(Khurm el Gemal)

库尔纳(Qurna)

库克船长(Captain Cook)

库赛尔(Kosseir)

拉美西斯二世(Rameses II)

拉美西斯二世陵庙(Ramesseum)

拉斯·巴纳斯(Ras Banas)

拉-索贝克姆萨弗(Re Sobkemsaf)

莱斯莉(Lesley)

雷金纳德·斯图尔特·普尔(Reginald Stuart Poole)

李先生(Mr. Lee)

里法阿·阿尔-塔赫塔维(Rifaa al-Tahtawi)

里雅斯特(Trieste)

理查德·波科克主教(Bishop Richard Pococke)

理查德·伯顿爵士(Sir Richard Burton)

理查德·威廉·霍华德·维斯上校 (Colonel Richard William Howard Vyse)

利奥·阿弗利卡努斯(Leo Africanus)

利南·德·贝勒丰(Linant de Bellefonds)

列日(Liège)

卢克索(Luxor)

鲁道夫·冯·苏赫姆(Rudolph von Suchem)

路德维希·博夏特(Ludwig Borchardt)

路易·利南(Louis Linant)

露西·达夫-戈登夫人(lady Lucie Duff-Gordon)

露西·伦肖(Lucy Renshawe)

伦敦文物协会(Society of Antiquaries of London)

《伦敦新闻画报》(Illustrated London News)

罗宾·费顿(Robin Feddon)

罗伯特·海伊(Robert Hay)

罗纳德·里奇(Ronald Richey)

罗塞塔(Rosetta)

马克西姆斯大竞技场(the great Circus Maximus)

马鲁基(Marucchi)

马穆鲁克人(Mamluks)

马斯库塔废丘(Tell el-Maskhuta)

玛阿特(ma'at)

《埋藏的珠宝和珍奇之书》(The Book of Hidden Pearls and Precious Mysteries)

麦地那-埃尔-法尤姆(Medinet el-Fayyum)

麦地那-哈布(Medinet Habu)

曼费卢特(Manfalut)

曼涅托(Manetho)

芒特诺里斯勋爵(Lord Mountnorris)

美第奇王子科西莫一世(Medici prince Cosimo I)

美楞普塔(Merneptah)

美尼斯(Menes)

门农巨像(Colossi of Memnon)

门农神庙(Memnonium)

蒙图(Montu)

蒙图赫尔赫佩舍弗(Montuherkhep-eshef)

蒙图霍特普(Mentuhotep)

孟菲斯(Memphis)

孟卡拉(Menkaure)

迷宫(Labyrinth)

米奥斯-霍尔摩斯(Myos Hormos)

米开朗基·朗克雷(Michel-Ange Lancret)

密涅瓦广场(Piazza della Minerva)

密斯卡尔(mithqal)

冥河(lake Acheron)

莫埃利斯湖(Lake Moeris)

莫雷利(Morelli)

"木乃伊坑"(mummy pits)

穆罕默德·阿迦(Muhammad Aga)

穆罕默德·阿里(Muhammad Ali)

穆罕默德·扎卡里亚·冈海姆（Muhammad Zakaria Gonheim）

穆卡塔姆群山（Mukattam Hills）

穆拉德·贝（Murad Bey）

穆斯塔法·阿迦·阿亚特（Mustapha Aga Ayat）

穆特（Mut）

奈布玛瑞那赫特（Nebmarenakht）

奈肯（Nekhen）

奈西阿蒙诺普（Nesyamenope）

瑙克拉提斯（Naukratis）

内斯托尔·劳特（Nestor L'Hôte）

尼古拉斯·里夫斯（Nicholas Reeves）

《尼罗河上一千里》（*A Thousand Miles up the Nile*）

尼尼微（Nineveh）

尼日尔河（the Niger）

尼索斯－索科诺帕约（Nesos Sokonopaiou）

涅菲尔提提（Nefertiti）

涅伽达镇（Naqada）

涅特（Neith）

牛津圣奥尔德茨蓝野猪酒馆（Blue Boar Tavern, St. Aldate's, Oxford）

努比亚（Nubia）

欧内斯特·艾尔弗雷德·汤普森·沃利斯·巴奇（Ernest Alfred Thompson Wallis Budge）

欧内斯特·米塞特上校（Colonel Ernest Missett）

欧内斯特·米塞特上校（Colonel Ernest Missett）

欧仁·格莱博（Eugène Grébaut）

欧仁妮皇后（Eugénie）

帕多瓦（Padua）

帕默斯顿勋爵（Lord Palmerston）

帕塞尔（Paser）

帕特里夏·克里斯托尔（Patricia Cristol）

帕维罗（Pawero）

帕夏（pasha）

庞贝（Pompeii）

蓬帕杜尔夫人（Madame de Pompadour）

"皮-阿图姆"（Pi Atum）

皮埃尔·贝隆（Pierre Belon）

皮埃尔·弗朗索瓦·格扎维埃·布沙尔上尉（Lieutenant Pierre François Xavier Bouchard）

皮埃尔·拉科（Pierre Lacau）

皮卡迪利（Piccadilly）

皮特·里弗斯［Augustus Henry（Lane-Fox）Pitt-Rivers］

皮托姆（Pithom）

皮耶里乌斯·瓦莱里安努斯（Pierius Valerianus）

珀西·比希·雪莱（Percy Bysshe Shelley）

珀西·纽伯里（Percy Newberry）

《普里阿皮克作品集》（*Oeuvre Priapique*）

普萨美提克（Psammeticus）

普苏塞奈斯一世（Psusennes I）

普塔赫（Ptah）

齐奥普斯（Cheops）

《钱伯斯杂志》（*Chambers's Journal*）

乔哈尔（Gawhar）

乔万尼·阿纳斯塔西（Giovanni Anastasi）

乔万尼·巴蒂斯塔·卡维利亚（Giovanni Battista Caviglia）

乔万尼·贝尔佐尼（Giovanni Battista Belzoni）

乔万尼·菲纳蒂（Giovanni Finati）

乔治·居维叶（Georges Cuvier）

乔治·赖斯纳(George Reisner)

乔治·罗宾斯·格利登(George Robins Gliddon)

让-巴普蒂斯特·布吉尼翁·德安维尔 (Jean-Baptiste Bourguignon d'Anville)

让-巴普蒂斯特·莱洛伦(Jean-Baptiste Lelorrain)

让-巴普蒂斯·约瑟夫·傅里叶(Jean-Baptiste-Joseph Fourier)

让·杜特缪斯(Jean d'Outremeuse)

让-弗朗索瓦·米莫(Jean-François Mimaut)

让-弗朗索瓦·商博良(Jean-François Champollion)

让-米歇尔·德·旺蒂尔(Jean Michel de Venture)

让-尼古拉斯·于约(Jean-Nicholas Huyot)

让-雅克-安托万·安培(Jean-Jacques-Antoine Ampère)

让·雅克·里福(Jean Jacques Rifaud)

让-伊夫·昂珀勒尔(Jean-Yves Empereur)

热朗(Géramb)

萨德勒韦尔斯剧院(Sadler's Wells Theatre)

萨卡拉(Saqqara)

萨奎亚水车(saqquias)

萨拉(Sarah)

萨拉-埃尔-丁(Salah-el-Din)

萨默斯·克拉克(Somers Clarke)

塞巴斯蒂安·路易·索尼耶(Sébastien Louis Saulnier)

塞海姆拉-舍德塔威(Sekhemre Shedtowy)

塞赫迈特女神(Sekhmet)

塞赫姆赫特(Sekhemkhet)

塞拉匹斯(Serapis)

塞拉匹斯神庙(Serapeum)

塞利玛(Selima)

塞利姆一世(Selim I)

塞缪尔·伯奇(Samuel Birch)

塞普提米乌斯·塞维鲁斯(Septimius Severus)

塞提一世(Seti I)

塞易斯(Sais)

赛义德·帕夏(Said Pasha)

森沃斯莱特二世(Senwosret II)

沙布提(shabtis)

《傻子出国记》(*Innocents Abroad*)

上埃及(*Ta-shema*, Upper Egypt)

《上下埃及之旅》(*Voyages dans la basse et la haute Égypte*)

《绅士杂志》(*Gentleman's Magazine*)

胜利石碑(Victory Stela)

圣马卡里奥斯(Saint Macarious)

圣索菲亚大教堂(Hagia Sophia Mosque)

史蒂夫·布劳(Steve Brow)

舒卜拉(Shubra)

斯克里布纳出版公司(Charles Scribner's Sons)

斯奈夫鲁(Sneferu)

斯图尔特·史密斯(Stuart Smith)

斯特拉波(Strabo)

塔菲克(Tawfiq)

塔尼斯(Tanis)

塔希提岛(Tahiti)

太阳神阿蒙(Amun)

太阳神拉(Re)

泰提奇(Tetiky)

唐纳德·里德(Donald Reid)

唐纳德·汤姆森(Donald Thomson)

《陶菲克·阿尔·雅利尔对埃及和伊斯梅尔后裔历史的洞察》(*Anwar tawfiq aljalil fi akhmar Misr wa-tawtihiq Bani Ismail*)

提(Ti)

提格雷(Tigray)

天然软沥青(pissasphalt)

廷巴克图(Timbuktu)

《图解开罗》(*Illustrations of Cairo*)

图米拉特旱谷(Wadi Tumilat)

图特摩斯三世(Thutmose III)

土伦(Toulon)

托勒密五世(Ptolemy V)

托勒密一世索特尔(Ptolemy I Soter)

托马斯·布朗爵士(Sir Thomas Browne)

托马斯·库克父子公司(Thomas Cook & Son)

托马斯·萨金特(Thomas Serjeant)

托马斯·扬(Thomas Young)

托斯卡纳大公(grand duke of Tuscany)

托特(Thoth)

瓦尔索马基医生(Dr.Valsomaky)

瓦莱塔(Valletta)

瓦伦西亚勋爵(Lord Valentia)

瓦塞特(Waset)

王名圈(*cartouche*)

威尔第(Verdi)

威廉·班克斯(William Bankes)

威廉·盖尔爵士(Sir William Gell)

威廉·汉密尔顿爵士(Sir William Hamilton)

威廉·乔治·布朗(William George Browne)

威廉·塞西尔夫人(Lady William Cecil)

威廉·特纳(William Turner)

威廉·沃伯顿主教(Bishop William Warburton)

威廉·约翰·班克斯(William John Bankes)

威灵顿(Wellington)

维克托·洛雷(Victor Loret)

文物协会(Society of Antiquearies)

《我们在大金字塔中的遗产》(*Our Inheritance in the Great Pyramid*)

乌塞尔海特(Userhet)

乌塞尔玛阿特拉-塞泰普恩拉(Userma'atre'setepenre')

无花果(sycamore figs)

西奥多·戴维斯(Theodore Davis)

西尔韦斯特·德·萨西(Sylvestre de Sacy)

西克斯图斯五世(Sixtus V)

西里尔(Cyril)

西瓦绿洲(Siwa Oasis)

希阿旱谷(Wadi Hiah)

希特哈托尔(Sithathor)

下埃及(*Ta-mehu*,Lower Egypt)

夏尔·勒诺尔芒(Charles Lenormant)

《现代埃及人的风俗习惯》(*An Account of the Manners and Customs of the Modern Egyptians*)

《象形文字》(*Hieroglyphica*)

小查尔斯·迪布丁(Charles Dibdin Jr.)

小约翰·D.洛克菲勒(John D. Rockefeller Jr.)

谢菲尔德酒店(Shepheard's)

谢赫·穆罕默德(Sheikh Muhammad)

谢赫·易卜拉欣(Sheik Ibrahim)

Antiquaries of Europe on the Destruction of the Monuments of Egypt）

智者伯纳德（Bernard the Wise）

《仲夏漫步多洛米蒂山》（*Midsummer Ramble in the Dolomites*）

朱庇特-阿蒙神庙（temple of Jupiter Ammon）

朱塞佩·罗西格纳尼（Giuseppe Rosignani）

朱塞佩·帕萨拉夸（Giuseppe Passalacqua）

最高文物委员会（Supreme Council for Antiquities）

佐塞（Djoser）

译后记

　　古埃及文明悠久而神秘，这个久已消亡的文明的发现过程也是扑朔迷离，对人们有着巨大的吸引力。在给学生讲授《古埃及史》课程的时候，就经常有学生请我推荐关于埃及学诞生过程的参考书目，可惜的是，中文的相关著述非常少，外文的又不易取得，所以总是留下许多遗憾。这次有机会翻译这部《掠夺尼罗河》，以后给学生的参考书目中又多了一个选择。

　　《掠夺尼罗河》的作者布莱恩·费根毕业于剑桥大学，是加州大学圣塔芭芭拉分校人类学特聘荣誉教授，是世界著名考古学家。虽然作者在序言中谦虚地将本书称为"普及读物"，称"此书出版后我感到非常紧张，因为我猜测埃及学家们可能会不赞成我这个外行人写作这么一部历史"，但是实际上，这是专业学者写给普通读者的一部经典之作，书中涉及大量的埃及学、考古学、史学史知识，其准确性、严谨性并不亚于专业的学术著作，同时它又具有通俗易懂、趣味盎然的优点，非常值得一读。

　　在翻译过程中，因为文化背景、表达方式等原因，译者对该书难以理解的地方多次致信费根教授向他请教，当时正值他在旅途之中，他仍耐心细致地一一为译者解释，而且毫不避讳书中出现的疏漏，在此向他致以诚挚敬意和谢意。

感谢格致出版社和编辑贺俊逸先生对译者的信任。在翻译和校对过程中，贺俊逸先生付出了大量的劳动，给出了非常中肯的修改意见和建议。出版社工作高效，在新冠肺炎疫情期间仍能在短时间内促成此译著的出版。

感谢我的师友、学生和家人。感谢金寿福教授百忙之中为本译著作序，这令译者倍感荣幸。感谢我的恩师官秀华教授、郭丹彤教授、魏凤莲教授，没有她们的教导，我不可能走上从事世界古代史专业研究和工作的道路，不可能具备翻译本书的背景知识。感谢师兄徐昊博士，帮我翻译了很多生僻的小语种字句。感谢何珵博士在联系出版社过程中的帮助。感谢我的学生们，他们在学习《古埃及史》课程时曾将译著初稿作为参考资料，学习过程中挑出了不少译文的错误。感谢我的家人，他们的支持使我有时间和精力完成本书的翻译。

由于译者水平有限，译文中难免出现不准确甚至错误的地方，恳请读者不吝指正(我的电子邮箱是 wangdianyu@sdnu.edu.cn)，谨致谢忱！

王佃玉

2020 年 3 月 30 日于济南

图书在版编目(CIP)数据

掠夺尼罗河:埃及的盗墓贼和考古学家/(美)布
莱恩·费根著;王佃玉译. —上海:格致出版社:上
海人民出版社,2020.5
ISBN 978 - 7 - 5432 - 3095 - 8

Ⅰ.①掠… Ⅱ.①布… ②王… Ⅲ.①盗窃-陵墓-
埃及-古代-通俗读物 ②考古学史-埃及-通俗读物
Ⅳ.①D741.188 - 49 ②K884.11 - 49

中国版本图书馆 CIP 数据核字(2020)第 035769 号

责任编辑　贺俊逸
封面装帧　路　静

掠夺尼罗河
——埃及的盗墓贼和考古学家

[美]布莱恩·费根　著

王佃玉　译

出　　版	格致出版社	
	上海人 & 出版社	
	(200001　上海福建中路 193 号)	
发　　行	上海人民出版社发行中心	
印　　刷	常熟市新骅印刷有限公司	
开　　本	890×1240 毫米　1/32	
印　　张	12	
插　　页	2	
字　　数	268,000	
版　　次	2020 年 5 月第 1 版	
印　　次	2020 年 5 月第 1 次印刷	

ISBN 978 - 7 - 5432 - 3095 - 8/K・205
定　　价　62.00 元